项目资助：
国家特色蔬菜产业技术体系产业经济研究室（CARS-24-F-01）
河北省现代农业产业技术体系薯类产业经济岗（HBCT2023060301）
河北省现代农业产业技术体系设施蔬菜产业经济岗（HBCT2023100301）
河北省现代农业产业技术体系露地蔬菜产业经济岗（HBCT2023110301）
河北省绿色高效蔬菜产业省部共建协同创新中心
河北农业大学现代种植产业经济与政策研究协同创新团队
河北农业大学现代农业发展研究中心
河北省重点培育智库：乡村振兴战略研究中心

国家特色蔬菜产业技术体系产业经济系列丛书

特色蔬菜产业助力乡村振兴案例集

DEVELOPING SPECIALTY VEGETABLE INDUSTRY FOR RURAL REVITALIZATION: SELECTED CASES

乔立娟　王　哲　吴　曼　赵帮宏　宗义湘◎主编

经济管理出版社
ECONOMY & MANAGEMENT PUBLISHING HOUSE

图书在版编目（CIP）数据

特色蔬菜产业助力乡村振兴案例集/乔立娟等主编. —北京：经济管理出版社，2023.11
ISBN 978-7-5096-9437-4

Ⅰ.①特… Ⅱ.①乔… Ⅲ.①蔬菜产业—作用—农村—社会主义建设—案例—中国 Ⅳ.①F320.3

中国国家版本馆 CIP 数据核字（2023）第 222736 号

组稿编辑：曹　靖
责任编辑：郭　飞
责任印制：许　艳
责任校对：陈　颖

出版发行：经济管理出版社
　　　　　（北京市海淀区北蜂窝 8 号中雅大厦 A 座 11 层　100038）
网　　址：www.E-mp.com.cn
电　　话：（010）51915602
印　　刷：唐山昊达印刷有限公司
经　　销：新华书店
开　　本：787mm×1092mm/16
印　　张：14.5
字　　数：293 千字
版　　次：2023 年 12 月第 1 版　2023 年 12 月第 1 次印刷
书　　号：ISBN 978-7-5096-9437-4
定　　价：88.00 元

·版权所有　翻印必究·
凡购本社图书，如有印装错误，由本社发行部负责调换。
联系地址：北京市海淀区北蜂窝 8 号中雅大厦 11 层
电话：（010）68022974　　邮编：100038

编 委 会

主　　任：邹学校
副 主 任：万正杰　李良俊　魏利辉　侯加林　钱永忠　赵帮宏
委　　员：（按姓氏笔划为序）

马文全	王秀峰	王　哲	王桂霞	王晓武	王海平	尹守恒
朱红莲	任艳云	刘正位	刘冰江	刘　峰	江　文	孙　逊
严慧玲	李玉华	李青云	李承永	李银川	杨生保	杨良波
杨建国	杨　峰	吴光辉	吴青君	辛　鑫	张玉鑫	张自坤
张尚法	张国忠	张　振	张　慧	陈杭君	陈学军	陈建明
武占会	范永红	欧立军	罗　晨	周艳虹	郑顺安	赵玲艳
胡明文	俞飞飞	姚秋菊	贺超兴	桂　敏	徐　坤	高振江
郭凤领	黄任中	常　伟	崔连伟	廖小军	缪　宏	燕　飞
薛珠政

主　　编：乔立娟　王　哲　吴　曼　赵帮宏　宗义湘
参编人员：（排名不分先后）

白　丽	刘　妍	吕雅辉	张　慧	黄　越	王兴亮	王　雪
刘思宇	王　琳	张俊宝	王崇生	王彦华	胡水霞	孙秀丽
薛鸿雁	张凤丽	孙　逊	冯贺敬	陈昱含	李青云	薛占军
郭雪燕	庞明德	乔丽霞	韩素霞	庞翠芳	刘淑芹	任云祥
王　磊	张　红	赵立宾	由雪辉	吴改玲	张俊民	王　燕
李亚超	邓凤梅	田泽申	车寒梅	白雪洺	王玉波	王志杰
赵英华	刘晓萌	何晓庆	杨世丽	李雪姣	薛珠政	曹　亮
马常念	姚良洪	张永根	何　杰	陈可可	陈佳佳	陈建明
马雅敏	施德云	钱永忠	胡桂仙	张尚法	赖爱萍	翁　瑞

涂年生　葛治欢　黄　浅　张绍丽　辛　丽　高振江　田　丰　张嘉园　张俊峰　桂　敏　张本祥　胡一凤　张　振　杨　柳　覃竹山　邓放明　罗荣卿

陈学军　宁志怨　马文全　韩梅　周凯　樊荣　袁鹤　刘亚忠　陶兴林　张亚春　施令祥　黄诚梅　方彦蓉　李　峰　郭凤领　汪端华　陈怀民

陈　开刚　邬　许海生　刘勇鹏　侯加林　白　静　潘子旺　邢泽农　朱惠霞　张顺仁　王跃云　高美萍　赖松新　黄新芳　吴金平　齐传东　邓颖蕾

张会国　董言香　桑爱云　邵秀丽　任艳云　李承永　张冬梅　辛　鑫　于庆文　吴　珍　陈　丽　江　文　毛献平　匡　晶　朱红莲　吴方华　王蓉蓉　田时良

黄国东　朱显结　陈建华　王付勇　常培培　王凤芝　姚慧静　刘　锋　蒯佳琳　苗明军　胡华冉　牟玉梅　李　斌　柯卫东　肖　飞　杨孔涛　周　辉　田仁广

蒋佰兰　储海峰　马培芳　张洪涛　张自坤　胡慧洁　高　娃　石忠彪　张玉鑫　李　志　张芮豪　蓬桂华　何　青　石　位　刘正位　李靓靓　彭　毅　蒋立文　杨建国

杨良波　俞飞飞　尹守恒　姚秋菊　李　华　吴彦强　王亮明　贺瑞文　李秋孝　杨生保　杜　磊　黄任中　蒋慧萍　王　巍　陈丽潇　唐　纯　赵玲艳　彭　文

目 录

第一章　东北片区 ·· 1
　一、黑龙江省助力乡村振兴典型案例 ··· 1
　二、吉林省助力乡村振兴典型案例 ·· 8
　三、河北省助力乡村振兴典型案例 ·· 10

第二章　华东片区 ·· 31
　一、福建省助力乡村振兴典型案例 ·· 31
　二、浙江省助力乡村振兴典型案例 ·· 36
　三、江苏省助力乡村振兴典型案例 ·· 48
　四、江西省助力乡村振兴典型案例 ·· 51
　五、安徽省助力乡村振兴典型案例 ·· 65

第三章　黄淮海片区 ··· 70
　一、河南省助力乡村振兴典型案例 ·· 70
　二、山东省助力乡村振兴典型案例 ·· 92

第四章　西北片区 ··· 122
　一、内蒙古自治区助力乡村振兴典型案例 ································· 122
　二、陕西省助力乡村振兴典型案例 ·· 130
　三、甘肃省助力乡村振兴典型案例 ·· 137
　四、新疆维吾尔自治区助力乡村振兴典型案例 ··························· 141

第五章　西南片区 ··· 147
　一、四川省助力乡村振兴典型案例 ·· 147

二、云南省助力乡村振兴典型案例 ·· 156
三、重庆市助力乡村振兴典型案例 ·· 167
四、贵州省助力乡村振兴典型案例 ·· 177

第六章　中南片区 ··· 185

一、广西壮族自治区助力乡村振兴典型案例 ································ 185
二、湖北省助力乡村振兴典型案例 ·· 193
三、湖南省助力乡村振兴典型案例 ·· 212

第一章　东北片区

一、黑龙江省助力乡村振兴典型案例

(一) 哈尔滨水稻育秧棚二次利用发展加工辣椒新产业

黑龙江省是水稻生产大区,全省水稻面积约900万亩,水稻育秧棚约60万亩,80%处于闲置状态。哈尔滨市是黑龙江省水稻主产区之一,水稻育秧棚19.7万栋(折合7.65万亩),闲置水稻育秧棚约6.12万亩。为了充分利用闲置土地,增加农民收入,国家特色蔬菜产业技术体系哈尔滨综合试验站的专家提出利用闲置水稻育秧棚二次利用种植加工辣椒项目得到了农业科学院和哈尔滨市政府的欢迎。首先,土壤、水分、温度等环境条件适合辣椒生长,水稻育秧棚增加了抵御洪涝自然灾害的能力,为辣椒种植丰产丰收提供了保障,产业前景十分可观。在黑龙江省种植加工辣椒每亩可收入6000元左右,每亩增收3000元以上。全省闲置水稻育秧棚如果种植辣椒,可以产生36亿元的经济效益,农民获得纯利润18亿元。辣椒产业将成为黑龙江省水稻产区的另一个高效产业,是带动乡村振兴的又一大产业。

1. 国家特色蔬菜体系哈尔滨试验站引领产业发展

2020年通过黑龙江省农业科学院、黑龙江省农业农村厅和黑龙江省电视台联合举办的"科技助农在线帮",哈尔滨市科技局组织的"科技助农大讲堂",延寿县新建村党支部是李延东带领部分村支书到黑龙江省农业科学院园艺分院找辣椒专家张慧学习,张老师首先让他们对水稻育秧棚土壤进行检测,看是否适合种植辣椒,通过指导配方施肥,然后提供龙焰1号辣椒苗进行试种,取得成功,有的种植户亩收入达8000元,极大地激发了农民种植辣椒的积极性,延寿旭东有机米种植专业合作社向镇政府做了汇报,得到了政府的大力支持。2021年张老师通过国家特色蔬菜产业技术体系平台,协助企业到山东金乡、河南柘城,2022年到贵州遵义国际辣椒大市场进行考察学习，并推荐客商与其签订订单，解决销路问题；同时协助建立采后烘干、色选、切断等初加工车间，利用体系专家解决加工辣椒全产业链技术问题，使之稳步走上全产业链发展之路。

黑龙江省农业科学院园艺分院的辣椒团队协助政府和企业制定从种植、加工到销售三位一体的绿色高质量、高效发展规划，水稻育秧棚二次利用加工辣椒示范基地建设主要包括水稻育秧棚加工辣椒品种展示基地、水稻育秧棚工厂化育苗基地、技术培训基地。从水稻育秧棚土壤改良、环境和水肥调控、加工辣椒高效栽培技术、干制加工及初加工技术等各个环节进行系统指导，确保辣椒丰产丰收。

2. 政府支持

2021年，延寿县利用乡村振兴产业基金，设立水稻育秧棚二次利用辣椒种植项目，协助合作社建立了1000平方米辣椒烘干加工厂房，配套烘干设备1套（日加工量17吨）、色选设备、切丝设备等初加工设施；同时购买了小型棚室整地设备，铺膜和铺滴灌设备、小型采收设备。哈尔滨市政府也高度重视，为了扶持产业顺利发展，科技局为水稻育秧棚二次利用种植辣椒的县市延寿县和五常市配备了辣椒团队的科技特派员，并多次邀请国家特色蔬菜体系哈尔滨试验站的辣椒团队进行技术培训和实地指导，科技局局长亲自督办。

2021年，黑龙江省农业科学院为推动全省科技支撑开展乡村振兴工作，院党组提出黑龙江省"1+10+100工程"百个科技支撑乡村振兴示范村建设活动，推动乡村振兴工作。通过辣椒产业项目的实施，2021年被黑龙江省农委确定为黑龙江省乡村振兴100个综合典型案例（村级）。2022年，延寿县加信镇新建村"水稻育秧棚二次利用种植加工辣椒产业"成为第二批乡村振兴示范村。

哈尔滨市科技局充分发挥省、市级科技特派员的作用，谋篇布局做好"辣"文章，进一步激活闲置土地。经过2年的试验示范，2020年，延寿县种植10亩，2021年种植350多亩，2022年种植678亩，亩效益达6000元以上。2022年在延寿县、五常市种植优质小辣椒新品种1000多亩，并获得丰收。延寿县加信镇等9个乡镇、26个村屯、145户种植678亩，回收红鲜椒650吨，为农民创收260万元，户均收入1.79万元，企业获效益148.57万元。五常市水稻育秧棚第一年种植，亩收入达6000元。县政府利用投入乡村振兴资金265万元，购置了烘干、色选、切段、粉碎、封装等设备，解决了收获后初加工的问题，解决了农头工尾问题。通过示范推广，极大地提高了农户的种植积极性，也解决了农民"种什么""怎么种""卖给谁"的问题。

为保证每户种植户成功，每户种植户增收千元，每户种植户可持续种植，可持续增收，随着种蒜和葱栽子的下发同时下发了技术明白纸。哈尔滨市双城区农业技术推广中心研究员级高级农艺师、国家特色蔬菜体系双城示范县负责人和哈尔滨巨久蔬菜种植专业合作社理事长留下的联系方式，做到让每户种植户都能随时联系到技术人员，随时随地得到技术服务。

3. 企业带动

在国家特色蔬菜体系哈尔滨试验站的引荐下，延寿旭东有机米种植专业合作社社长李延东积极与黑龙江省农业科学院辣椒专家、体系相关专家建立紧密联系争取技术支持；与延寿县加信镇及县政府积极沟通汇报争取政府支持，在政府的帮助下，政府和企业通过先垫付种苗款、统一购买生产资料和农药等方式，激发种植积极性，政府协助招商引资，签订订单，在没有订单时，企业和政府先垫付资金回收产品，确保种植户的经济效益。

由专家建议，政府协助企业建立辣椒办，建立一支专门的管理队伍和地方技术团队，从组织管理方面保证了产业的顺利实施。企业和政府一边实施，一边总结经验教训，为下一年工作奠定基础。产业发展模式逐步由政府引导走向企业市场化运作，保证了产业长期稳定发展。

4. 重视科技支撑和技术培训

产业发展离不开技术支撑，黑龙江省农业科学院园艺分院辣椒课题组育成了龙椒15号、龙椒17号、长远1号、龙焰1号等系列加工辣椒新品种、新技术，引进国家特色蔬菜产业技术体系适宜黑龙江省种植的加工辣椒品种，利用体系全产业链专家为黑龙江省辣椒产业提供技术支撑，为辣椒产业健康发展保驾护航。

种植基地从政府引导进行技术培训到主动学习，自主寻找技术服务，企业主动寻找市场和商家，摆脱了"等、靠、要"的思想。黑龙江省农业科学院园艺分院辣椒专家建立辣椒技术服务微信群、快手平台、农业科学院党宣平台、科技助农在线帮、科技助农大讲堂、电视台等网络平台，在种植基地建立室内课堂培训基地和田间课堂，为种植基地农民提供从种到收，到加工销售的全产业链技术支撑，保证了产业的健康发展。

5. 重视无公害绿色发展

黑龙江省土壤有机质含量高，是绿色食品生产的最佳地区，特别受国内和东南亚和欧洲市场青睐。农业科学院辣椒团队为将来开拓国际市场，从基础做起，在制定实施方案时严格限制肥料和农药的超标问题，使用化肥农药减施技术，利用生物农药、生物菌肥及物理防治措施进行技术指导，严禁剧毒农药和出口检疫农药的使用，保证了产品达到出口免检状态。

（供稿人：张慧、黄越、王兴亮、王雪、刘思宇、王琳、张俊宝、王崇生）

（二）梅里斯达斡尔族区特色洋葱品牌创建案例

经过多年的发展，洋葱产业已成为梅里斯达斡尔族区的支柱产业，年均种植面积5万亩，总产量逾32.5万吨，总产值近3.9亿元，仅此一项就可拉动全区农民人均增收2000元以上，占农民人均纯收入的30%以上。现阶段，以深化跨境贸易的海外供应链为业务重心，开始打造特色洋葱品牌。

1. 洋葱生产的优势和现状

2022年，齐齐哈尔梅里斯达斡尔族区年均种植洋葱5万亩，约占全国总面积的15%，平均亩产6500千克，产品销售国内外，平均亩纯收入3000元，种植洋葱的农户人均收入达3万元，效益非常可观。"大八旗"牌洋葱被认定为黑龙江省著名商标，被国家质检总局认证为中华人民共和国地理标志保护产品。产品销售全国各大城市，还远销俄罗斯。向韩国、日本、俄罗斯等国家每年出口的洋葱达5万吨以上，获得了较好的经济效益。目前，全区有绿色洋葱蔬菜种植基地5个，种植面积5万亩，绿色标识5个。拥有"嫩必达""达康""大八旗"等著名农产品品牌。在发展洋葱产业方面，梅里斯达斡尔族区有得天独厚的生态环境和资源地缘优势。该区是1988年7月经国务院批准恢复的市辖民族区，距齐齐哈尔火车站15千米，距富拉尔基火车站10千米，距齐齐哈尔民航机场8千米，301国道碾北省级公路及齐查市级公路在境内交会并入东北公路交通网，铁路、公路、空中运输条件都十分便捷。

洋葱产业发展以梅里斯达斡尔族区农业综合服务中心与国家特菜协同体系哈尔滨实验站为技术支撑，并与东北农业大学及黑龙江省农业科学院齐齐哈尔分院等相关院所建立了良好的合作关系。梅里斯达斡尔族区农业综合服务中心现有技术人员25人，其中国家级推广研究员3人、高级农艺师19人、农艺师3人，6个乡镇农技推广站，现有技术人员16人，49个行政村，农民技术员262人。梅里斯达斡尔族区采取科技人员技术指导直接到户，良种良法直接到田、技术要领直接到人的科技成果快速转化机制。2022年全区农技推广农业先进实用技术14项，覆盖率达90%以上，引进新品种20多个，农作物新品种普及率达90%以上，其中地膜洋葱复种秋菜高产、高效栽培技术获得省丰收计划一等奖，洋葱病虫害防治技术的研究与应用获市政府科技进步二等奖，技术力量雄厚，推广体系健全，新技术普及率高，是发展洋葱产业的主要技术支撑。

2. 达乡洋葱产业合作社对洋葱品牌建设的作用

达乡洋葱产业合作社的成立，为洋葱产业创立了良好的技术、管理及品牌的发展空间。自合作社成立以来，为发展高产、优质、高效、生态、安全农业，制定了各项规章制度，并不断加强基地建设，截至2017年，基地种植面积达4万亩，大八旗村形成了以洋葱为主体的"一村一品"特色产业，被中外客商誉为"东北洋葱第一村"。2002年注册"大八旗"牌商标，2006年被国家质监总局认证为地理标志保护产品，2008年被认定为黑龙江省著名商标，2014年被定为国家标准化示范区。梅里斯达斡尔族区洋葱栽培标准也因此被国家标准化委员会认定为国家标准。2015年被农业部评为全国百家合作社、百个农产品品牌；2015年12月，经中国绿色食品发展中心审核，被认定为绿色食品A级产品。2017年被认定为生态原产地保护产品，并建成全省"互联网+农业"（有机洋葱）高标准示范基地。达乡洋葱产业专业合作社坚持走"互联网+农产品"的新型销售模式，积极搭建网络销售新平台，与黑龙江无央科技有限公司签订了物联网追溯系统，与浙江商帮科技签订了互联网线上销售系统，实现了线上线下相结合的销售模式。

3. 达康牌洋葱发展潜力与优势

一是有国家特色蔬菜产业技术体系作为技术支撑，为洋葱产业发展保驾护航。二是通过配方施肥，耕地质量调查适宜种植洋葱的耕地潜力很大。梅里斯区高度适宜种植洋葱的面积为122.9万亩，占全区总耕地面积的84.2%。三是梅里斯区洋葱高产典型亩平均单产在6500千克以上，而全区洋葱平均单产只有6000千克。由此可见，梅里斯达斡尔族区洋葱生产在土壤条件、种植面积、单产提高上具有巨大潜力。三是蔬菜企业陆续落户梅里斯区，加工促成能力扩建和市场对洋葱的需求日益递增，必将带动梅里斯区洋葱生产的快速发展。四是消费呈现多元化格局。我国已进入全面乡村振兴的新阶段，国民消费从温饱型转入营养健康型。中低收入家庭特别是广大农村，随着收入水平的提高，城镇化步伐加快，蔬菜消费将不断增加。

4. 三产融合加快洋葱产业发展

以做强第一产业、增加第二产业、带动第三产业为导向，梅里斯达斡尔族区以洋葱推广套复种规模化、种植有机绿色化、加工精深化为重点，加快推进一二三产业相互渗透、交叉重组的融合发展区基本形成。梅里斯达斡尔族区政府2017年出台蔬菜产业发展奖励补助办法，对洋葱种植大户、合作社和企业进行奖励补助，积极探索。搭建洋葱产业发展担保和融资服务平台，解决洋葱产业发展融资难题，有效整合农业、水利、乡村振兴、减贫开发等专项资金项目，集中向洋葱种植区投放，强化种植区道路建设、水利灌溉等配套建设。到2021年，洋葱加工业产值突破4500万元，加工转化率达4.1%；到2025年，预计洋葱加工业产值突破7000万元，加工转化率达6%以上。

（供稿人：王彦华、胡水霞、张慧、王雪、黄越、王兴亮）

（三）哈尔滨市特色蔬菜（毛葱、大蒜）助力双城区农户增收

双城区农业农村局为贯彻落实好中共哈尔滨市双城区委、哈尔滨市双城区人民政府关于《双城区实施低收入户户均增收千元行动方案》，制定了《双城区低收入户户均增收千元行动实施办法》,确定了以当地农民比较熟知、善于栽培的毛葱和大蒜为主要作物,推广在庭院种植,采取"统一供种、统一技术指导、统一辅助销售"的方式,保障所有种植农户一次种植成功,确保户均增收千元,确保种植可持续。

1. 成立区低收入户户均增收千元行动领导小组

成立区低收入户户均增收千元行动领导小组,组长由区长担任,主管区长担任副组长,其他相关局、办、乡镇(街)等局长、主任、乡镇(街)长(主任)为成员。为确保顺利完成户均增收千元行动,成立双城区实施低收入户户均增收千元行动领导小组办公室,办公室设在区农业农村局,由区农业农村局局长任办公室主任,区农业农村局主管副局长和区减贫开发办公室主任任副主任,相关工作人员和指导专家为成员,国家特色蔬菜体系示范县负责人孙秀丽任专业指导专家。

2. 对接专业合作社

确定对接专业合作社,对种植户进行全程的农资提供和产品收购服务。哈尔滨巨久蔬菜种植专业合作社,理事长为王利军。该合作社专业周年生产蒜苗,同时每年也种植部分大蒜用于自用。具有提供大蒜和毛葱种子的能力,同时可以按照标准回收产品用于自用。为保证农户不但丰产,还要丰收,确定了企业保底价回收的策略,市场价高于保底价按市场价回收,市场价低于保底价按保底价回收。

提供毛葱种球2646千克,种植21.24亩,共有38户低收入户种植,实现总产量43000千克,实现总产值85000元;提供种蒜3685千克,种植32.91亩,共有58户低收入户种植,实现总产量25000千克,实现总产值50000元,总计实现产值13.5万元。

(供稿人:孙秀丽、张俊宝、张慧、王崇生、黄越、王雪、薛鸿雁、张凤丽)

(四)特色蔬菜体系哈尔滨试验站全产业链科技富民

国家特色蔬菜体系哈尔滨试验站,在国家特色蔬菜产业技术体系首席邹院士和全体系专家的支持和帮助下,先后在黑龙江省深度贫困县兰西县、海伦市开展全产业链科技服务。先后建立2种蔬菜产业发展新模式,帮助兰西县5个大型合作社、1个蔬菜速冻加工企业走上了辣椒、大葱、南瓜、马铃薯、瓜菜和食用菌产、加、销一体化的产业发展之路,推动了兰西县蔬菜产业的快速发展。近些年,累计服务乡镇170余次500多天,帮扶低收入户324户,成效显著。

1. 建立庭院经济发展模式

选择经济效益高、产业链长的经济作物(如满天星辣椒、赤松茸、甘蓝、南瓜、青刀豆等)本地加工企业与国内大型企业签订订单,企业与农户签订订单,合作社做样板，建立职业农民培训班，免费为低收入村发放种苗、生产资料，提供生产技术，利用弱劳动力发展庭院经济，产品全部统一回收加工和出口，已经形成了"一村一品"稳定的发展模式。2019年与贵州贵三红辣椒加工企业建立满天星辣椒1500亩订单生产协议，企业投资建立了烘干车间，辣椒直接就地加工，直供厂家。由于鲜椒成熟期不统一，集中种植人工采收工费过高，机械采收破损率高，产品品质下降，亩纯效益600元左右，预期效益不佳。2020年建立了1000亩庭院生产订单，涉及农户1000多户，利用农户自家闲散劳动力农闲时间进行分散采收，仅此一项，将辣椒劳动力投入成本直接回馈种植户约3900元/亩，户均收入2000元左右。目前辣椒长势喜人，已经进入采收季节，该模式大大提高了辣椒商品率，产量、质量和效益都得到了有效保障。

2. 建设规模化种植基地

5年间在兰西县建立了省级示范园区1个，辣椒、南瓜千亩以上北菜南运辣椒生产基地3个，加工红辣椒生产基地3个，大葱基地1个，棚室生产示范基地2个，引进项目5项，引进资金258万元；2020年通过北菜南运辣椒基地引领在海伦海兴镇和扎音河乡帮助建立万亩辣椒标准化育苗基地2个，建设2000平方米智能温室1栋，日光温室13栋，冷棚97栋，总投资近1000万元。在海伦市建立国家七大作物茄科辣椒育种、国家特色蔬菜体系试验站、国家北方露地辣椒双减项目、省北菜南运辣椒新品种新技术示范等6个项目示范基地，建立省级辣椒示范园区1个，建立辣椒、毛葱、菇娘、蒲公英标准化生产基地各1个，建立海伦市辣椒、菇娘、毛葱各6万亩以及蒲公英和大蒜庭院生产基地，2020年协助引进资金1000多万元，建立北菜南运辣椒规模化育苗基地两处。

3. 传授新技术提升产业科技含量

建立兰西县榆林镇蔬菜新品种、新技术示范园区，示范北菜南运蔬菜新品种150个，辣椒、大葱等高产高效生产技术和病虫害综合防控技术等10余项，推广国家特色蔬菜产业技术体系蔬菜新品种9个；建立海伦市海兴镇全省辣椒单一作物新品种、新技术示范园区，引进辣椒等新品种200余个，7项辣椒高产高效生产技术；在低收入村引进长春试验站毛葱、哈尔滨站大蒜复种白菜、套种大豆以及菇娘高产高效种植技术4项。两个示范园区均已成为省级北菜南运品种观摩、新技术培训样板基地。服务的兰西镇呼兰河右岸种植合作社和康荣乡玫瑰小镇成为了远近有名的旅游观光采摘圣地。

4. 创新营销新渠道

为了解决销售问题帮助兰西中舜食品有限公司、庆丰大葱、农成马铃薯、丰硕南瓜、老三瓜菜、康荣瓜菜种植合作社，海伦市海伦向秋蔬菜种植专业合作社、海伦中际食品有限公司、海伦野泰食品有限公司等走上了产、加、销一体的综合性产业发展之路，解决了两市县蔬菜的产销问题。2019 年，为海伦低收入村扎音河乡民安村联系了哈尔滨市锦喜顺食品有限公司和海伦的 3 个企业作为 135 户低收入户特色蔬菜庭院种植的订单企业，解决民安村蔬菜销售问题，力争把民安村打造成大蒜、毛葱、辣椒、蒲公英生产的特色蔬菜生产村。

5. 培养致富带头人和龙头企业

推选兰西县庆丰蔬菜种植合作社李庆全、裴俊学，海伦市中际农副产品有限公司敬红波为绥化市人大代表；兰西县丰硕南瓜徐广彬、康荣瓜菜李东辉、农成马铃薯刘化国、海伦向秋蔬菜高向秋、海伦野泰食品公司陈井权、兰西中舜食品宋全宝等为致富带头人；海伦野泰食品公司、兰西中舜食品有限公司、树根生态等企业成为地方龙头企业。其中，海伦向秋蔬菜种植合作社理事长高向秋被选举为全国农民人大代表并获得全省"蔬菜大王""辣椒大王""巾帼英雄"称号，2021 年获得全省十大脱贫致富农民带头人、省新农人技能大王、绥化市农民创业领军人物等荣誉；海伦中际毛葱成为省级龙头企业，2021 年入选农业农村部农业国际贸易高质量发展基地。这些个人和企业都成为低收入地区致富和乡村振兴的"领头羊"。

（供稿人：张慧）

二、吉林省助力乡村振兴典型案例

·特色香葱产业助力吉林省乡村振兴

近年来，吉林省认真贯彻落实习近平总书记视察吉林重要讲话重要指示精神，按照省委、省政府决策部署，全面实施乡村振兴战略，坚持农业农村现代化一体设计、一体推进，加快推进三产融合、城乡融合和体制机制创新，开创了吉林省乡村振兴的新局面。

产业兴旺是乡村振兴的根本和保障，没有产业兴旺就没有乡村振兴。吉林省是农业资源大省，农业农村蔬菜产业发展的空间巨大、潜力巨大。吉林省地处东北亚腹地，特殊的地理位置为吉林在内蒙古、黑龙江，以及俄罗斯、朝鲜、蒙古乃至韩国和日本开发蔬菜市场，提供了广阔的空间。此外，在夏天高温季节，南方一些省份反季节蔬菜需求量较大，也为吉林省提供了较好的市场环境。吉林省是我国主要的商品粮生产基地，多年来形成了粮为主、菜为辅的发展趋势。另外，吉林省气候冷凉，昼夜温差大，产出的蔬菜质量好，更符合绿色环保的要求。适宜蔬菜种植的土地集中连片，有利于大规模蔬菜生产基地的建设，蔬菜产业发展潜力巨大。

吉林省蔬菜产业发展取得了长足进步，但是仍然存在一些亟待解决的问题：种子产业发展滞后、品种多而杂、主导品种不明确；设施性能有待改善，反季节生产能力不足；生产者素质不高，技术推广体系不健全；蔬菜加工几近空白，产业效益未能充分发挥；缺少叫得响的品牌，认证面积少。针对这些问题，吉林省在公主岭市怀德镇开展了香葱优势特色产业集群的创建工作。

1. 调结构促转型，小香葱引领经济发展

怀德镇位于吉林省公主岭市中北部，是一座历史悠久、民风淳朴、生产发展迅速的小城镇，曾因其是中国油豆角的主产地，而闻名省内外。但随着现代农业产业的发展，以油豆角为代表的保护地蔬菜产业受当地自然资源条件的限制，一直处于低迷状态，产业发展原地徘徊。因此，当地菜农急需正确的产业引导方向。2017年，在国家特色蔬菜产业技术体系长春综合试验站的指导下，针对东北地区消费习惯，结合当地自然资源，三里堡村合作社开始引进"锦绣""万秀"香葱新品种。在试验站专家的指导下，合作社技术骨干、老把式带头创业，逐步进行技术熟化，香葱新品种推广面积逐年增加。至今，吉林省公主岭市怀德镇三里堡子村已是远近闻名的香葱种植基地，村周围种植香葱1660栋，种植面积达2500余亩，年创经济效益1.3亿元以上，投入产出比为1.0：8.8，生产效果非常合理。因为种香葱，曾经人均不足两亩土地的小村庄，变成了远近闻名的"东北香葱第一村"。

2. 树品牌稳增收，小香葱助推大产业

"问心"牌香葱产品畅销全国各地，形成了香葱种植的产业集群。标志性香葱产业地理标识，造就了当地姑娘不外嫁、小伙子聘礼赠大棚的新婚观，该村已成为吉林省乡村振兴名牌产业发展基地。

村里以"万秀""锦绣"香葱品种为主，这种耐寒型小香葱与当地自然环境的完美结合，助推香葱产业发展，国家特色蔬菜团队长期问诊把脉，服务香葱产业，让"小产业，作出了大文章"。村里依托合作社，由大力提倡"春提前、秋延后"的生产方式，逐渐向一年四季经营种植转变。通过精准把握农时，分批移栽，已形成日光温室种植4茬，大棚种植3茬，成为新型种植模式，实现了增产增效的目的。科学运用水肥一体化、病虫害的防控技术，让小香葱插上科技的翅膀，村里随时都有香葱上市。以大棚生产模式为例，每平方米累计葱产量30斤以上，每千克香葱5元，除去种、肥和管理费用，经济效益非常可观，葱农的香葱情，情满当地老百姓，一根青葱擎青天，绿了田间，了了心愿。

3. 一村一品带动就业，助力乡村经济发展

三里堡子村香葱产业的蓬勃发展，还衍生了一个新"业务"，那就是剥葱。"这可是个在家门口赚钱的活儿"。无论年少、年长，都有用武之地，也给他们带

来了一笔可观的经济收入。目前园区里有400多人务工，每人年打散工就可赚2万元。

为壮大香葱产业，三里堡子村成立了蔬菜种植专业合作社，注册了"问心"牌绿色蔬菜商标，以"村集体+合作社+农户"的模式推进规模化、规范化种植。通过特色鲜明的香葱产业，三里堡子村成为全国"一村一品"示范村。由于香葱收益高，产业前景好，不仅让村民鼓起了腰包、挺直了腰杆，还吸引了当地很多外出打工的年轻人返乡创业，涌现出一批致富能手，200余名香葱产业经济人，500名青年农民成为科技当家人。三里堡子的村民靠着小香葱的科技"翅膀"，飞向了致富路。

基础实，才会行得稳；动力足，方能走得远。产业振兴是乡村振兴的坚实基础，三里堡子村将继续坚持"绿水青山就是金山银山"的发展理念，继续加大特色蔬菜产业发展力度，加强技术指导，不断壮大村集体经济，帮助村民增收致富，走出高效、生态、绿色的农业发展之路，助推乡村振兴深入开展。

（供稿人：国家特色蔬菜产业技术体系长春综合试验站）

三、河北省助力乡村振兴典型案例

（一）唐山市辣椒现代农业园区三产融合推进乡村振兴

唐山利民荣丰农业开发有限公司西疆现代农业园区，位于丰南区岔河镇宋家口头等4个相邻自然村，占地面积3800亩，主要种植辣椒，采用提前育苗，苗龄50天，5月上旬定植，使用地膜加滴灌，一膜双行，亩株数4500株，全程机械化、喷药、水肥一体化技术，采收时间在9月上旬。采收后，利民荣丰全部加工成辣椒酱，有自主品牌"今领"。

唐山市利民荣丰农业开发有限公司成立于2011年12月，总投资3.5亿元，是天津食品集团控股的股份制公司，年可生产各种酱制品5.2万吨。利民荣丰是一个以农业资源、生态资源为依托，集育苗、种植、加工、生产、销售、仓储物流、冷链配送、农工商一体化并进，一二三产业融合发展的多元化公司。其中：第一产业以促进农业增效、农民增收为目标，投资5200万元，在丰南区岔河镇规划建设了占地3800亩的西疆农业园区，作为生产原料供应基地，为市级现代农业园区。采取"公司+园区+农户"的模式，积极培育合作种植户，在提供种苗、技术的基础上，实行保护价收购，年可消耗2万多亩的辣椒产量，带动丰南区西部5个乡镇的辣椒种植业发展，促进1万多户农户增收5000多万元。第二产业以提高农产品附加值为目的，对农产品进行深加工。现在所在的生产厂区，主要建设炒制酱、蒜蓉辣酱、酱菜等5条生产线，可生产30多种调味品。第三产业以冷链物流、农产品销售、休闲观光为主。建筑面积3500平方米的冷链物流基地，仓储量1.5万吨，年周转量15万吨。同时，依托唐津运河景区，大力发展农业休闲旅游业，将西疆农业园区内部规划成绿语庄园、老家田园、金秋果园、金杨牧园、利民椒园5个特色区域，一园一景，真正实现了一二三产业互动融合发展。

利民荣丰在国家惠农政策和政府的支持下，将发展成为一个多元化、多领域的农业产业化集团公司。2020年获得"河北省科技型中小企业"等荣誉。

（供稿人：唐山市农业科学研究院，唐山市丰南区农业农村局，秦皇岛市抚宁区农业农村局；孙逊、冯贺敬、陈昱含）

（二）河北顺平"小草莓"谱写乡村振兴产业新篇章

多年来，顺平县一直以生产优质、高产草莓而闻名，优越的自然条件、丰富的土地资源和水利资源、成熟的栽培技术和加工技术保证了草莓质优、量足，具有较大的种植规模优势，自然成为顺平县主要特色产业，依托龙头企业——保定岩田科技公司，带动其他企业及周边农户致富，在农村发挥了重要的增收作用，推进了乡村振兴战略的实施。

1. 顺平草莓产业现状

顺平县委、县政府本着把当地草莓产业做大做强的目标，对莓农大力扶持，奠定了产业发展的基础。顺平是草莓种植规模及产量大县，20世纪80年代中期，顺平县积极进行产业结构调整，大力发展经济作物，在光照、气候、土壤条件适宜的平原地区，利用日光温室模式种植，莓农亩产草莓收入大大超过了粮食，所以草莓种植面积迅速扩大，产业结构调整成效显著，距今已有30余年的历史，农民的收入得到了大幅提高。顺平现有设施草莓面积2.6万亩，总产6.1万吨，产值10亿元。

顺平草莓主要品种为红颜、甜查理，11月下旬至次年6月都有鲜果采摘上市。红颜种植面积1.6万亩，温室草莓一大茬，主要分布在腰山镇、高于铺镇、蒲上镇的10个村，9月上旬定植，元旦开始上市，收获可持续到次年6月中旬，单产6000~8000斤，平均单价12元，亩净收益5万元。甜查理种植面积1万亩，温室"草莓—番茄"一年两熟制，主要在蒲阳镇的5个村，9月初定植，11月下旬至次年2月底收获，平均单产5000斤，平均单价10元，亩净收益3万元。草莓生长期间的2月10日前后套种番茄，番茄亩产1.5万斤，亩净收益2万元，辐射带动其他乡镇。顺平草莓色泽艳丽、品质好、口味独特，享誉京津冀。主要销往北京、天津、保定，通过经销商收购的方式销售，在做足做好鲜果销售的同时，还利用果实进行深加工生产果汁、罐头，进一步延伸产业链条，增加产品附加值。绿色优质产品环评面积2万亩，注册"尧福""来岩田"等商标。全县草莓专业合作社及家庭农场64家，其中保定岩田科技公司通过了绿色食品认证。

2. 保定岩田科技公司草莓生产现状

保定岩田农业科技开发有限公司，成立于2018年1月，坐落于美丽尧乡顺平县高于铺镇李千户村，共建成高标准日光温室96座，现代化智能温室38座，3200平方米日光玻璃温室1座，总投资1200余万元，设施农业总体占地面积350余亩，成为当地最大的草莓种植基地，草莓品种主要为红颜。岩田农业成立以来，结合当地乡风文明，开发本村20余年的草莓种植经验技术，先后种植优质口感九九草莓91座，立体观光草莓5座，培育优质草莓种苗20亩。

草莓自2018年上市以来，生产优质草莓16万斤，主要销往北京、天津，以独特的口感赢得了广大客商销售平台及消费者的认可与好评，全部以直销模式完成了销售任务。2019年11月岩田农业对园区土壤、水质、果品进行了权威检测，并通过了中国绿色食品发展中心的认证，获得绿色食品证书。注册商标"来岩田"，建立了600平方米的草莓分拣车间。通过公司科学规范的管理，标准化分拣，成为了广大客户、微商、电商、各大新零售平台稳定保质保量的供货平台，公司不断进取，科学发展，合作共赢，用科技创造美好农业。

3. 保定岩田带农助农的具体做法

保定岩田作为顺平草莓的龙头企业，主要采用"公司+减贫资金+基地+低收入户"模式，发挥当地土地浇水施肥田间管理方便的优势，大力发展设施农业，增加农民经济收入，极大地提高了莓农的信心和积极性，帮低收入户念好"生财经"。已解决周边就业岗位150余个。

（1）统一管理，助力草莓全链条发展。

第一，统一供苗。夯实育苗基础，是草莓高产、稳产的关键环节。优质种苗、优型棚室，组织精干队伍，育好苗、育壮苗。目前，企业创建了基质高架"母苗培育+子苗扦插+低温诱花"的壮苗培育技术体系，经过近3年的生产运营，统一培育的草莓苗优质率达95%以上，始花期提早10~15天，远远超越了从外省购买的草莓苗质量。

第二，统一肥料。按照草莓标准化生产的技术规程，公司直接对接知名肥料企业，在保证肥料质量的前提下，用最低的价格实现草莓用肥的统一采购，再将种植所需全部肥料分批提供给农户，指导莓农依据草莓生育期统一、规范使用草莓专用肥料。此外，公司多年来还为30余家低收入户无偿提供试验和生产肥料1000千克。

第三，统一培训。公司技术人员在草莓移栽后对农民实行集中培训，讲授管理知识和技术要领，实行全程技术指导，解决农户种植和防病治病难题。公司利用7~8月休闲时节抓好莓农培训，聘请专家教授前来培训，每年培训人数500人左右。抓好田间技术指导，组织专业人员田间地头巡回检查，面对面、手把手地指导。

第四，统一回收。在收购季节，企业与经营主体签订购销协议，把收购点设在田间地头，公司统一收购，实行保底价的基础上，根据市场行情不封顶、公司统一运输、定期统一现金结算。据不完全统计，企业每天能够稳定回收优质草莓3000千克，有效打通草莓销售渠道，解决农户与市场信息不对称的问题，促进农户稳定增收。2022年度累计收购优质草莓3.2吨，带动全县8020户农户，实现人均增收8000余元。

第五，统一分拣。岩田公司始终认为鲜活的优质农产品应该实现优质优价，因此公司开始积极推行特色草莓产品分等定级标准，利用分拣车间对草莓进行分拣，分等包装，按等定价，使效益最大化。岩田建有600平方米的草莓专用分拣车间，配备了现代化式的智能分拣流水线，大小、成熟度、糖分等分级指标一次实现无伤检测和智能分拣，每天2000千克以上的分拣量，带动15名工人直接就业，实现增收致富。

第六，统一销售。企业不断扩大经营规模，形成了竞争优势，创出了"来岩田"品牌，走出了企业发展、农民增收的产业化发展之路。统销模式为进一步提高草莓品牌化销售的溢价率提供了保障，农民自己不需要花一分钱去开拓产品销售市场，公司专业的销售团队，成功与京东商超、北京华联、保百商超等建立起稳定的终端市场，农户只要出力参与、精心管理，每亩每年就可纯获利5万元以上，有时出现优质产品供不应求的局面。

（2）举办竞赛，扩大草莓社会影响力。

为了提高河北省草莓产品的社会知名度，快速向市场推广河北省高品质草莓，作为顺平县知名的草莓龙头企业——保定岩田，积极与河北省蔬菜行业协会、国家特菜体系草莓保定综合试验站和河北省农业科学院植保所草莓基地的专家对接沟通，连续成功承办了3届河北省"萌帮杯"草莓大王争霸赛，总计吸引了来自河北全省110家从事草莓规模化生产的企业、合作社、家庭农场和种植户，参展的高品质草莓达400多份，最后从草莓单果重、果型、成熟度、糖酸比、芳香性、综合口感等方面评选出20名"草莓大王"，其中保定岩田园区和辐射带动下的周边经营主体占7名，充分体现出保定岩田草莓园在有效践行农业生产新"三品一标"理念，不断推进顺平草莓特色农产品由"量变"向"质变"的快速转型，实现草莓生产向"品质、品牌"建设的不断创新突破。

（3）数字赋能，促进草莓节本增效。

为提升顺平县龙头企业带动下的草莓产业数字化发展水平，按照数字赋能顺平草莓产业发展思路，利用物联网、大数据、区块链、人工智能等先进技术，岩田园区建设了"数字草莓"大数据中心，草莓种植区智能管理、草莓展销管理平台等数字化系统，实现了品种展示、病虫害识别、水肥管理、产品质量安全追溯、市场需求等实施动态监管，建成了全县首个草莓产业互联网智慧管理平台，精准调控草莓生产的温、光、水、气、肥、药远程可视化和控制联动化，形成了可复制、可推广的草莓数字化应用新场景模式。据不完全统计，通过数字赋能的智慧管理平台进行草莓生产精准管理，实现节肥24%、节药30%，亩均产量提高18%，亩均节约农资、人力等费用近1000元，产品溢价率提高25%，亩均增效6000元。

（4）集群发展，推动草莓农旅研融合。

保定岩田在现有园区和周边各乡镇草莓生产的基础上，紧紧围绕提高草莓产业高质量发展为抓手，以实现草莓产业链延伸和特色化发展为目标，深入挖掘种植潜力、延长产业链条、提升产品价值等集群式发展要素，快速推动一二三产业融合发展，建立了政府引导、企业参与、市场主导的运作机制，致力打造了符合顺平县草莓特色产业发展的绿色生态文化产业集群，精心设计了"食住行游研"全要素草莓主体体验精品线路2条，年接待观光体验游客4万人次，全面推进了"乡村振兴+产业发展+文化开发+旅游观光+研学体验"的融合式发展，初步闯出了一条龙头企业引领乡村振兴的新路子，为顺平县草莓产业高质量发展赋予了强劲势能。

（供稿人：保定综合试验站；李青云）

（三）保定市满城区沃土现代农业产业园搭建致富新平台

保定市满城区沃土现代农业产业园区（以下简称沃土园区）坚持统分结合、共同发展、互利共赢的发展方向，采取"龙头企业+合作社+农户"的组织形式，不断壮大草莓特色产业，搭建农民增收致富的平台，园区种植草莓200余亩，年产值2000多万元，解决农村剩余劳动力300多个。带动全区草莓种植2.96万亩，年产值7亿多元。以沃土园区承包户为基础的孙村果蔬农民专业合作社被评为"国家级示范社"，园区所在的孙村成为满城区首批乡村振兴示范村。

沃土园区核心区现已成立4家企业，包括保定市沃土果蔬有限公司、保定市振兴饲养有限公司、保定市孙村果蔬农民专业合作社和保定市绿硕家庭农场，4家企业优势互补，资源共享，融合发展，一个"沃土"模式的农业循环经济示范园区初步形成。

1. 以统带分，统分共建，互利共赢

为便于组织生产经营，沃土园区先后采取"基地+农户""专业合作社+农户""龙头企业+农户"等组织模式，不断解决出现的问题，逐渐摸索建立起龙头企业

带动，专业合作社运作，技术服务、生产管理等制度约束的"龙头企业+专业合作社+农户"的组织模式，搭建起了"统"的平台，广大农户能从中获得产、供、销等多环节的统一服务，在技术、农资、信息、品牌等方面享受到比其他农户更多的优越性。

（1）统一示范，优先引进推广名优品种。

园区设立1个温室作为优良品种示范棚，成功后统一育苗供种。先后引进推广红颜、隋珠、圣诞红、白桃熏等草莓新品种，使满城草莓的栽培品种始终走在全省的前列。

（2）统一标准，全部应用高产栽培技术。

制定了《沃土园区日光温室草莓栽培技术规程》，各承包户有科学的指导依据，避免了盲目生产，为丰产优质奠定了基础。

（3）统一测土，实施配方施肥。

与区农业农村局土肥站建立合作，每年进行土壤有机质含量分析，根据化验结果和草莓需肥特点进行配方施肥。

（4）统一农资，坚持绿色发展。

推广应用农业防治、生物防治、物理防治，统一购买高效、低毒、低残留农药，保障农产品质量安全。2020年，园区生产的草莓和番茄通过中国绿色食品发展中心的绿色食品认证。

（5）统一平台，实施品牌销售。

先后注册"孙村沃土""绿野五季"商标，统一包装，向外推介。

良好的管理模式造就了一流的产品质量和声誉，也为经营者带来丰厚的回报，园区的草莓供不应求，而且销售价格每千克比市场价格要高出20元以上，采摘价格更是高达150元/千克。进入北京新发地、保定的大商超，得到广大消费者的青睐。在历届的京津冀农产品展销会上，沃土园区的草莓都夺金折桂，成为"获奖专业户"。

2. 借助科技创新平台，实现跨越式发展

2018年，沃土园区入选保定市首批"太行山农业创新驿站"，驿站团队包括以全国草莓岗位专家李青云为首的4名专家，涵盖栽培、植保和产业经济等学科，从新品种引进、脱毒种苗生产、安全优质栽培和产业高效运营等角度创新技术，助推园区草莓产业升级。在专家指导下，确定红颜作为主推采摘品种，甜查理作为批发栽培品种，指导2个品种的日光温室促成土壤栽培生产；示范8个采摘品种（红颜、圣诞红、白雪公主、隋珠、桃熏、京藏香、京桃香、皇家御用）的日光温室促成架式基质栽培示范。帮助解决了温室草莓生产中出现的红中柱根腐病死苗、开花期植株徒长、缺素导致叶片脉间失绿等生产难题；同时，专家团队致力于技术培训，年均培训5次、200多人次，为园区培养了一批专业技术能手。在驿站专家推荐下，引进了1个有实力、诚信经营的农资经销商，为园区购买放心农资搭建了桥梁。专家团队还从调整园区功能、加强公共资源管理、拓宽销售路径、项目差异化建设等几个方面提出了园区发展方向和1套科学运营方案，提高了园区承接各类项目的经济实力和技术实力。

通过几年的创新驿站建设，沃土园区形成了一套完整科学的草莓病虫害绿色防控技术体系，病虫害防效均在70%以上；农户应用日光温室多功能植保机，黄、蓝引虫灯、植物源杀虫剂（杀菌剂）、防虫网、粘虫板等绿色生态防控技术，实现了草莓安全生产。栽培中应用立体栽培系统，减轻劳动强度，农户掌握了腐殖酸水溶肥水肥一体化技术，园区草莓用水量减少了28%，灰霉病发生率降低了43%，节省浇水和施肥用工35%；采用补光灯改善冬季雾霾天气的光照条件。综合技术的应用极大改善了沃土园区的草莓品质。经调查，草莓单果重平均增加12%，每亩增产300千克，深冬草莓糖度从8.2%提高到9.7%，早春糖度从9.1%提高到11.3%。

3. 提升园区建设水平，打造特色品牌

（1）借助国家项目扶持，提升园区建设水平。

多年来，沃土园区紧紧依靠当地政府，抓住国家大力扶持特色产业、优势产业、特色精品等农业产业机遇，通过项目提高园区的基础设施建设水平。先后组织实施产业强镇、产业化联合体、省级精品园区、精品蔬菜产业集群等9个省级科技项目，建立3个省级专家工作站，2个保定市创新创业示范基地。借助项目对园区老旧设施设备进行了升级改造，棚室全部实现自动卷帘，水肥一体化自动管理。2020年，还建立了1个智慧农业连栋温室，利用物联网和数字化设备，实现对种植环境智能监控、水肥精准施用、精准种植。

（2）健全技术标准，保障农产品质量安全。

制定《沃土园区日光温室草莓栽培技术规程》，对肥料、农药、品种选择、育苗、定植、田间管理、病虫害防治技术及果实采收、包装、储运等环节进行规范。建立农产品生产档案，配合质检部门加强产品检测，对所产出的农产品实行质量追溯。建立了自检室，购买了1套自检设备及配套检测试剂，由专人负责对基地生产的草莓自检速测，建立台账，农产品质量安全监测合格率达100%。

（3）注重包装设计，打造特色品牌。

2014年，沃土园区注册"孙村沃土""绿野五季"商标，所生产的产品统一包装、统一品牌，并充分利用"满城草莓"区域公用品牌，利用农产品博览会、展销会等招商活动，提高品牌的影响力。2020年，聘请专业机构以长信宫灯为灵感设计了满城草莓形象Logo和产品包装，具有深厚文化内涵特征的Logo设计，让企业品牌更加具有吸引力、感染力和竞争力。

（4）开展电子商务，开辟产品销售"直通车"。

多年来，沃土园区生产的草莓主要销往北京、天津、保定等地，还通过农超对接方式，供应保定市惠友、保百、时代、万博等大中连锁超市、果蔬市场。2021年，园区开通了网上电商平台，通过抖音短视频、直播平台等方式进行宣传、推介，取得了非常好的成效。尤其在疫情防控期间，电子商务很好地规避了积压和滞销，开辟了一条更加便捷、高效的销售通道。

4. 城乡融合，激发产业新活力

2014年，保定市河北小学、保定七中等学校与沃土园区联系，决定在此建立学生实践基地。先后建立了7个学生"多彩实践温室"，除种植草莓外，还种植了火龙果、蔬菜、七彩西瓜等，不同管理时期学校组织学生们参加劳动，开展亲子活动、技能比赛等，通过"寓教于乐、寓学于乐"的方式，为学生提供农村文化认知的学习机会。

自2015年开始，沃土园区每年都作为保定市满城区草莓文化节的主要承办方，积极开展文创活动，举办草莓主题书画展、草莓诗词咏唱会、草莓文化节专场演出等文化活动，叫响"中国草莓之乡"的称号，提高园区的知名度。

作为河北省四星级休闲农业采摘园，沃土园区第一批融入保定市休闲农业旅游精品路线之中，并在河北新闻网、河北省农业农村厅微信公众号、河北休闲农业微信公众号发布，观光采摘、农趣活动丰富多彩。结合节假日，沃土园区还创办草莓采摘节、"畅享田园梦"乡村旅游行等旅游活动，将园区打造成了保定市民草莓休闲采摘的首选之地。

（供稿人：保定综合试验站；薛占军）

（四）永年大蒜产业提质增效促发展

永年大蒜旧称广府蒜，其栽培历史可追溯到明朝嘉靖年间，距今已有500年历史。永年大蒜品质优良，历来为食用者所欢迎，1984年永年大蒜被对外贸易部授予信得过产品，1985年在农业部举办的优质农产品展览会上受到好评，1991年在全国"菜篮子"博览会上被评为铜奖，1997年被河北省首届农业博览会评为"农业名优产品"，1999年永年大蒜基地被国家技术监督局定为国家级标准化农业生产示范区，2002年被命名为"河北大蒜之乡"。永年采取了一定的工作措施，促进了永年大蒜的高质量发展，使大蒜产业成为乡村振兴的支柱产业。

1. 认真分析永年大蒜发展的制约因素

永年大蒜品质好，蒜薹耐贮性好，深受市场欢迎。近年来，永年大蒜品种老化，栽培技术无创新，传统的耕作方式已不能适应现代农业的发展需求。栽培大蒜受气候的影响，有的年份会受到冻害、病虫害的影响而达不到预期产量；还有用工量大，栽培1亩大蒜播种、抽蒜薹、收蒜头要用到20个工，由于人工费的逐年增长，成本大幅提高，农资涨价等都制约了农民种蒜的积极性。如何在市场价格不稳定的情况下，解决降低成本、增加产量、提高质量的问题，是永年大蒜产业发展的关键。

2. 有的放矢制定工作措施

根据制约永年大蒜发展的因素，有针对性地制定工作措施。一是从提高品质及产量、减轻病虫害危害上制定技术措施，修改完善《永年大蒜栽培技术规程》《永年大蒜质量标准》，推动永年区大蒜高质量发展和邯郸市打造永年特色大蒜高端精品的要求。二是大力引进新品种进行试验示范，促进品种多样化。在早熟、中熟、晚熟、加工、鲜食，薹头兼用等方面进行试验示范。三是引进水肥一体化，实施全程节水栽培，精准用水、用肥、用药，实现用量最低，效果最好。四是推动机械化播种和收获工作开展，最大限度地减少用工、提高劳动效率。

3. 大力推进工作措施落实，促进大蒜产业发展

（1）推广四项关键技术，解决品质产量问题。

通过水、肥、药、密度、品种、提纯复壮、春播等各项试验，总结出了大蒜《双膜覆盖技术》《化肥减量增效技术》《松口剂应用技术》《病虫草害绿色防控技术》四项关键技术措施，并大力推广实施，取得了品质产量双提高的显著效果。

《双膜覆盖技术》即在大蒜播种时覆盖地膜的前提下，在11月底至12月初上冻时再在大蒜上覆盖一层薄膜，第二年春季天气转暖时揭掉，解决了大蒜越冬冻害问题。《化肥减量增效技术》即根据土壤状况，制定合理的施肥量，达到减肥又增效的效果，减少氮肥使用量可减轻二次生长现象的发生程度。《松口剂应用技术》即在大蒜抽薹期应用生物制剂叶面喷洒，减少抽薹折断率，增加蒜薹产量和品质。《病虫草害绿色防控技术》即应用绿色安全农药，综合防治病虫草害，达到用药科学、安全有效。

为了加快四项关键技术推广速度，2021年3月农业农村局下发了《关于印发永年大蒜绿色高效发展四项技术》（永农字〔2021〕4号文）的通知，要求各乡镇农业服务中心、局属各科室、站、所，结合乡镇实际，切实抓好宣传、培训和推广应用工作。通过各乡镇技术人员的培训指导，2022年永年全区2万亩大蒜全部采用了双膜覆盖技术，8000亩应用了化肥减量增效技术，6000亩大蒜应用了松口剂，2000亩大蒜应用了病虫草害绿色防控技术。通过四项技术的推广应用，永年大蒜蒜头蒜薹商品质量和内在品质显著提高，产量从2017年蒜薹650千克/亩、蒜头750千克/亩，提高到2022年的蒜薹720千克/亩、蒜头950千克/亩，全区蒜

农年增收千万元以上。

（2）推动品种多样化，解决品种单调问题。

为了打破永年大蒜品种单一和以蒜薹为主要产品的老习惯，永年从全国各地引进试验了30多个品种，其中有蒜头产量高、适合加工蒜片的品种，如徐蒜815、中蒜1号等；适合永年异地换种的薹头兼用品种有苍山四六瓣；适合早熟鲜食的薹头兼用品种有紫玉；耐贮藏、品质佳的紫皮品种有四川二水早、四川新都、红安七里坪、四川彭州等；适合生产蒜头的白皮品种有徐蒜917、徐蒜918，紫皮品种有中苔1号、徐紫等品种。这些品种的逐步推广应用，一是延长了蒜薹供应上市时间，从4月中旬到5月上旬可陆续上市，先上市的鲜食，后上市的库存，解决了集中上市问题。二是早熟品种4月下旬到5月初可上市蒜头，作为鲜食蒜头，解决了邯郸早蒜头从外地调入问题。

（3）推广全程节水灌溉技术，解决成本高问题。

在推广大蒜高效绿色栽培四项关键技术和新品种引进的同时，为解决节水、节肥、节药和精准施肥、施药，提高肥效、药效问题，先后在小龙马乡东张固一家亲家庭农场——裴氏家庭农场、路高领家庭农场，示范推广了滴灌带浇灌技术2000余亩，均取得了较好效果。人工浇水每亩每季需人工费电费320元，而应用滴灌带浇水，每季每亩成本约250元，且可节约用水80~100立方米，浇水均匀，特别适合种植大户应用。

应用滴灌带浇水，还解决了追肥用药不均匀的问题，追肥用药和浇水同时进行，使水肥药一体化既精准施肥用药，提高了肥效、药效，还可每亩节约化肥农药60余元，减轻了土壤污染。由于大蒜属浅根系作物，滴灌浇水使土壤疏松，特别适合蒜头的生长。

（4）推广大蒜机械化作业，解决效率问题。

2020年大蒜播种时示范了50亩机播大蒜，2022年秋又引进了两台大蒜播种机，机播面积达到500亩，播种效果很好。先后6次组织种植大户现场观摩，还带领种植大户到大名县参加"大蒜机械化正芽播种现场观摩会"，极大地调动了种植大户机械化播种的积极性，大蒜机械化播种还引来大批蒜农的观摩学习，改变了蒜农对大蒜机械播种的认识。

大蒜机械化播种，一是播种效率高，提高了大蒜适期播种率。二是遇播种期大雨，可抢时间播种。三是减少用工，解决集中播种用工难，加快播种速度。裴氏家庭农场2022年秋机械播种大蒜300亩，2台机械播种20天结束，播种费用为每亩109元（不含机械折旧），总费用为3.27万元。如果用人工播种，需要90人同时作业，20天才能播完，用工总量为1800个，每个工150元，用工费用为27万元，效果非常明显。经过调试后，机械播种正芽率达98%以上，与人工播种相差无几。永年大蒜机械化收获工作，经过几年的示范推广，已有80%以上农户采用，机收面积达到2万余亩，基本实现了机械收获，大大提高了工作效率，减轻了劳动强度。

永年大蒜产业在国家特色蔬菜产业技术体系指导下，在当地农业部门领导下，四项关键技术推广、品种多样化示范、全程节水灌溉、机械化播种和收获四大措施得以落实，大蒜种植面积从2017年的1.05万亩，总产量1.42万吨，发展到2022年的2.5万亩，总产量4.3万吨，面积产量逐年递增，充分显示了国家特色蔬菜产业技术体系在产业发展中的作用。永年大蒜产业将在体系专家指导下逐步走向高质量发展之路，提升大蒜产业在乡村振兴中的作用和份额，为实现中国式农业现代化作出了贡献。

（供稿人：河北省邯郸市永年区农业农村局；郭雪燕、庞明德、乔丽霞、韩素霞、庞翠芳）

（五）定州市"一县一业"辛辣蔬菜产业集群发展

蔬菜产业作为定州市传统主导农业产业，是推进农业供给侧结构性改革及乡村振兴战略的重要切入点，在农业增效、农村发展、农民增收中起到重要作用。

定州市气候温和，光热条件好，水资源丰富、地势平坦、土壤肥沃，良好的自然条件和生态环境非常适宜绿色、优质蔬菜生产。作为国家新型城镇化综合试点地区及华北地区资源交通枢纽，具有"三高三铁三国道"，处于"京津冀一小时都市圈"，是京津冀经济区重要节点城市，交通便利，产业发展渠道通畅，为蔬菜销售及运输提供了便利条件。2020年，定州市获批农业农村部国家特色蔬菜产业技术体系服务县域经济发展的重点示范县、河北省辛辣蔬菜优势产区，2022年加入河北省蔬菜产业集群。定州市委、市政府长期致力打造科技、绿色、质量、品牌"四个农业"，助力特色蔬菜产业做大做强，多种蔬菜已形成规模种植，韭菜、蒜黄、加工辣椒成为传统优势特色品种，目前已有多家大型农业园区、新型蔬菜规模化种植主体、蔬菜配送加工企业，形成了较高的蔬菜产业化水平。

1. 定州市辛辣蔬菜产业发展思路

深入贯彻党的十九大、党的二十大精神和习近平新时代中国特色社会主义思想，深入推进农业供给侧结构性改革，以"四个农业"理念为指引，立足定州市资源优势，以特色蔬菜三产融合发展为主线，以河北省农林科学院、国家特色蔬菜产业技术体系为依托，以新型农业经营主体培育与精品种植基地建设为抓手，紧跟雄安新区建设与京津冀协同发展重大历史机遇，立足定州市区域资源禀赋、产业基础和产品特色，以市场需求为导向，按照全产业链发展、全价值链提升和一二三产业融合发展思路，对韭菜、蒜黄、辣椒、大蒜、生姜、洋葱等栽培品种进行改良与引进，并通过栽培、土肥、植保、机械、加工等环节先进技术的引进，将定州市"一县一业"全国示范区打造成科技高端、标准高端、产品高端、品牌高端的北方地区最大的特色蔬菜绿色高效技术集成示范区与高端精品特色蔬菜供应基地。

2. 定州市辛辣蔬菜产业发展目标

预计到2025年，建立完善的定州特色蔬菜产品质量标准、产品追溯体系和绿色高效生产技术规程，标准化生产覆盖率达80%以上；产品质量监测合格率95%以上；韭菜、辣椒、蒜黄实现100%可追溯，韭菜实现周年均衡供应。

培育国内一流、效益好、带动能力强的产业化龙头企业3家，合作社与家庭农场10家，培育1000亩以上精品蔬菜种植基地2~3个；培育韭菜、蒜黄、辣椒等区域知名公用品牌2~5个，构建完善的区域品牌、企业品牌、产品品牌体系。优势特色蔬菜产品种植技术与产品质量国内一流、省内领先，在国际市场上具有竞争优势。

做大做强定州韭菜区域公用品牌，创建河北省韭菜特色优势产区，形成韭菜"大而精"的精品示范基地，带动全市与周边县市标准化韭菜生产1万亩以上。以砖路镇的张家庄村为核心，建设千亩绿色韭菜周年生产示范区，做大做强"丁绿"韭菜品牌；在留早镇大瓦房村打造苔韭产业带；在西城乡东湖村建设高端大棚韭菜产业示范点，进一步发展韭菜初级加工。

做大做强定州蒜黄区域公用品牌，打造蒜黄物流集散中心，发展蒜黄精品包装加工，大力发展组织化经营。2025年定州市蒜黄棚室规模将达1500个，打造蒜黄产业核心示范基地，争创华北地区最大"小而特"蒜黄精品示范基地。

打造高端精品辣椒种植基地，培育"定州椒"区域公用品牌，申报"定州椒"地理标志产品，做大做强"定州椒"辣椒品牌。预计到2025年，定州辣椒种植面积稳定在2万亩左右，在大鹿庄乡打造两个千亩以上精品种植基地，建设两个集生产、加工、仓储、运输于一体的现代化初加工中心。

3. 开展工作内容

（1）强化组织领导。

市政府将定州特色蔬菜"一县一业"示范区建设、定州市辛辣蔬菜产业集群建设作为一把手工程，结合产业发展规划，主要领导和分管领导亲自抓，健全工作推进机制，充分吸收和调动财政、发改、农业、林业、水利、国土、环保、减贫、质监等部门。建立联席会议制度，加强组织领导，明确各部门职责，细化目标考核机制，各乡镇成立组织机构落实工作责任，形成多部门配合、上下联动、高效落实的工作格局。

（2）推进科技创新服务。

在丁绿韭菜基地引进韭菜优质品种、推广水肥一体化和温室智能控制技术，升级改造提升大棚15栋，对现有棚室进行升级维护，安装了水肥一体化设备，推广滴灌和微喷等高效节水灌溉技术，降低了人工成本，达到了节水、省工的目标；引导基地安装智能化温室放风和温湿度控制设备，从播种到收获基本实现了智能化生产和管理，提高了韭菜种植效益，2022年8月，基地纳入河北省质量追溯监管平台，实现了全程质量追溯监管，让消费者吃得更放心。

积极和基地搞好科技服务对接，推广绿色防控技术，推进化肥农药减量增效技术，保障农产品质量安全。一是示范高温闷棚土壤消毒技术。指导农博农业园区实施高温闷棚土壤消毒技术，通过密闭高温杀灭棚室土壤中的有害病菌和虫卵等，减少了棚室的土传病害。二是日晒高温覆膜杀灭韭蛆技术。在丁绿韭菜基地示范日晒高温覆膜杀灭韭蛆技术，有效防治了韭蛆对韭菜生产的危害。

（3）强化品牌培育工程。

充分调研分析定州市临"石保""雄安""京津"等高端市场优势，全面加强品牌蔬菜包装使用管理，打造"安全、优质、生态"的蔬菜品类品牌和食品区域品牌整体形象。充分利用广播、电视、农博会、农业展会、产销对接会、产品发布会等传统方式和抖音、快手、各大品质电商直播平台等现代新媒体平台，全方位、多角度宣传，开设专卖店、连锁店等推动多种形式销售，扩大定州蔬菜市场知名度和品牌影响力。

2022年10月，"城存古韵　韭留余香"的定州韭菜、"净水栽培·出色出味"的定州蒜黄等蔬菜区域公用品牌的发布，吸引了丁绿合作社、鑫久合作社等更多的优质企业加入区域公用品牌营销推广，带动特色农产品矩阵持续扩容、产销对接平台持续做大，使定州区域公用品牌叫得更响、走得更远。

（4）拓展特菜销售渠道。

"十四五"期间，丁绿韭菜基地以"创新营销体系、发展韭菜产业、助力乡村振兴"为发展目标，积极推动基地同惠友超市总部对接实现订单合作，2022年夏季对接惠友超市和北国超市每日销售韭菜2000多斤，收购价稳定在2.5元/斤以上，亩收入提高5000元以上；引领大涨村司禾鑫久蒜黄基地示范带动全村和高头村1000多个棚室的蒜黄种植，引进了现代化的生产设施，全程严格按照蒜黄绿色食品标准进行生产，产品实现了周年生产、周年上市，销往上海、天津、武汉、银川等10多个大中城市，年销售收入达亿元以上。

（5）加强农民培训与主体培育。

为进一步推动定州市特色蔬菜产业高质量发展，提高菜农技术管理水平，助力乡村振兴，更好地服务定州特菜基地发展，每年开展线上线下特色蔬菜生产技术培训、现场观摩多次，微信、电话、现场等多种形式指导 100 次以上，培训、观摩、指导等为定州特菜产业提供了发展思路，提高了广大菜农的科学种植水平。

创新农户土地入股、返租倒包、转包、出租、借用、互换、转让等多种形式的土地流转，转变一家一户分散经营方式。积极发展培育规模蔬菜经营主体，积极扶持一批三产融合、经营多样、社会服务支撑的龙头企业、蔬菜专业合作社、家庭农场、种植大户。支持新型经营主体参与现代化农业园区建设，包括蔬菜产业园、科技园、创业园发展，改善现有蔬菜经营业态。支持经营主体发展产地初加工、分级包装、冷链物流等提高产品档次。加大新型职业农民培育，探索完善多元化农技服务体系，加快科技成果转化。加快蔬菜产业集群发展，继续壮大产业龙头，引导企业与农户建立稳定的购销关系，建立有效的农户对接机制。

（供稿人：定州市农业农村局，定州市庞村镇人民政府，定州市砖路镇人民政府，定州市东亭镇人民政府；刘淑芹、任云祥、王磊、张红、赵立宾、由雪辉、吴改玲）

（六）雄安荷叶茶助力乡村产业振兴

雄安荷叶茶有悠久的历史，秦汉时代，白洋淀先民们就将荷花、荷叶做成茶作为滋补药用，荷叶荷花药用在中国有 2000 年以上的历史。近年来，随着雄安新区安新县特产——白洋淀荷叶茶列入国家地理标志产品保护名录。雄安荷叶茶已逐渐成为茶饮市场的一支新秀，在水文、气候、自然环境的完美配合下，源自雄安新区白洋淀红莲的荷叶茶颜色碧绿、味道香醇、口感极佳，兼具养生之效，被誉为"北方第一茶"，畅销全国。

1. 雄安荷叶茶生产现状

"雄安荷叶茶"是雄安新区打造的第一个区域特色农产品品牌，包括"绿之梦""华北明珠"等 30 多家企业参与"雄安荷叶茶"的加工，形成特色农业产业群，创造优质的茶叶品牌。该产业目前产值达 3000 多万元，带动千人就业，助力雄安新区农业特色品牌化、智慧化发展前行。这也将成为雄安新区发展生态农业的开端，对其他特色农产品的发掘具有积极的作用和意义。

为了打造"雄安荷叶茶"品牌，雄安新区首先启动"雄安荷叶茶品牌创意设计大赛"，旨在引起社会对"雄安荷叶茶"品牌的关注。接着新区顺势发布"雄安荷叶茶"首个农产品区域公用品牌。这也成为推动雄安农产品行业品牌化发展的良好开端。随后发布了由雄安新区管理委员会公共服务局组织拍摄的"茶香沁雄安"荷叶茶宣传片。该片以雄安荷叶茶为主题，通过讲述新一代雄安人参与新区建设以及与荷叶茶的渊源，生动塑造雄安新区农业区域公用品牌形象，提升农业品牌知名度与影响力，将"雄安荷叶茶"打造成为新区农业品牌的金名片。作为雄安新区的代表性农产品，荷叶茶承载着无数白洋淀人的乡土情怀，也将随着雄安新区的腾飞，通过区域公用品牌建设，助力新区农业农村现代化发展。国家特色蔬菜产业技术体系石家庄综合试验站骨干单位河北绿之梦农业开发有限公司的"绿之梦"品牌荣获优秀设计奖，扩大了国家特色蔬菜产业技术体系在雄安新区的影响力，产生了非常好的社会效益。

2. 雄安荷叶茶产品特色

雄安荷叶茶产品秉承绿色、健康的理念，通过现代化工艺、自动化设备，坚持全部原材料出自天然，荷叶均集中采自7~9月白洋淀野生红莲的鲜嫩叶片，按荷叶的品质规格分为细丝、宽丝、大切片、烘焙4个等级，采用先进的加工技术，历经20余道工艺炒制而成，充分保留了荷叶中的多种有益成分，是纯天然、零污染、零添加、零残留的原生态绿色产品。随着现代生活节奏加快，消费者口味多样化需求，"绿之梦""华北明珠"等知名企业与国家特色蔬菜产业体系合作自建资源圃，相继研发出了乌龙荷叶茶、肉桂荷叶茶、茉莉荷叶茶等新系列，速溶茶、灌装茶饮、茶含片等新产品，不断自我改良、自我提升，通过供给侧升级，拓宽产品链满足市场扩大的需要。

3. 发展规划

近年来，国家也在大力推动农产品区域品牌建设。雄安新区的"雄安荷叶茶"区域公用品牌就是其中之一。凭借政策优势，借助国家特色蔬菜产业技术体系信息资源、科技资源、专家资源，雄安新区农业正经历由传统农业走向一条以生态化、产业化、科技化新型农业之路。

2022年，雄安新区安新县现代农业产业园区项目启动，国家特色蔬菜产业技术体系石家庄综合试验站作为技术依托单位，设计该基地发展采用"农业+"与"智慧+"双轮驱动思路，融入科技、人文等元素，探索创意农业、观光农业、都市农业等新业态；产品打造"雄安荷叶茶"品牌，这也是雄安新区探索新时代农业发展之路；布局结合特色小城镇和美丽乡村建设，构建有机农业、生态农业、循环农业完整产业链，打造资源节约型、环境友好型生态农业，积极推进农业园区高质量发展。

（供稿人：河北省安新县农业农村局；张俊民、王燕、李亚超、邓凤梅、田泽申）

（七）鸡泽县发展特色辣椒产业，助力乡村振兴

鸡泽县现代农业（辣椒）园区是一家集辣椒种植、加工、休闲观光于一体的综合型现代农业园区，着力打造了以辣椒种植、加工为龙头，建设基地、研发、检测、物流、商贸、文化、旅游全链条产业高度融合的辣椒现代农业园区。先后

被评为国家现代农业科技园区鸡泽核心区、全国绿色食品一二三产业融合发展示范园、河北省现代农业园区。以鸡泽现代化辣椒园区承包户为基础的鸡泽县万亩红辣椒专业合作社于2013年成立，合作社先后流转土地2300余亩，带动周边村种植辣椒15000余亩。万亩红合作社2020年被评为省级示范合作社，2022年被评为国家级示范社。为提高种植效益，2021年合作社出资创办了鸡泽县红天下农业科技有限公司，提供辣椒技术开发、技术咨询、技术转让和推广等服务。

1. 创新组织模式，增强联农益农能力

为提高鸡泽县现代农业（辣椒）园区辣椒生产经营能力，不断探索组织模式，逐渐摸索建立起龙头企业带动，专业合作社运作，技术服务、生产管理等制度约束的"龙头企业+基地（合作社、家庭农场）+农户""龙头企业+上下游企业+技术服务机构"组织模式，使广大农户能从中获益。

鸡泽现代化（辣椒）园区入驻的辣椒加工企业，通过与种植大户、合作社、家庭农场签订保护价收购协议、实行订单种植等方式，降低群众种植风险，带动周边区县发展辣椒种植30余万亩，椒农亩均稳定增收在1800元以上，同时，以农业产业化联合体为主要组织形式，建立了"龙头企业+基地（合作社、家庭农场）+农户""龙头企业+上下游企业+技术服务机构"的利益联结机制、协同发展机制和"订单+保底"风险防控机制，覆盖园内椒农2.6万多户，形成了风险共担、利益共享、抱团发展的良性发展模式，有效地稳定了种植收益。

2. 借助科技创新平台，实现绿色发展

鸡泽现代化（辣椒）园区与中国农业大学、河北农林科学院、河北工程大学等多家科研院校建立了长期合作关系，定期邀请专家到园区开展技术指导，并以入驻企业河北蕾邦公司为依托，成立了河北省辣椒技术产业研究院，连续3年在海南南滨农场建立了鸡泽辣椒加代繁育基地，以鸡泽辣椒为亲本积极开展优选培育，先后育成了"鸡泽红""蕾椒一号""美铃椒"等4个优质鸡泽辣椒品种，大幅提升了鸡泽辣椒品质。

鸡泽现代化（辣椒）园区借助专家智慧平台，在万亩红合作社开展邯邢试验站基地及创新驿站建设。一是开展河北省现代农业产业技术体系蔬菜创新团队邯邢设施蔬菜综合试验推广站示范基地的打造提升，引进优质、高产、抗病的"冀研羊角辣1号"及筛选出的鸡泽辣椒14个优良品系，使辣椒平均亩产达3142.6千克，较当地主栽品种亩均增150.2千克左右，解决了鸡泽辣椒品种退化严重和土壤连作障碍等生产环节中的"卡脖子"问题。二是按照创新驿站项目实施方案要求，建设辣椒病虫害综合防治试验田15亩，开展辣椒新品种选育、病虫害综合防治、测土配肥等技术试验示范，同时，为进一步提升辣椒制品附加值，开发新产品，与中国农业大学食品科学与营养工程学院倪元颖教授签订了技术合作协议，组建了教授级专家团队，联合成立了"中国农业大学教授工作站"，着力研发辣椒低盐保鲜新技术和开发推广保健特色新产品，全面提升了辣椒产业科技含量，助力产业晋档升级，为鸡泽县辣椒产业发展壮大提供了技术支撑。

3. 提升园区建设水平，打造特色品牌

鸡泽县现代化（辣椒）园区抓住国家大力扶持特色产业、优势产业、特色精品等农业产业机遇，通过项目提高园区的基础设施建设水平。先后被评为国家现代农业科技园区鸡泽核心区、全国绿色食品一二三产业融合发展示范园、河北省现代农业园区、河北省观光采摘果园等荣誉，2022年3月，被省农业农村厅认定为第一批"省级现代农业示范园区"。借助项目对园区万亩红合作社进行了全产业链的升级改造，新增速冻生产线一条、冷冻库450平方米、冷冻保鲜两用库700平方米，保鲜库1550平方米，冷冻干燥生产线一条、天燃气烘干生产线一条，辣椒（蔬菜）制种生产线一条。

园区积极推动绿色标准化生产，保障产品质量安全。制定《鸡泽辣椒绿色栽培技术规程》等多项地方标准，对肥料、农药、品种选择、育苗、定植、田间管理、病虫害防治技术及果实采收、包装、储运等环节进行规范。推广低毒低残留农药、物理、生物防控等多项绿色生产技术，实行统一用肥、统一用药、统一管理等的"十统一"绿色生产标准，率先建立了辣椒可追溯体系，完善了绿色辣椒生产档案，实现了从田间地头到餐桌的全程可追溯。累计完成绿色认证产品28个，绿色、地理标志农产品认证比例达90%以上，农产品抽检合格率100%。

4. 全面宣传推介，着力增强品牌知名度和影响力

为加快推进鸡泽现代化（农业）园区转型升级，实现"品牌兴农强县"的目标，鸡泽县委、县政府高度重视相继出台了加快推进品牌战略发展意见、品牌兴企战略实施意见等一系列文件和扶持政策，每年拿出专项资金支持县内龙头企业开展品牌创建，先后培育了"天下红""湘君府""三湘妹""老菜坊"等企业商标，其中中国驰名商标2个（天下红、湘君府），省著名商标6个（天下红、湘君府、三湘妹、湘厨、天下一品、老菜坊）。同时，大力推进区域公用品牌创建，引导辣椒加工企业联合成立了鸡泽县辣椒行业协会，注册了"鸡泽辣椒"商标，获得了国家地理标志认证产品和农业农村部"农产品地理标志登记"，允许在农产品及包装物上使用农产品地理标志公共标识，并被评为"河北省十佳农产品区域公共品牌""河北省十大地方特色蔬菜""中国国际养生食品博览会金奖"等荣誉。

为推介鸡泽辣椒区域品牌，自2004年开始，鸡泽县先后在湖南韶山、石家庄、邯郸及当地举办了辣椒节、丰收节、产销对接大会等各类推介活动15场，并多次参加春秋季糖会、绿博会、农交会等国内大型农产品产销大会。2017年鸡泽辣椒在央视"家乡的味道"栏目宣传推介，央视著名体育解说员韩乔生为"鸡泽

辣椒"代言；2019年在第四届中国农业家年会最佳市场表现品牌评选活动中，荣获"中国农产品区域公用品牌市场新锐品牌"；鸡泽辣椒在全国的知名度和影响力得到明显提升。

（供稿人：邯郸市农业农村局；车寒梅、白雪洺）

（八）冀州区大力发展辣椒产业　奏响乡村振兴"椒"响曲

冀州天鹰椒生产始于1982年，经过40余年的发展，已成为我国北方有名的辣椒生产、销售集散地。1998年冀州区被国家农业部命名为"中国辣椒之乡"；曾经荣膺中华人民共和国农业部"农产品地理标志"认证、国家农业部"无公害农产品"认证，中央电视台"上榜产品"冀州牌辣椒被评为"河北省名牌产品"。冀州已形成以周村镇、漳淮乡、南午村镇、冀州镇、官道李镇为主的辣椒生产基地，常年种植面积约6万亩，产量约2万吨，产值1.9亿元。冀州区政府高度重视天鹰椒产业发展，政策给予倾斜、组织管理给予扶持，冀州天鹰椒产业振兴迎来新的机遇。

1. 以良种良法为重点，提升生产科技水平

以提高品质为重点，冀州区组织对传统品种提纯复壮，确保特性稳定传承；健全良繁体系，扩大生产规模，维护地理标志产品特色。结合生产环境，按品种特性规划生产区域，推动单品种成方连片规模化种植和批量化生产，为加工转化提供高质量原料。加强配套农机具研发和技术集成，大力推广设施栽培、土地深松、有机肥替代、轮作倒茬、生态防控、水肥一体化等先进适用技术。支持加工企业引进自动化、智能化、信息化手段，开展新产品研发、设备研制和工艺革新，提高加工效率。

2. 以高品质示范区创建为契机，建设绿色生产基地

引导辣椒种植向优势产区集中，以冀州区周村镇为重点，建设5000亩标准化生产示范基地，推进辣椒基地规模化、集约化、标准化发展，稳步扩大辣椒种植面积，提高辣椒本地供应能力。普及杀虫灯、粘虫板、性诱剂、水肥一体化等生态防控技术，推广土地深耕、增施有机肥、合理轮作倒茬等技术，逐步解决辣椒连作障碍。推广辣椒设施栽培，延长辣椒上市期。发展辣椒机械化育苗移栽和机械采收技术，降低人工成本，建设高标准规模化绿色种植基地，力争成为省级特色农产品优势区。

3. 以标准化为重点，提高产品综合品质

冀州区牵头组织产业技术创新团队、龙头企业科技人员和本地技术人员，2020年修订完善冀州辣椒的生产技术规程和产品质量地方标准。用标准来规范区域公用品牌使用，指导开展品种布局、生态栽培、适时采收、分等定级和以质论

价等工作,打造高端产品。建立标准化生产示范区,组织实地观摩、田间培训和现场教学,提高劳动者标准化生产技能。支持县级建立统一平台,力争对农资投入、生产管理、加工转化和商品流通实现全程可追溯。

4. 以创意策划为重点,叫响区域特色品牌

冀州区组织专业团队,开展区域公用品牌形象设计,统一总体包装,提升品牌形象和产品辨识度,完善品牌使用规则,推行地理标志与企业商标并行使用,提高特色品牌溢价能力。组织参与品牌农产品评选活动和创新创意设计大赛,组织龙头企业多次参加国际国内农产品博览会和专业展会,集中推介区域公用品牌产品和高端产品。积极开展绿色食品和有机农产品认证,推动与"一带一路"沿线国家和其他国家(地区)的地理标志产品的互认互保,助力品牌宣传,提高冀州辣椒国内外市场影响力。

5. 以合作经营为重点,培育新型经营主体

培育壮大农民专业合作社,动员椒农加入合作组织。推行合作社计划统筹、物资统供、技术统规、病虫统防、质量统标、品牌统用、商品统销与分户生产、分户核算"七统两分"模式,提高"统"的功能和服务带动能力。培育种植大户或家庭农场,发展适度规模经营。支持龙头企业牵头组织专业合作社、种植大户和家庭农场组建辣椒产业联合体。推动龙头企业与合作社和农户开展形式多样的合作,建立公平合理的利益分配机制,带动农民分享全产业链收益。

(供稿人:河北省衡水市农业农村局,河北省农林科学院旱作农业研究所;王志杰、赵英华、刘晓萌、何晓庆)

(九)南宫黄韭 助力乡村振兴

南宫距今已有2000多年历史,文化底蕴深厚。南宫是河北韭菜之乡,特色主导产业是南宫黄韭。南宫黄韭主要分布在北胡、西丁、苏村等乡镇,种植面积达1.1万亩。南宫黄韭于2017年被认定为国家地标农产品,2019年入选全国乡村特色产品,同年获批河北省特色优势农产品。

南宫黄韭重点打造了华盈蔬菜种植合作社、润农合作社、增健农场、润浩农场、丹绿丰合作社等主体,建立了黄韭标准化种植基地,新建高标准黄韭种植专用窖60座,设施黄韭达2000余亩,智能化装备覆盖率达24%。

南宫黄韭属于产地初加工产业,实行拣根装盆后打外包装销往市场,同时,大力发展南宫黄韭盆栽网上销售。南宫黄韭亩产黄韭盆栽200多盆,每盆市场售价80~120元,2019~2022年黄韭通过淘宝、京东、拼多多等网上销售额达到上亿元,取得了良好的经济效益和社会效益,带动了一方菜农脱贫致富,成为助力乡村振兴的支柱型产业。

1. 悠久的种植技术传承

南宫种植韭菜具有悠久的历史。南宫小关村、侯家庄等一直传承着古老的种植模式，春天播种育根，入冬前将韭根移植半地下窖内，浇水并保持相应温湿度，这样种植的黄韭传统正宗，深受消费者青睐。南宫黄韭主要用工时间在冬季农闲时节。农民利用冬天农闲时节，种植黄韭，充分利用农村劳动力，种植黄韭亩均产值在1万元以上，大大增加了农民收入。

南宫市委、市政府高度重视黄韭产业发展，从人力、物力、财力等各方面给予重点倾斜扶持。一是整合涉农资金。近年来，共整合涉农资金1300多万元，发展黄韭项目。二是财政大力支持。制定了招商引资优惠政策，对来南宫投资并且符合产业政策的项目，给予3年的土地流转费补贴，并在争创品牌、引进人才等方面给予奖励。三是建立以黄韭为主导产业的产业园区。园区早在2018年就被认定为省级现代农业园区。园区成立了领导小组，建立了高效的运行机制，形成了良好工作格局，为园区建设凝聚了强大的力量、营造了浓厚的氛围。

2. 完善的科技支撑体系

科技是现代农业发展的重要"引擎"，黄韭产业发展建立了比较完善的科技支撑体系。依托中国农业科学院、河北省农业科学院、河北农大等科研院所，进行技术合作，邀请权威专家进行技术讲座和指导，为产业发展提供技术支撑。主动承接省市科研项目，2019年实施了绿色食品黄韭周年生产项目，对黄韭周年生产进行科技攻关和研究，取得了良好效果。南宫建立了全市农产品质量安全追溯系统，把黄韭种植大户全部纳入追溯系统，对黄韭种植过程中的施肥用药等进行严格监管，有效保障了农产品安全。

3. 凸显的品牌建设效益

大力开展农产品品牌建设。南宫黄韭2017年通过了国家地理标志认证，成为地标产品。南宫市鼓励黄韭经营主体开展企业自有品牌建设，培育了"爱鲜乐""韭之乐""南宫湖""西丁""尊舍乐田""华蓬""丹绿丰""利皓景"等商标。2022年，南宫市华盈蔬菜种植专业合作社的"华蓬"品牌、永前蔬菜专业合作社的"京畿皇韭"品牌和润农蔬菜专业合作社的"爱鲜乐"品牌黄韭，被认证为绿色食品，提升了"南宫黄韭"的知名度和质量信用度。南宫黄韭远销北京、天津、黑龙江、山东、江苏等省份，市场知名度不断提升。

4. 共赢的利益合作模式

针对农村经济"小、散、差"的发展状况，南宫市大力推行"企业+合作社+农户+基地"发展模式，建立了黄韭产业发展协会，实行抱团取暖、集群发展。南宫黄韭种植经营主体达到30余家，示范带动300余户发展黄韭产业。其中生产黄韭盆景过程中，每年11~12月可提供就业岗位1000名，助贫岗位近百名，平均每人每天工资100元左右,使周边老百姓在冬闲的时候收益更多,起到很好的社会效益。南宫市润浩家庭农场,流转土地800余亩,让农民获得了保底租金、挣得了劳动薪金、分得了销售分红,农民人均增收1200元。

5. 绿色的产业发展前景

绿色是现代社会需求的鲜明特征和价值取向。南宫市农业农村局、南宫市农业技术推广中心起草了《南宫黄韭生产技术规程》,并于2022年由邢台市市场监督管理局发布,对黄韭种植过程中的选种、育苗、施肥、用药、病虫害防治等各个环节进行了明确规定,无论是生产方式还是产品供给,都坚持了绿色的标准要求,严格按照绿色方式进行种植管理,确保南宫黄韭高端产品供给水平。

(供稿人:邢台市农业农村局;杨世丽、李雪姣)

第二章 华东片区

一、福建省助力乡村振兴典型案例

(一) 槟榔芋"种"出富民大产业

长汀槟榔芋因其形状好、短椭圆形，食味香粉红白相间的槟榔芋纹明显，显得美丽鲜艳，而且淀粉含量高、肉质细腻、营养丰富、含多种维生素和无机盐，具有补气养肾、健脾胃之功效。深受消费者喜爱。槟榔芋在长汀常年种植5万多亩，是继33万多亩的水稻、6.7万亩的烤烟之后第三大种植作物，年产值12亿余元，是长汀县百姓增收的一大产业，是长汀百姓脱贫致富乡村振兴的主导产业。

1. 长汀槟榔芋产业发展现状

(1) 种植规模大，种植区域广泛。

长汀槟榔芋具有悠久的种植历史，随着种植结构的调整，价格的攀高，交通条件的不断改善、农产品信息快速传递，加工企业逐年增加，加工产值剧增，销售市场不断扩大，品牌认知度逐年提高。长汀的槟榔芋种植面积逐步扩大，长汀县槟榔芋产业得到迅速发展。槟榔芋长汀县的传统种植作物，也是长汀县继水稻、烤烟之后的第三大种植作物。种植面积从1994年的200多亩发展到2022年的5.8万亩，成为长汀县广大种植户增产增收、乡村振兴产业兴旺的一大产业。

槟榔芋除在长汀县本地种植外，拓展到县外省外。一是本地区的连城、上杭、武平、新罗等地；二是本省的三明、南平、漳州、福州等地；三是外省的广东省湛江市，广西壮族自治区北海市、利浦市、南宁市，江西省赣州市，湖南省江永市、钦州市等，海南省定安县、腾迈县等。该品种在全国的种植面积达30万亩以上。

(2) 种植效益良好，带动作用明显。

槟榔芋亩产量一般为1500~1700千克，高的达2000~2500千克，亩产值

6000~8000元，高的达9000~10000元，亩纯收入一般为3000~4000元，高的达6000~8000元，所以，其种植效益比种植水稻、烤烟、玉米、甘薯等效益要高得多。

近年来，长汀县槟榔芋产业迅速发展，全县成立了槟榔芋合作社50个，据不完全统计，槟榔芋种植涉及农户4000多户，人员近1万人，为长汀县实现乡村振兴、农业增效、农民增收做出了积极贡献。在著名的"槟榔芋之乡"长汀县涂坊镇，也是国家地理标志产品"长汀槟榔芋"核心所在地，种植大户近年来除了在本地种植外，还采取去外地流转土地的方式扩大种植面积，让槟榔芋产业成为致富的支柱产业，种植大户外出流转土地约2.5万亩。该镇依托全国农民专业合作示范社——长汀县启煌槟榔芋专业合作社，采取"五统一"激励模式，带动了全镇15个村141户种植槟榔芋，预计每亩利润3000元左右，每户年均增收2.8万~4.3万元。

2. 三产融合发展，产业效益明显

在种植槟榔芋的前20多年，长汀槟榔芋一直以外销鲜芋为主，让产业一直处于最原始最初级的阶段，产业发展为此承受了重重波折。鲜芋销售时间短，市场价格波动大，不利于产业的可持续和扩大发展。为了消化长汀大量槟榔芋，同时促进加工增值、延伸产业链，提高效益成了长汀的当务之急。为此，长汀县农业局组织有加工意向的当地企业和个人赴福州、福鼎、漳州、厦门、广州等地参观考察，以及通过"6.18/9.18"等洽谈会洽谈对接，参加农产品展示等一系列加工销售宣传推广，通过几年的引导、宣传和鼓励，长汀建成槟榔芋加工企业28家，槟榔芋加工企业务工人员3000余人，全县年产槟榔芋12万多吨，年加工槟榔芋3.0万多吨，主要以加工芋块、芋泥、芋粉等，槟榔芋系列加工产品主要销往福州、厦门、漳州、广州、深圳、潮汕地区。现有从事槟榔芋营销的人员近3000人，在每个销售地均已建有固定网店，每年10多万吨的槟榔芋全部销售一空。全产业链年产值约12亿元。槟榔芋加工业的发展，不仅解决了鲜芋销售时间短、市场波动大的问题，更重要的是，延伸了槟榔芋产业链，增加了产品附加值，加工产品与鲜芋相比，价格至少翻了两倍。加工企业也提供了众多岗位，直接促进当地就业。长汀槟榔芋经过近30年的发展，第一产业、第二产业、第三产业组织健全、有机结合，成为长汀人民乡村振兴产业兴旺的主导产业之一。随着近两年的宣传推广，长汀槟榔芋从原销售广东、上海、福州等地区，现已辐射拓展到山东、四川、重庆、安徽等地区，向北方延伸，销售市场不断扩大，销量逐年增加，长汀槟榔芋产业呈逐渐扩大的趋势，发展势头良好，前景广阔。

3. 科技保障生产，品牌促进发展

长汀槟榔芋原品种为白芽芋，食味较淡，粉度不高，品质较低。在省、市、县农技相关专家的共同努力下，通过连续5年系统选育、繁殖，选育出如今的红芽槟榔芋——"汀芋一号"，2015年通过福建省品种审定委员会认定。品种改良带来了槟榔芋品质的显著提升，其市场价格及受欢迎程度明显提高，在各级农技人员的努力下，开展了一系列的长汀槟榔芋高产优质栽培各项试验，总结出一整套完整的槟榔芋高产栽培技术，通过进村入户宣传，利用各种途径举办的槟榔芋标准化栽培培训班，大力推广长汀槟榔芋标准化种植技术，有力推进槟榔芋产业的发展。编印《长汀槟榔芋无公害栽培手册》《长汀槟榔芋无公害栽培技术问答》等宣传材料，深入槟榔芋生产的主要乡镇河田、南山、涂坊、濯田等地举办槟榔芋无公害栽培培训班，大力宣传采用绿色防控和病虫统防统治措施，减少农药使用量，提高产品质量。在加大农产品质量安全宣传力度，提高安全生产意识和生产技能的同时，要求各种植户在产前、产中、产后主要农事操作严格按照国家无公害农产品的要求进行，同时组织农产品质量监督人员在各农事时节深入种植地监督检查，做好全程技术指导和生产记录，开展农药残留检测，保证槟榔芋产品质量安全。

目前，长汀县槟榔芋产业就拥有国家地理标志商标1个，国家农业部地理标志保护产品1个，福建名牌产品1个，福建省著名商标1个，龙岩知名商标3个。长汀县积极培育和壮大长汀槟榔芋种植龙头企业、专业合作组织和家庭农场等新型经营组织，同时还成立了长汀槟榔芋产业协会。通过政策倾斜，长汀县农业局和长汀槟榔芋产业协会积极引导新型经营主体在全县建基地，按照"公司（合作社、协会）+基地+农户"的模式，为长汀槟榔芋种植户提供技术咨询、技术服务和培训业务，与农户建立土地流转、发展订单生产，形成紧密的利益共同体，实现合作共赢。

4. 强化组织领导，加大产业扶持力度

一是加强组织领导，县政府组织各部门成立长汀槟榔芋产业领导小组，主要职能是负责加强槟榔芋产业的领导，制定槟榔芋产业规划，帮助槟榔芋品牌建立、宣传，销售网点的建立，鼓励当地企业积极开办加工企业以及引进外资兴办槟榔芋加工厂等；二是加大槟榔芋产业的扶持，县财政从农业发展基金中划出一块用于扶持槟榔芋产业的发展。主要用于槟榔芋品种的提纯复壮、规范化栽培试验示范、农产品质量安全宣传培训槟榔芋检验检测，农产品加工试验、产品销售渠道的开通建立，品牌打造；等等。

（供稿人：福州综合试验站；薛珠政）

（二）打响建莲地标品牌，助力建宁乡村振兴

建莲（建宁通心白莲）是福建省建宁县的传统名优特农产品，已有1000多年种植历史。建宁通心白莲2018年入选福建省十大区域公用品牌，获农业部农产品地理标志产品登记保护；2019年列为福建省实施农产品地理标志登记保护工程（第一批）名单；2020年7月正式入选《中欧地理标志保护与合作协定》名录第一批100个名单；2021年被国家知识产权局确定为全国第一批地理标志运用促进重点联系指导名录。近年来，建宁县立足良好的资源禀赋和品牌优势，大力发展传统特色建莲产业，建立地理标志农产品培育保护体系，扎实推进产业品种培优、品质提升、品牌打造和标准化生产，从而建莲这一特色蔬菜产业在助力乡村产业振兴中发挥了重要作用。

1. 基本情况

近年来，建莲县种莲面积保持在5万亩左右，年产通心白莲4000吨，建莲全产业链产值24.2亿元，带动农民增收1亿元以上。从事建莲一二三产业融合发展的有3万余人（占全县总人口的20%），生产加工企业20余家。

地理标志农产品"建宁通心白莲"认证有关情况：持标人为建宁县建莲产业协会；2001年7月获国家工商总局地理标志证明商标认证，2006年9月获国家质检总局地理标志产品保护，2018年2月获农业部地理标志农产品登记（AG102287）；认证面积3333公顷，认证区域为全县9个乡镇92个建制村；授权用标企业8家；绿色（有机）食品认证18个；用标企业100%纳入省级以上追溯平台。

近年来，制定并落实《建宁县地标农产品建莲公用品牌使用管理办法》，抓好建宁通心白莲地标农产品标准化示范区建设，特别是实施首批全国农产品地理标志保护工程项目，通过加强组织领导、规范工作机制，建立保护体系、突出特色品质保持和文化传承，矩阵宣传推介、做实品牌推广等，从机制制度、项目内涵、品牌提升等方面保障保护工程实施，取得了明显成效，项目建设成为全省典型。《集中造势讲好品牌故事 矩阵宣传扩大品牌效应》为首批全国农产品地理标志保护工程典型案例，权威评估建宁通心白莲品牌价值达11.18亿元、影响力指数65.380。

2. 主要措施

地标农产品是建宁人民世世代代传承下来的宝贵资源，在带动区域农产品品牌化、助力农民增收致富和乡村振兴等方面作用凸显。为深入挖掘、认真保护品牌价值，重点围绕基础条件建设、品牌宣传营销和知识产权保护等方面实施农产品地理标志保护，提升建莲市场影响力、竞争力，以区域公用品牌辐射带动产业进步，促进农业高质量发展。

（1）立足标准化生产加工。

开展地理标志产品标准化生产和清洁化加工储运示范，实施标准化管理和新技术集成推广，建立特色品质和质量安全检测体系，增强地理标志产品标准化生产能力。按照扶优、扶大、扶强的原则,选择生产规模大、经营水平高、经济效益好、辐射带动能力强的龙头企业建设标准化生产基地和清洁化加工储运示范点,重点支持"建宁通心白莲"用标企业,开展标准化生产加工。组织推动用标企业申报"绿色""有机"认证,促进地标产品品质特色和质量安全水平双提升。

(2) 突出品牌化宣传推介。

组织开展地理标志区域公用品牌宣传,制订品牌宣传计划。融入"建宁五子"集中宣传。拍摄区域品牌宣传片,广泛应用高铁(动车组)视频广告、12306行程信息推送、"学习强国"和"味在八闽"发布地理标志故事、中国农民丰收节主旨宣传。树立地理标志农产品标志标牌,通过福州三坊七巷"建莲馆"、"鲜莲生活馆"、"电商园"、"创业创新中心"、产品展示馆、旗舰店、户外大型广告等线下线上宣传推介地理标志农产品品牌。做好地理标志农产品微信公众号、《千年贡莲》抖音、"建宁微农业"美篇等官方社交媒体运维。邀请抖音带货达人,通过短视频和直播等方式提升建宁通心白莲地理标志产品知名度。支持用标企业参加"农交会""绿博会""有机博览会"等重要展会和全国性、全省性宣传推介活动,扩大品牌影响力。支持品牌企业开展市场营销,鼓励搭建多种形式的营销促销平台,促进优质优价。

(3) 加强特色化禀赋挖掘。

深入挖掘建宁农产品地理标志特色优势和历史文化内涵,重点支持提升"中国建莲文化馆"、西门莲塘、建宁五子展示馆,挖掘建莲农耕文化、红色故事、绿色发展,加强地理标志文化研究,编辑建宁地理标志品牌与文化宣传画册和文化专著。切实保护地理标志农产品知识产权,加强品种资源保护,组织保种选育、提纯复壮,保持提升地理标志农产品的优良品质特性,延续地理标志产品地域禀赋和特色优势。

(4) 强化三产融合发展。

利用地理标志农产品独特的区域优势和自然资源以及深厚的文化底蕴,在稳步提升第一产业和第二产业的基础上,大力发展乡村旅游和休闲农业。推进三产融合、文旅融合,促进产区变景区、产品变商品、农房变客房,积极发挥产业聚焦效应,打造以农产品地理标志为主题的三产融合精品品牌。

(5) 坚持组织化管理运作。

建立"行业协会+公司+合作社+农户"的"四位一体"组织化管理体系。证书持有人要根据《农产品地理标志管理办法》建立健全管理制度,明晰管标、用标责任人,加强业务培训,规范标志使用,强化市场监管,引入专业化策划保障品牌运维,推动企业用标率达到80%以上。建立完善地理标志农产品原产地可追溯制度和质量标识制度，地理标志农产品要100%纳入省级以上农产品质量安全追溯管理信息平台并规范运行。

（6）做好信息化全面展示。

建立全县地理标志一张图，搭建数字化基础信息平台，为项目管理提供技术支撑。收集整理地理标志产品特色图片、文献、视频资料等建立各自品牌展示窗口，通过大数据、人工智能、物联网、安全溯源等新技术应用，促进公众全方位了解地理标志区域公用品牌。

（供稿人：福州综合试验站；薛珠政）

二、浙江省助力乡村振兴典型案例

（一）桐乡茭白产业——聚焦链主培养、强化科技支撑

1. 桐乡茭白产业发展情况

（1）水生蔬菜产业结构。

桐乡市位于浙北平原水网地区，境内地势低平，无一山丘，大致东南高、西北低，略向太湖倾斜，平均海拔5.3米，特别是东北部地区因地势较低，易受洪涝灾害影响，适宜种植水生蔬菜，种植历史悠久，传统种植有茭白、芋艿、菱角等，以茭白和芋艿最多，芋艿由于用工量大，农户少量种植，产业化程度低，效益较低，种植面积急剧减少；而茭白产业因其优良品种、先进的种植模式和优良的品质，从起初零星种植迅速发展至产值超亿元的大产业，在邻近的江浙沪市场上享有较高的知名度。

（2）茭白产业发展历程。

桐乡茭白产业化发展是从乌镇镇董家村开始，1987年龙翔街道董家村村民张永根从杭州郊区崇贤引进"梭子茭"茭白种苗，引种双季茭白获得成功后，加上农业结构调整需要，在董家茭白专业合作社示范带领下，通过种植技术和种植模式不断创新，种植效益稳步上升，茭白种植面积不断扩大，2000年后步入产业化、标准化、规模化发展阶段，通过建立合作社、行业协会、产地批发市场及保鲜冷库，注册"董家"区域品牌，形成"合作社+基地+农户+市场"的产业化经营模式，茭白产业得到快速发展，乌镇镇茭白种植面积从0.4亩发展到1.59万亩。2002年从"梭子茭"品种中选育出双季茭白"龙茭2号"新品系，2008年通过浙江省新品种审定。2021年全市茭白种植面积1.59万亩，年产量5万余吨，年产值1.4亿元。

（3）获得的荣誉。

在省农业农村厅、省农业科学院、嘉兴市农业农村局、嘉兴市农业科学研究

院等单位的技术和资金支持下，通过优良品种不断更新、配套栽培技术集成推广和严格的质量管控措施，确保董家茭白"白、嫩、壮"的独特品质。"董家茭白"先后通过我国无公害农产品、绿色食品、有机农产品和农产品地理标志"三品一标"安全优质农产品公共品牌认证，并获得了"全国百佳农产品品牌""浙江名牌产品""浙江名牌农产品""浙江省著名商标"等诸多称号。2010年董家茭白成功入围上海世博会，2012年乌镇镇董家村获评全国"一村一品"示范村，同年董家茭白专业合作社被评为浙江省优秀示范性农民专业合作社，2015年起董家茭白成为世界互联网大会乌镇峰会定供产品，2019年获国家农产品地理标志登记保护。"茭白大棚+地膜浮面覆盖早熟高效栽培技术集成研究与推广"列入2017年度嘉兴市农业丰收三等奖；"董家茭白薹管育苗技术规范"列入2021年桐乡市地方技术性规范；"茭白双膜覆盖促早栽培技术规程"列入2022年桐乡市地方技术性规范。

2. 培育链主合作社，带动农户致富

（1）合作社设施设备。

桐乡市董家茭白专业合作社组建于2003年6月，现有社员163人，注册资金58万元，拥有茭白交易市场3000平方米，基地内茭白保鲜库8000吨，办公、交易设施较为完善。常年联结茭农2800余户，联结基地面积10500亩，年销售收入3000万元以上。董家茭白合作社金牛基地现有管理用房160平方米，大棚设施85亩，茭白种苗圃15亩，操作道路390米，杀虫灯65个，广告牌3个，初级整理加工厂地600米。

（2）合作社生产基地。

董家茭白先后建立了浙江省茭白种植资源圃、6000亩绿色防控示范基地、3500亩设施栽培基地。合作社选育和示范推广茭白新品种，积极开展茭白绿色高效生态栽培技术研究与推广，推广大棚设施栽培及双膜覆盖面积3000亩，在实践中总结出来的薹管育苗、茭田放萍生态栽培、茭田养鳅、茭鳖共生等配套模式，在基地内得到了全面推广。合作社开展了茭白核心示范基地、茭白加工中心、茭白冷藏初加工包装运输、特色农产品安全风险管控（"一品一策"）、茭白水循环利用示范基地、茭白秸秆资源化利用及智能化管理等项目建设，同时推动茭白产业与市场、超市、社区对接，培育新主体，创建区域品牌，提高品牌知名度和占有率。

（3）创新"产业组合抱团"模式。

以董家茭白专业合作社为主体，创新"三治+市场+技术"抱团模式，依托"三治融合"组织优势和"董家"品牌优势，通过传帮带和典型示范等方式，带动小农户统一质量管控、统一市场销售、统一"董家"品牌。面对市场变化建造茭白保鲜冷库，做到茭白周年供应，逐步打开上海、杭州茭白市场。同时，桐乡市还将建立基地生产形势与市场行情分析预警机制，帮助小农户抵抗市场波动和自然灾害的风险。不断推动茭白产业与市场、超市、社区对接，培育新主体，创建区域品牌，提高品牌知名度和占有率。农业标准化生产示范基地项目建设，有利于提高生产主体的生产规范性，努力提升周边种植户种植技术理念促进产业兴旺，促进农业增效、农民增收。

3. 强化科技支撑

（1）广泛应用先进技术。

合作社继续选育引进茭白高产优质新品种，合理搭配先行区内茭白品种，促进规模经营，减轻旺季销售压力。合作社从新品种引入着手，通过选育和示范推广，形成了以大棚中早熟品种"浙茭911"、耐低温新品种龙茭2号、浙茭7号和露天龙茭2号、夏至茭、浙茭7号、浙茭911的合理搭配的品种布局，同时加大设施栽培示范推广力度，开展夏茭早熟促成栽培技术研究。近年来，合作社与浙江省农业科学院、浙江省农业技术推广中心、嘉兴市农业科学研究院等单位合作开展了茭白田养鳅、茭白田养鳖、叶面肥施用技术、"一种三收"新模式以及病虫害绿色防控技术等试验示范工作，并取得了明显的成效。

（2）积极推进标准建设。

在茭白产业先行区内茭白种植户中广泛宣传桐乡市董家茭白专业合作社参与制定的《绿色食品董家双季茭白》地方农业标准规范。严格按照《中华人民共和国农产品地理标志质量控制技术规范》董家茭白相关规定进行生产。在茭白产业先行区范围内对现有生产技术进行优化，大力推广"大棚薄膜+地膜"双膜覆盖促早栽培、茭白冷藏保鲜，进一步延长茭白产品上市时间，在丰富城乡居民菜篮子的同时，推动茭白产业的做大做强。

（3）推行"农业+互联网"。

利用远程物联控制系统对茭白生长所需的光、温度、湿度、二氧化碳浓度进行实时监控，分析数据，强化管理水平，降低病虫害发生水平，减少农药化学品的使用，采用智能分选机，减少人工，促进茭白绿色发展。

（4）大力推广绿色防控。

在茭白产业先行区范围内大范围推广绿色防控新模式，新建连片风吸式太阳能杀虫灯，进一步提升虫害物理防治效力，切实降低虫害发生水平。实施特色农产品安全风险管控，实行统一农药配送、统一防治指导，开展病虫害防治及安全用药技术培训，确保农户用药安全。实行统一技术培训、统一农资配送、统一生产档案记录、统一检验检测、统一包装销售的"五统一"质量安全管控模式，保障茭白产品质量。建立质量检测、追溯管理体系，做好茭白生产田间操作记录，利用好蔬菜农残监测设备和质量追溯系统，做到每批次茭白产品有检查、可追溯。

（5）探索并推广农业循环模式。

在茭白产业先行区范围内推广"秸秆喂羊—羊粪还田"农业循环模式，将先行区内茭白生产中产生的大量茭白秸秆等副产品经由机器碾成粉末，粉末经过糖化青贮发酵形成适口性好、营养价值高的湖羊饲料，湖羊吃茭白饲料长肉的同时产出羊粪，羊粪作为高质量的有机肥，可以卖给茭农肥地，由此实现养殖户、茭农、生态环境三者共赢。推进秸秆直接还田，采用深耕作业茭叶翻入土中。探索茭白秸秆利用其他途径，将茭叶晒干后制作蜈蚣簇或作家禽垫料堆，利用茭白秸秆沤制有机肥，收集后统一粉碎，加入腐熟剂、磷肥、羊粪等进行堆沤制作有机肥还田。

（供稿人：浙江省桐乡市农业农村局园艺推广站，嘉兴市农业科学研究院桐乡农业科学研究所，桐乡市乌镇镇农业经济服务中心，桐乡市董家茭白专业合作社，浙江省农业科学院植物保护与微生物研究所；曹亮亮、马常念、姚良洪、张永根、陈建明）

（二）科技攻关、数字把关、品牌闯关助力黄岩区乡村振兴

1. 黄岩区茭白产业基本情况

黄岩区地处浙江省东南沿海，属亚热带季风性湿润气候，位于东南山区—平原的过渡带，温、光、水、土资源十分丰富，在《浙江省特色优势农产品区域布局分品种规划》中列为设施蔬菜基地建设的重点发展区域。茭白是黄岩的特色优势农产品，现有茭白种植面积2万亩，总产量2.89万吨，总产值1.74亿元。有90%以上的产品远销上海、江苏、山东、湖南、湖北等国内20多个省份的主要大中城市。产品还直接进入省内外的世纪联华、华联、宇航、麦德隆、乐购等大中型超市，在国内4月茭白市场上独占鳌头，填补了国内4月茭白市场空档，社会效益、经济效益均十分显著。

黄岩茭白早在明《万历黄岩县志》中即有"茭手"的记载，1978年，黄岩开始大力发展茭白商品化规模生产，20世纪90年代初棚栽茭白迅速发展，2010年黄岩被命名为"中国茭白之乡"，并成为全国最大的设施茭白生产基地。近年来，与浙江省农业科学院合作，黄岩以茭白全产业链标准综合体建设为抓手，实现茭白生产全程标准化，推动农产品"三品一标"高质量发展，助力乡村振兴，实现共同致富。

2. 经验做法

（1）绿色生产，科技攻关强支撑。

黄岩区与浙江省农业科学院等科研单位合作，构建由"1个省农业科学院专家团队+1个黄岩区茭白产业技术团队+若干个茭白种植基地主体"的"1+1+N"的

团队带动推广模式,形成减量化施肥、有害生物绿色防控、秸秆资源化利用和产业提质增效等茭白绿色生产技术模式,发布《茭白全产业链标准化综合体》省级团体标准,切实推动茭白全产业链标准化生产。

引进选育新品种,优化种苗繁育技术。深入推广"三改两优化"技术措施,优选品质优、抗性强、丰产性好的双季茭白品种,与金华市农业科学院联合选育认定了浙茭8号、浙茭10号等茭白新品种,与浙江省农业科学院合作开展龙茭2号、河早2号、夏至等茭白新品种的引进与示范推广,形成早熟、中熟、晚熟茭白品种梯度,延长上市周期,提高种植效益。同时,加大茭白"带茭苗"二次扩繁育苗技术推广力度,在北洋镇官岙茭白基地创建100余亩育苗示范基地,稳定种苗纯度,不断提高繁育系数。

开展有害生物综合防治,拓宽绿色发展路径。坚持病虫害绿色综合防控策略,实行农业防治、理化诱控、生态调控、生物防治和科学用药的综合防治技术,推广应用杀虫灯、昆虫性信息素诱捕器,种植香根草、蜜源植物,释放害虫天敌,通过病虫害绿色防控,实现每季减施化学农药30%以上,生态效益、社会效益十分显著。同时,加强茭白田种养结合模式和间作套种模式的技术研究,形成茭白田套养甲鱼、茭白田套养河蟹、茭白田套养锦鲤、茭白田套种丝瓜等种养间套模式,修补田间生态平衡,提高了茭白田利用率和综合产出能力,促进增产增效。

加快省力化机械研发应用,实现产业提质增效。研发应用茭白删苗机、茭墩(根)清理机等一批省力化机械,开展无人机植保作业,对降低劳动强度,提高生产效率,加快茭白栽培轻简化进程具有重要意义。此外,在茭白主产区,开展了茭白秸秆整区域回收,通过果园浮面覆盖、堆腐还田、青叶饲料化,既减少了环境污染,又增加了有机肥源,秸秆综合利用率达96.42%。

(2)全程追溯,数字把关保安全。

在生产端:已开发"黄岩区贴补农资管理系统",农户到经营网点购买补贴物资时,凭身份证刷卡实名购买,区财政以价格折扣的形式直接补贴给农户。依托黄岩区"农资两制"管理系统,经营门店"刷卡、刷脸+扫码"数字化采集记录购买者姓名、销售农资产品信息等内容,数据实时上传"农资监管信息平台",可准确获取茭白规模生产主体农资购买数据,自动建立农药、肥料库存档案,确保农资产销可追溯。

在监管端:通过数字化改革,已实现移动终端与追溯平台数据无缝对接。全区130名区、乡两级监管人员,通过"浙农优品""农安黄岩"智慧监管App,实时上传巡查记录和现场检查照片,分级调看农资经营主体和生产主体的检查结果,推动农资批发单位购销记录"笔笔全"和茭白生产主体农事记录"笔笔全",实现了以智慧监管来规范农资经营和农业投入品使用管理。

在销售端：全面落实食用农产品产地合格证制度，茭白采收期加密农药残留等质量安全指标检测，实现茭白身份标识化，"农田到餐桌"全程可追溯。

（3）主体扶优，品牌闯关促发展。

在以综合标准化生产提升茭白品质的基础上，扶持新型农业经营主体发展，带动品牌打造，提升区域公用品牌市场竞争力。

政策先行，提振主体信心。修订完善"肥药双控"奖补政策，建立多元化补贴机制。对新建集中连片的综合应用杀虫灯、性诱剂等茭白绿色防控设施实行政府统一采购，对一家一户难以实施的太阳能杀虫灯、性诱剂等茭白绿色防控物资实行政府统一采购、全额补贴，所在乡镇以村为单位统一落实。对茭白应用有机无机配方肥、商品有机肥、菜籽饼、矿物油乳剂等绿色农资由区级通过公开采购确定供应商，区财政实行差额补贴。整区域推进茭白秸秆收集、新建利用茭白秸秆堆腐还田的给予一定补贴，激发农户和农业企业投入茭白产业发展的动力。

发展冷链，稳定产品供给。通过建立规范化的远途运输冷链体系，扶持发展现代冷链物流体系，加强茭白冷库建设等措施，延长产品供应期，稳定市场供给平衡，提高茭白产业增产增效能力。

培优品牌，提升市场美誉。开展全国名特优新农产品、绿色食品等优质农产品认证，培育了"清水""西红岩溪""沈李牌"3个黄岩茭白品牌。2020年，"黄岩茭白"成功获得了国家农产品地理标志登记保护。另外，通过开展黄岩茭白节、直播购等线上线下营销活动，提升品牌知名度和美誉度，促进产业发展。

3. 主要成效

（1）全产业标准体系建设完成。

针对茭白产业目前存在的种苗变异率高、用药施肥繁杂混乱、采后贮运技术欠缺、包装简陋无标识等问题，黄岩区通过建设"茭白全产业链标准综合体"，构建起涵盖茭白产前、产中、产后的全产业链标准体系，实现茭白从产地环境要求、育苗、种植、采收、贮运和包装标识等的全程质量控制，加快形成茭白质量全程可追溯，生态环境有改善，农业农村有增收的高质量发展产业体系。

（2）示范引领作用凸显。

通过标准化生产基地的示范引领，黄岩设施茭白栽培面积进一步扩大，优化后的种苗繁育新技术使得种苗纯度由90.0%提高到98.6%。茭白产品质量安全风险整体可控，农药残留合格率达99%，优品率提高了5%。

（3）综合效益显著提升。

茭白品质的提升带动了品牌的打造，如黄岩"西红岩溪"茭白区域公用品牌知名度更高，市场价格利润上升了20%左右。同时，通过茭白与甲鱼套养模式，1亩田可增收1万元左右收益。黄岩良军茭白专业合作社负责人表示，"通过实施标准化生产,产品质量提高了,效益提升了,农民的生活更加富裕了"。

目前,黄岩区茭白栽培模式90%以上为设施栽培,标准化生产规模达2万亩,成为当地农业农村增产增收的支柱产业之一。

(供稿人:浙江省台州市黄岩区农业技术推广中心,浙江省农业科学院植物保护与微生物研究所;何杰、陈可可、陈佳佳、陈建明)

(三)以"茭鸭共生"为契机,推动茭白产业高质量发展

1. 缙云县茭白产业基本情况

缙云是国家级生态县、国家级生态示范区、全省首批清洁能源示范县和首批两美浙江特色体验地,素有"中国长寿之乡"之美誉。有"一山有四季,山前山后不同天"的垂直气候特征,四季分明,日照充足,雨量充沛,年平均气温为17℃,年平均降水量为1437毫米,无霜期为245天,多样化的气候资源为茭白产业发展提供了得天独厚的条件。缙云茭白种植历史悠久,最早始于元朝至正年间(1348年)。目前形成了高山单季茭、单季茭一茬两收(全国首创)、露天双季茭、设施双季茭白及平原单季茭5种栽培模式。全县茭白种植面积6.58万亩,种植面积占全国8%,年产茭白12.7万吨,平均每8根茭白里面就有1根产自缙云,成为全国最大的茭白生产基地。

早在清咸丰光绪年间,茭白—麻鸭共生模式就开始在缙云流行,"茭鸭共生"模式传承至今已有700多年历史,并逐渐奠定了缙云"中国茭白之乡""中国麻鸭之乡"的地位(见图2-1)。近年来,缙云县大力推广"茭鸭共生"模式,为产业发展搭框架、拓空间、促带富。缙云县从事"茭鸭共生"相关产业的农民3.5万人,其中60岁以上的妇女占30%;2021年,"茭鸭共生"模式实现亩产值2万余元,茭白实现全产业链产值18亿元,麻鸭总产值近20亿元。

图2-1 茭白—麻鸭共生系统

2. "茭白—麻鸭"共生系统的实施效果

（1）推动产业绿色发展。

缙云茭白和麻鸭共生系统历史悠久，茭白为麻鸭提供了极佳的栖息环境，麻鸭取食茭白田中的杂草、害虫、螺、浮萍等，粪便又为茭白提供了天然肥料，形成良好的自然生态循环发展模式，每年缙云县推广"茭鸭共生"模式1万亩以上，实现每亩茭白田化肥减量7.8千克、农药减量22.4毫升，有效降低化肥、农药等茭白种植区面源污染。缙云茭白销往全国各地农贸市场及直供超市，如北京、上海、广州、虎门、长沙、成都、西安等城市销售火热，供不应求，并通过欧盟严格的农残检测，成为西班牙等欧盟国家餐桌"新贵"，代表着中国食材的世界标准。

（2）促进产业提质增效。

在"茭鸭共生"模式基础上，缙云县通过不断探索试验，创新单季茭"一茬两收"种植模式，大力推进茭白贮藏冷库建设，建成冷库16300立方米，全年可贮藏茭白16500吨，年贮藏保鲜产值达9200万元，可实现周年供应，每亩茭白田可实现茭白收益3万元、麻鸭收益1000多元，效益是传统茭白种植的2~3倍。在迈向共同富裕的新征程中，缙云正致力于推动"茭鸭共生"由传统产业向农业文化转型，助推缙云县实现农村常住居民人均可支配收入增速连续13年保持高位增长，最近两年增速居全省第一。

（3）延长产业发展链条。

随着"茭鸭共生"模式的推广，缙云麻鸭和缙云茭白产业品牌逐步打响，先后制定了丽水市地方标准"茭白—麻鸭套养技术规程"和浙江省农产品质量安全学会团体标准"茭白—鸭共育技术规范"。2010年、2019年分别入选"国家农产品地理标志登记保护"，缙云县于1997年、2015年、2020年先后获评"中国麻鸭之乡"、"中国茭白之乡"、"全国特色产业百佳县（缙云茭白）"等荣誉。2022年4月12日，缙云茭鸭共生与青田稻鱼共生一道，作为中国生态保护与修复典型案例在央视《焦点访谈》播出，"创造性诠释了'人与自然和谐共生'的本质意义"，开辟了一条现代生态循环农业的新路。创立"有缙道"农产品区域公用品牌，统一包装、宣传、展销，把民间口碑转化为品牌价值，以"茭鸭共生"模式产出的缙云茭白市场平均批发价5元/千克、缙云麻鸭市场售价128元/只。

3. 搭建平台，拓展发展空间

（1）聚焦区域发展，凸显产业规模效应。

以"浙江缙云茭白—麻鸭共生系统"入选中国重要农业文化遗产名录为契机，结合缙云茭白成功创建浙江省特色农产品优势区，打造以壶镇镇、新建镇、大洋镇、前路乡等乡镇为重点的茭白生产集群，连片造就茭白熠熠成海的奇景，其中大洋镇、大源镇以种植高山单季茭白种植模式为主（见图2-2），壶镇镇、前路乡以单季茭一种两收种植模式，新建镇、新碧街道、东方镇、东渡镇以双季茭白种植模式和设施茭白种植模式为主。目前，缙云县已成为全国最大的茭白生产基地。

图2-2　缙云县大洋镇高山单季茭白种植基地

（2）聚焦规范发展，建大建强创业园区。

在"茭白—麻鸭共生系统"的引领下，全县形成了"统一种养品种、统一种植标准、统一收购加工、统一品牌营销"的产销支撑，重点打造缙云县农产品加工小微园、农创客产业提升创业园"两园驱动"产业发展平台，建设集加工、信息交易、展销、电商、体验为一体的"一站式"农产品加工园区和农创客们拎包入园式创新创业园区，为缙云茭白和缙云麻鸭产业发展提供规范化场地。

（3）聚焦长远发展，加强种质资源保护。

种质资源是战略资源，是农业畜牧产业发展的根本基础。如何有效地挖掘和利用茭白、麻鸭种质资源并在生产上发挥作用已成为当前茭白产业养鸭业生产急需解决的课题之一。强化缙云茭白、缙云麻鸭地理标志农产品的种质资源保护利用，深入实施缙云茭白国家地理标志农产品保护工程项目，可加快打造中国茭白产业科研基地、中国麻鸭育种基地。2019年缙云县将缙云麻鸭产业列入《缙云县进一步提升发展乡愁富民产业三年行动计划（2019—2021年）》，每年财政拨出200万元扶持资金。2021年和2022年连续两年，浙江省农业农村厅和浙江省财政厅联合发文下拨国家级畜禽遗传资源保护（缙云麻鸭）补助资金，保护缙云麻鸭的遗传资源。目前已建成缙云麻鸭保种场，存栏麻鸭超6000只。

4. 培育龙头，引领共创共富

（1）培育产业龙头，带动农民参与发展。

鼓励生产经营大户成立合作社、家庭农场，示范推广"茭鸭共生"系统，辐射带动更多农民参与发展，茭鸭共生系统的发展与传承，不仅带动当地农业经济的发展，也为农民就业，特别是解决老龄农村妇女的就业问题作出突出贡献。如缙云县五羊湾果蔬专业合作社负责人李春萌带动周边4500多户农户种植茭白，并于2018年开始在浙江—四川减贫结对中，助力南江县退出贫困县序列，在南江建成茭白基地3000余亩，帮助400多户低收入户种植茭白实现脱贫，得到国家验收组高度肯定，成为脱贫攻坚之星，受到国务院减贫开发领导小组办公室和央视点赞，2021年获"全国脱贫攻坚先进个人"和"全国巾帼建功标兵"称号。

（2）培育技术人才，指导产业健康发展。

加强技术指导培训，每年开展茭白、麻鸭产业相关培训500余人次，并开设"茭鸭共生"模式、茭白绿色防控、麻鸭育种等系列培训，培育"缙云茭白师傅"55名，建立健全"传帮带"技术传承体系。一批"缙云茭白师傅"带着技术将缙云茭白产业发展到全国各地，通过技术推广带动全国茭白产业的发展，据初步统计，"缙云茭白师傅"在贵州、广东、云南、四川、湖北、江西、福建等省份发展了8万多亩茭白基地，产值达10亿元以上。

（3）培育电商主体，加快促进价值转换。

借力农村电商，拓展"茭鸭共生"优质农产品销售渠道，加快生态产品价值实现，如浙江欣昌农业开发有限公司作为缙云麻鸭养殖的龙头企业，公司多年来一直深耕麻鸭产品开发、麻鸭加工等相关产业，积极探索推动缙云麻鸭产业化发展，创新缙云麻鸭"厂播""店播"模式，仅2021年"双十一"就实现产品一分钟点击量过亿，销售额超百万元。

（供稿人：浙江省缙云县农业农村局，浙江省农业科学院植物保护与微生物研究所；马雅敏、施德云、陈建明）

（四）浙江省黄岩区茭白全产业链标准综合体模式

黄岩区位于浙江省东南沿海，地域总面积988平方千米，属亚热带海洋性季风气候，气候温和湿润，雨量充沛，光照适宜，四季分明。年平均气温17℃；高于或等于10℃的活动积温在5336℃~5393℃；年平均无霜期为260多天，年平均降水量为1676毫米，年平均降水日数为167天，年平均日照时数为2000小时左右。

黄岩区是全国首个"中国气候生态区"、全国蔬菜重点县、国家级农产品质量安全县、浙江省绿色发展先行县。温暖湿润、日照适宜、雨水充足、无霜期长的气候条件，为茭白生长提供了独特的气候环境。尤其是充足的雨水、湿润的气候更有利于茭白肉质松软细腻及肉质茎的膨大，提高茭白的内在品质和商品性。现有茭白种植面积2万亩，总产量2.89万吨，总产值1.74亿元。明《万历黄岩县志》即有"茭手"的记载，1978年，黄岩就大力发展茭白商品化规模生产，20世纪90年代初棚栽茭白迅速发展，2010年黄岩被命名为"中国茭白之乡"，并成为全国最大的设施茭白生产基地。

1. 模式简介

"茭白全产业链标准综合体"模式，是通过构建和完善涵盖茭白产前、产中、产后的全产业链标准体系，实现茭白从产前环境要求、育苗、种植、采收、贮运和包装标识等的全程质量控制，以综合标准化生产贯穿茭白全产业链，提升茭白终端产品的品质和质量安全（见图2-3）。针对茭白产业目前存在的种苗变异率高、用药繁杂混乱、采后贮运技术欠缺、包装简陋无标识等问题，"茭白全产业链标准综合体"化整为零，将茭白的生产全程进行分段划分，逐个解决，最终实现茭白全产业链的标准化，促进茭白产业高质量发展。

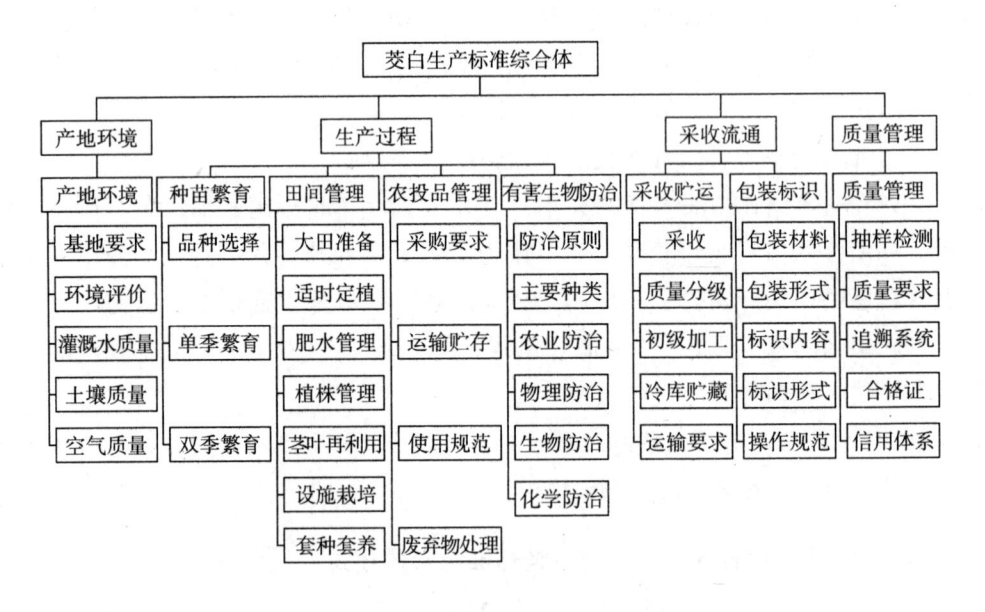

图2-3 茭白生产标准综合体要素

2. 主要做法

（1）更改种植模式，优化种苗繁育技术。

将茭白传统的露地栽培模式更改为棚膜覆盖的设施栽培模式，削弱外界气候条件对茭白生产的影响，实现茭白产品错峰上市。通过与科研单位合作，研发形成优质种苗繁育技术，提高茭白种苗纯度，将之前的茭荚定植改为带茭苗定植，在主产区创建育苗示范基地。

（2）实行有害生物综合防治，促进产业绿色发展。

实行农业防治、物理防治、生物防治和化学防治的综合防治技术，推广应用杀虫灯、昆虫性信息素诱捕器、天敌支撑系统、精准施药、有机替代、测土配方施肥等肥药双控技术，进一步提升了茭白产品的质量安全和生产环境安全。加强茭田种养间套技术研究，完善并推广应用茭田养鱼、养河蟹、间套丝瓜等技术，提高了茭田综合产出能力。同时推进了茭白生产过程中应对灾害性天气的政策性保险，减少农户损失。

（3）贮运环节实施标准化，产业链做强做深。

一是建立标准化的远途运输过程冷链体系，如标准化的产品包装、预冷、控温措施等。各茭白收购站点加快配备冷藏（室）设备，用于收购茭白的预冷或短期贮藏。二是扶持发展现代冷链物流体系，如配备冷藏运输车等物流设备，扩大茭白产品的销售范围，为茭白产品进一步开辟大片新的消费市场提供技术保障。三是大力发展茭白冷库贮藏能力，充分发挥冷藏的贮旺补淡功能，既可稳定市场供给，延长产品供应期，又提高了茭白产业的增产增效能力。

（4）加快机械化设备研发，实现废弃茎叶循环利用。

根据茭白的生产特点，研究开发出了茭白删苗机、茭墩（根）清理机、秸秆收割机等一批省力化机械，从而提高生产效率，降低劳动成本。茭白秸秆在桂花、枇杷、杨梅等苗木、水果园地浮面覆盖等，支持鼓励有机肥生产厂家利用秸秆制肥，创新茭白叶饲料化、基质化（菇类种植）、工艺化（工艺品）利用的技术。

（5）加强质量管理，提升品牌建设。

茭白采收期进行农药残留等质量安全指标检测，检测合格方可上市。监督生产主体建立完整档案记录，建立追溯体系，实现生产销售全过程可追溯。推行食用农产品合格证湿度，提倡主体加入农产品质量安全信用体系管理。培育新型农业经营主体，助力营销"清水""红岩溪""沈李牌"3个黄岩茭白品牌；推荐黄岩茭白生产主体参加各类展会；开展黄岩茭白节、黄岩茭白直播购等活动。

3. 实施效果

茭白全产业链标准综合体技术在黄岩区实施后，目前黄岩区95%的茭白栽培模式改为设施栽培，优化后的种苗繁育新技术，使得种苗纯度由90%左右提高到98.6%以上，种苗质量提高进一步促进茭白品质提升。根据2019~2021年的茭白质量安全监测结果，黄岩茭白的农药残留合格率达99%以上。目前黄岩茭白的质量安全黄岩茭白生产规模达1467公顷，年产量7.7万吨，总产值超过4亿元，已成为当地农业农村增产增收的一大支柱产业。同时,"黄岩茭白"先后获得了国家农产品地理标志登记保护、"绿色食品"认证以及"全国名特优新农产品",提升了品牌知名度和美誉度,促进产业发展。

(供稿人:中国农业科学院农业质量标准与检测技术研究所,浙江省农业科学院,金华市农业科学研究院;钱永忠、胡桂仙、张尚法、赖爱萍、翁瑞)

三、江苏省助力乡村振兴典型案例

·宝应县现代农业产业园——联农带农,融合发展

江苏省宝应县位于苏中里下河地区,京杭大运河穿邑而过,县内河网交错,河湖水系星罗棋布,是远近闻名的"中国荷藕之乡"、中国特色农产品(荷藕)优势区、全国特色农业加工基地、国家农业产业化示范基地、全国水生蔬菜全产业链典型县、省绿色蔬菜产业特色县。

1. 突出规划引领,创成富民产业样板

宝应县现代农业产业园是全国唯一一个以莲藕为主导产业的国家级现代农业产业园,规划面积242.6平方千米,涉及该县广洋湖、望直港、鲁垛3个镇,园内农户数量为3.64万户,年总产值为59.76亿元。主导产业荷藕的种植面积20多万亩,年产荷藕30余万吨,年产值44.69亿元,占产业园总产值的74.8%。产业园规划"一园多区"(包括公共服务区、种植示范区、生产加工区、交易物流区、文化体验区、休闲观光区),建设"五大中心"(包括智慧农业公共服务中心、冷链物流交易服务中心、健康休闲食品加工中心、科技研发集成推广中心、中国荷藕文化体验中心)、"六大基地"(包括荷藕现代种业改良繁育基地、生态循环复合套养推广基地、有机荷藕高效种植示范基地、绿色原料产品加工出口基地、优新品类莲藕科研中试基地、产业化联合体联农孵化基地),园区形成了集种植、加工、营销、科研、文旅"六位一体"的莲藕全产业链融合发展模式,构建了种植规模集中、加工企业集群、物流交易集散、全产业链集聚、联农带农紧密的荷藕产业体系。莲藕产业已成为宝应县地方形象的重要标志、文化传承的重要载体和百姓致富的重要渠道。

2. 突出业态拓展,放大产业特色名片

宝应荷藕有2000多年的种植历史,拥有得天独厚的地理环境、健全的产业链和精深加工优势,在国内外均享有较高知名度。

(1)注重历史传承。

宝应荷藕加工源远流长,蜜饯捶藕、鹅毛雪片等成为朝廷贡品,"全藕宴"已

有百年文化历史传承。以莲藕为原料的休闲食品、饮料等有16大类250种产品，荣登"舌尖上的中国"，被国内外媒体多次报道，中国农民丰收节宝应莲藕种植基地采藕盛况在央视现场直播。宝应连续20多年举办荷藕旅游节等特色农业节庆活动，乡村旅游年接待游客超100万人次。

(2) 注重主体培育。

产业园内拥有万亩以上的专业村2个、5000亩以上的特色村6个，500亩以上的种藕大户65个。建成望直港镇獐狮荡等4个大规模莲藕批发市场及数百家莲藕产销专业合作社、300多个流通服务组织、经纪人队伍2500多人。宝应全县莲藕精深加工企业120多家，其中园区内有63家（含农业产业化国家重点龙头企业1家、省级4家、市县级29家）。

(3) 注重市场开拓。

全县农产品加工企业年加工藕制品20万吨，享有自营出口权的企业22家。国内市场畅销"北上广"等一线城市及河南、新疆等26个省份，国际市场远销日韩、东南亚、欧美等国，莲藕制品年出口5万多吨、8000多万美元，日本市场莲藕制品70%以上来自宝应，全国莲藕出口量的70%来自宝应。

(4) 注重品牌宣传。

"宝应荷藕"已入选农业农村部地理标志农产品和江苏省农业区域品牌，园区建有荷藕全产业链大数据中心、品牌推广中心，制定了生产、加工、销售标准，统一使用"宝应荷藕"标识和防伪标志，建立质量追溯系统。园区培植了荷仙、天禾、美依莲和莲馨园等一批企业品牌，打造了宝应湖、欣莲欣、瘦西湖、玉好、偶得、偶喜欢、帝莲、千子莲等产品品牌，完善宝应荷藕"区域品牌+企业品牌+产品品牌"三位一体品牌体系。

3. 突出三产融合，延长产业发展链条

产业园形成种植规模集中、加工企业集群、物流交易集散、全产业链集聚、联农带农紧密的莲藕全产业链体系，实现了一二三产业融合发展。

(1) 第一产业高质高效。

通过提纯复壮品种、改良土壤环境、示范脱毒苗等，减缓（降低）"僵藕"发生程度，延长莲藕生长周期，利用退出水产养殖低洼水田种植莲藕等方式，稳定莲藕种植规模。全县20万亩莲藕生产基地全部实现了标准化种植，其中高效生态套养（小龙虾、黄鳝等）模式面积达10万亩以上。

(2) 第二产业集群集聚。

制订加工企业梯度培育计划，开展国家级和省市县龙头企业培育认定，推动小微企业进规模、规模企业冲亿元、亿元企业上台阶、旗舰企业成巨头，每年新增荷藕龙头企业5家以上。通过培育本土企业江苏荷仙食品集团有限公司，招引

一批现代装备的高科技加工企业，发展一批绿色生产企业，形成了全县荷藕产业加工集群。

（3）第三产业深度融合。

园区不断完善莲藕交易市场基础设施功能，建设冷链物流仓储中心，构建现代物流仓储体系，服务全县莲藕种植户、加工企业。引导支持加工企业、产销合作社等主体利用互联网等平台，加强网络宣传、网络销售。打造荷文化体验中心，建设荷文化体验基地，挖掘荷藕文化内涵，发展荷藕创意农业，探索荷藕产业与乡村旅游、文娱艺术、健康养生、科普教育等更多产业融合的新模式、新业态。

（4）注重利益联结。

坚持农民全方位、全链条参与，充分分享产业链红利，形成以江苏荷仙集团产业联合体、风车头荷藕营销专业合作社为龙头的莲藕种植、加工和销售的产业群。发展"公司+农户"模式，遴选17家龙头企业，与农户开展"订单式""保底式""二次分红式"合作，形成生产端、加工端与销售端链条衔接；发展"合作社+农户"模式，采取"六统一"（统一品牌、统一藕种、统一肥药、统一定价、统一销售、统一结算）形式，形成生产端、销售端链条衔接。

4. 突出科技创新，提升产业保障水平

江苏省宝应县现代农业产业园紧紧围绕组织保障、科技研发、技术推广、项目建设等方面，集聚现代要素，提升产业发展潜能。

（1）加强政府引导。

成立江苏省宝应县现代农业产业园管委会，建立宝应县国家现代农业产业园建设工作联席会议制度，有关部门及镇区共同参与，定期开展产业发展调度。

（2）推进行业自律。

宝应县荷藕行业协会和江苏省莲藕协会在宝应先后成立，为荷藕产业在种植、加工、流通和文旅等提供了全方位的服务。对莲藕绿色种植（出口）示范基地建设、农产品质量安全、流通秩序以及生态环保等方面实施行业自律，实现自我约束、相互监督、违规惩戒、信息共享、共同发展。

（3）打造科技平台。

依托邹学校院士领衔的国家特色蔬菜产业技术体系，成立莲藕研究院，与高校院所合作，搭建产学研平台，解决"僵藕"技术及莲藕采收机械等技术难题，开展莲藕品种资源保护和提纯复壮，提升全县荷藕产业科技水平，推进产业链延伸。加快新品研发，先后与扬州大学、武汉大学、江南大学等6所高校签订莲藕新品种选育引进、深加工关键技术研发等协议9个。初步与湖南农业大学刘仲华院士商定，合作组建功能性食品研究院，开发莲藕功能性食品和休闲食品，优化现有生产工艺，丰富莲藕制品种类，提高莲藕制品的档次和附加值。依托江苏省莲藕协会平台，举办全国水生蔬菜全产业链发展高端论坛，组织莲藕轻简化技术观摩会和僵藕绿色防控现场推进会。

（4）强化专项扶持。

近年来，园区有效整合各类财政支农项目资金6.34亿元，金融信贷资金19.46亿元，投入莲藕种植、加工、科技、质量建设、平台建设等方面，对各类主体进行项目支持和提供金融服务。出台"宝地英才集聚计划""乡村人才振兴行动计划"等政策，为荷藕产业相关人才引进、培养提供有力保障。依托科研院校，培育高素质从业人员和技术骨干。

（供稿人：扬州大学，宝应县农业农村局；李良俊、徐桂红）

四、江西省助力乡村振兴典型案例

（一）广昌县以白莲产业振兴助力乡村振兴

1. 基本情况

广昌县位于江西省东南部，武夷山西麓，建县于南宋绍兴八年（公元1138年），因"道通闽广、隶属建昌"而得名。辖6镇5乡1场129个行政村和1个省级工业园，总人口20万。广昌县是我国典型的江南丘陵山区，农业特色明显，其中以广昌白莲比较优势突出，是我国著名的"中国通芯白莲之乡""中国莲文化之乡"，广昌白莲种植始于唐朝"仪凤"年间，距今已有1300多年历史，盛产的白莲因色白、粒大、味甘、清香、营养丰富、药用广泛，历代被作为"贡品"，被誉为"莲中珍品"。2004年广昌白莲成为国家地理标志保护产品，2006年颁布实施了《广昌白莲国家标准》，2007年创建了全国首家绿色食品标准化原料（广昌白莲）生产基地，2008年获中国名牌农产品称号，获评2017中国农产品区域公用100强品牌和2017最受消费者喜爱的中国农产品区域公用品牌。2017年江西广昌莲作文化系统列入第四批中国重要农业文化遗产名单，2021年广昌白莲被列入国家第四批特色农产品优势区，2022年被评为全国名特优新农产品。

近年来，国家特色蔬菜产业技术体系情系革命老区，在广昌县建立了综合试验站，深入开展了科技帮扶活动，以促进农民持续增收为目标，以能够让农民分享二三产业增值收益的新型经营主体为对象，培育多元融合主体、建立形式多样利益共享机制和实现机制，让农民不仅从农业提质增效中获得收益，而且从二三产业发展的增值收益中分享利润，有力助推了增收致富。2022年广昌县种植面积达11万亩，总产9000吨，产值8亿元，带动低收入户种植1.5万亩，涉及低收入户2356户9895人，户均增收2.6万元。在广昌辐射带动下，石城、宁都、于都等原赣南中央苏区大部分地区发展白莲种植50万亩左右,还带动了永修、莲花等江西新区子莲发展,走出了一条依托区位优势产业助力乡村振兴的"广昌道路"。

2. 主要做法与成效

(1) 优化结构,经济效益攀升。

加大现代种业创新。依托特色蔬菜产业技术体系广昌综合试验站创新平台,组建了广昌白莲种质资源圃,被列入省级首批种质资源圃,收集莲属种质资源500余份。开展了5次广昌白莲航天搭载育种,成功培育出"太空莲36号""太空莲66号"等品种,引进了"翠玉""建选17号""建选35号""满天星"等国内优良品种,产区良种实现全覆盖。广昌县也成为全国最大的子莲种苗输出中心,近几年外销种苗8000万株以上,占全国子莲种植面积的80%以上,年增收120亿元以上。

(2) 提升品质,品牌效应凸显。

开展了栽培技术改良研究,制定国内首个《绿色食品 广昌白莲生产技术规程》地方标准,该标准获2022年江西省标准创新贡献三等奖;引进了特色蔬菜岗位科学家子莲主要虫害绿色防控技术,筛选了腐败病、叶斑病等主要虫害低毒生物农药,按照"生产有记录、流向可追踪、信息可查询、质量可追溯"的要求,创建了全国首个绿色食品标准化原料基地,并通过了农业农村部续展认证;按照"统一品牌、商标各异、注明产地、统一管理"的办法,大力实施广昌白莲公用品牌与企业品牌相融合的"母子"品牌战略,组织相关企业参加全国展销会,在中央台黄金时段投入区域公用品种和企业广告,进一步做大做强做优"广昌白莲"品牌。

(3) 创新模式,增收渠道拓宽。

结合地域资源禀赋,积极探索不同产业发展模式:一是"企业+基地+低收入户"模式。依托"白莲全身是宝"的特点,充分挖掘莲子在食用、药用、美容、轻工和外贸加工等方面有巨大空间和潜力,大力开展白莲产业招商,培育了致纯食品、嘉新正食品、福兴食品、莲香食品等20余家白莲深加工企业,其中有省市龙头企业5家,年加工产值达7亿元以上,先后开发出藕粉、莲子汁、莲芯茶、荷叶茶、莲子饼干、莲OPC提取等20多个品种,产品畅销北京、上海、广州等国内大中城市及欧美、东南亚地区,广昌白莲系列产品已进入华润万家、沃尔玛、大润发等大型超市。如2022年以致纯食品牵头,组建了广昌白莲产业化联合体,带动白莲种植面积2.7万亩,直接受益贫困农户达500余户,户均增收近3万元。

二是大力发展"旅游+"模式。依托莲花生态优势,打造了驿前莲花古镇、姚西莲花第一村、莲花科技博览园、赤水镇龙水村梯田莲花山、盱江桥头莲花港湾等全国全省知名的莲景观旅游线、莲文化体验区、莲产品生产基地和莲文化精品地，进一步全面打响"中国·莲乡"品牌，提升了广昌白莲知名度。其中驿前镇"姚西莲海"2016 年获世界最大莲池吉尼斯称号，2017 年驿前镇姚西村被列入国家最美乡村，2018 年广昌县荷花旅游列入国家 AAAA 级景区，驿前镇还被住建部列入 2017 年全国第二批特色小镇建设试点。2018 年底，全县各类休闲农业经营主体超过 30 家，带动形成新的消费热点，促进了莲农特别是贫困群众增收致富。据不完全统计，2022 年全年接待游客 270 余万人次，实现营业收入 7 亿元。

三是"互联网+"模式。依托市、县、乡三级电商产业园，大力发展"互联网+"网络营销模式，推动了广昌网络销售和电商企业发展。积极引导低收入户与电商企业线下合作，让低收入户进入电商利益链，真正建立起低收入户与产业发展主体间利益联结机制。探索出"电子商务+创业孵化+低收入户""电商企业+专业合作社或产业基地+低收入户""电商企业+就业岗位+低收入户"等电子商务减贫新模式。

（4）健全制度，帮扶措施完善。

近年来，广昌县出台了《广昌县产业奖补办法》，县财政每年安排专项产业发展资金，对低收入户以自主经营方式种植白莲达 1 亩以上的，每亩补助 500 元，每年给予最高不超过 5000 元/户的产业补助。同时，依托白莲产业优势，充分利用高标准农田建成后田园规则平整、灌溉体系完善的优势，大力促进耕地流转，推行"公司+基地+农户"模式，由致纯食品、正味食品等白莲深加工龙头企业牵头组建有机白莲、富硒白莲专业合作社，吸纳低收入户入社，大力发展有机白莲、富硒白莲种植，对吸纳 30%以上低收入户入社的白莲产业合作社，县政府给予合作社 2 万元/低收入户的产业奖补资金，低收入户社员可获得 3000 元/年/户的合作社入股分红资金，增加了低收入户收入，扶持壮大了产业合作社等经济组织。

3. 几点建议

（1）加大规划引领，做强特色产业。

按照大产业、大龙头、大品牌的思路，聚焦广昌白莲特色优势主导产业，指导县、乡、镇、村制定产业发展规划。聚焦区域特色产业，与移民搬迁、特色小镇、乡村旅游等规划相衔接，编制"一镇一业""一村一品"等特色产业发展规划。坚持规划引领、分步实施、梯次推进、持续发展的原则，围绕重点产业、重点区域建基地、建园区，做强特色产业，拓宽低收入户增收就业渠道。

（2）加大主体培育，增强带动能力。

坚持"内育外引"相结合，聚力培养一批国家级、省级、市级农业产业化龙头企业，引领特色产业快速发展。坚持政府推动与市场引导相结合，培育产业减贫带动主体。坚持推进农村"三变"改革，以土地经营权流转、股份合作等方式，建立稳定的利益联结机制；加快推广"农业园区+三变+低收入户"等模式，推动区域特色产业集群发展。

（3）加大技术服务，提升科技水平。

充实产业减贫科技服务队伍，健全产业技术服务平台，为广大低收入户提供高效、快捷、易懂的科技服务。建立低收入村实用人才库，动员农村能人和职业农民与低收入户结对子。深化与中国农业科学院、武汉市蔬菜研究所等重点科研院校合作，推进"产学研用"落地产业基地和农业园区，着力构建特色产业和现代农业园区的科技与人才支撑体系，增强经营主体通过科技助力特色产业脱贫。

（4）加大帮扶投入，夯实发展根基。

统筹整合涉农资金，建立与帮扶产业建设相适应的投入保障体系，切实发挥帮扶资金使用效益。按照"拨改投""投转股"等方式，将产业帮扶资金注入现代农业园区等经营主体，建立利益分配制度，促进企业发展、低收入户稳定增收。按照"三生同步"的要求，加强水、电、路、渠、沼等设施配套建设，支持经营主体发展加工、物流、休闲旅游等相关配套产业，提升产业增值增收空间。

（供稿人：广昌综合试验站；杨良波）

（二）发挥辣椒产业园集聚效应，促进品种技术创新

1. 上湖辣椒产业园建设背景

上湖辣椒有 40 余年的发展历史，种植面积 2 万余亩。20 世纪 90 年代占据南昌市 80% 以上的市场份额，与其他乡镇相比，上湖外出务工少，存款余额高，可以体现辣椒产业对当地长期以来的支撑作用。但是长期以来，该地仍属于小农分散种植，技术水平低，市场竞争力弱，靠天吃饭、贱价伤农等现象时有发生，而且当地缺乏二三产业延伸，长期没有建设辣椒加工工厂、冷链仓储设施等，辣椒主要通过贩子对外销售，以统货进入各农批市场，无市场议价能力，品牌塑造缺乏主体抓手。所以辣椒产业进入发展瓶颈，用现代农业发展经营理念推动产业转型升级刻不容缓。

因此投资上湖辣椒产业具有产业根基足、带动能力强、社会效益高等特性，通过农业产业化、规模化、集约化运作有利于塑造高安辣椒品牌形象，提高品牌溢价，推动村集体经济发展，带动农民致富增收。

2. 上湖辣椒产业园建设及运营情况

村投公司于 2020 年 10 月启动上湖辣椒产业园建设，项目总面积为 8800 亩，总投资 5.6 亿元。一期 2000 亩高标准产业园已建设完成并投入使用，建有标准单体温室大棚、联栋温室大棚、分拣中心、育苗中心、水肥一体化设施、园区道路等。园区采用农户返租倒包、大户承包租赁、乡村投承包经营、劳务输出等多种经营模式，运作成效不断凸显。

(1) 联农带农共致富。

上湖乡党委政府积极联农带农机制创新，探索推行"土地流转+合作组织+产业致富"新路径，由上湖乡众合农业专业合作社按照"七统一"原则（统一品种、统一育苗、统一农资、统一标准种植、统一农残检测、统一分级包装、统一收购销售）进行经营管理。积极引导和规范农村土地流转，使闲置地变致富地，带动群众发展蔬菜种植产业共同致富。村投公司以每亩350元从农民手中流转土地，本地农户可选择承包自种或到合作社务工的方式参与高安富硒辣椒产业园运营。承包自种的农户缴纳850元即可实现家门口就业，大户承包经营按1800元/棚缴纳费用。现有263户本地村民选择承包自种辣椒，合作社吸纳180余名本地及周边乡镇居民参与务工，截至2022年，一期占地2000亩的高安富硒辣椒产业园，本地农户承包面积1120亩，村集体公司承包880亩。并通过对辣椒的分选分级，分为牛初乳每斤89元、特级每斤20~24元、优级每斤12元、一级每斤6元，以品质定销路，以质量定价格。创新推出高品质"牛初乳"辣椒品级目前价格为每斤89元，打开了高安辣椒迈向高端农产品的大门。

(2) 科技赋能提品质。

高安富硒辣椒产业园于2021年取得富硒认证，多次对土壤及辣椒进行硒含量检测，土壤硒含量为0.4~3.0毫克/千克，辣椒硒含量为0.01~0.27毫克/千克，符合富硒产品标准，并积极推进产学研一体化，强化与高校、科研院所的创新研发合作。目前，产业园与湖南省农业大学邹学校院士团队合作共建"邹学校院士高安辣椒产业研究院"；与江西省农业科学院蔬菜花卉研究院合作共建50亩优质辣椒品种选育示范基地；与南昌大学中德联合研究院合作开展辣椒深加工及新产品研发；园区内企业——宜春市青荷农业科技有限公司牵头组建江西省辣椒产业创新战略联盟；与北大光电合作使用行内顶尖转光膜用于高标准大棚建设。

(3) 数字经济建品牌。

产业园为打造富硒区域品牌，与浙江华阳智数建设数字辣椒平台，引入数字辣椒概念，利用大数据平台管理产业园销售、大棚、施肥、人工等多种数据，赋能特色农副产品。并打造了两微一抖平台：微信公众号——辣椒来了、微信视频号——赣硒椒哥和辣妹椒哥、抖音号及抖音小店——含硒小辣椒，助力富硒品牌输出。以上湖乡红色村播示范点、蔬菜分拣中心二楼直播基地为活动场所，实地锻炼打造本土村播队伍。在电商平台销售上，现涌现出了以返乡大学生为代表的新农人，通过美团优选等平台将高安辣椒送至全国各大城市，截至目前，高安辣椒位于美团优选全国单品复购率排行榜第一。并在2022年度被中国网信办评为"新时代·中国乡村振兴示范镇"，赤星村获评"新时代·中国最美乡村"；2022年度被省发改委评为首批江西省农村产业融合发展示范园；2022年度被省农业农村厅评为第一批省级"一村一品"示范村镇；2022年被宜春市科协评为宜春市科普教育基地；2022年被宜春市农业农村局评为宜春市农民合作社示范点、宜春富硒产业示范基地、宜春市级农业产业龙头企业等相关荣誉。

（4）整合资源畅销路。

在辣椒的销路上，由原来的以平价农贸市场为主导发展到大型商超、餐饮、知名电商等平台全面开花。通过新建的蔬菜分拣中心与冷链物流中心，对辣椒的分选分级，以品质定销路，以质量定价格，创新推出高品质"牛初乳"辣椒品级，打开了高安富硒辣椒迈向高端农产品的大门。目前，全市已有20多家餐饮企业、1家大型商超企业鹏泰超市长期购入产业园辣椒。经过村集体合作社一年的示范带动、技术专家的专业指导，产业园已创造出了辣椒单产提高22.5%，亩产3000~3200千克，年产量达6000万~6400万千克，单价提升30%，亩产平均收入超1.2万元，每个季度辣椒地头批发价维持在每斤2.5~3.5元，2021年辣椒产业总产值达7.82亿元。同时，产业园已培育富硒辣椒相关企业4家，辐射带动富硒辣椒种植9687户，实现亩均增收3000元。

3. 经验及启示

第一，要加大统筹整合，增强资源要素"聚合力"。市村投公司加强与发改、财政、农业农村、乡村振兴等涉农部门的沟通衔接，加强政策前瞻性研究，提前包装项目，做好准备工作，精准对接、精确管理。乡、村两级作为推动乡村振兴、发展壮大村集体经济的直接实施者，要积极主动融入村投发展盘子，依托资源禀赋和本地优势，争取更多的项目纳入村投产业规划，并抓好组织实施，与村投公司共同打造集体经济"共同体"。广大社会力量是推进乡村振兴的重要市场主体，要按照"人无我有、人有我优、人优我特"的经营思路，发挥其灵活、快捷等优势，建立与村投公司的广泛联结机制，形成推进乡村振兴的强大合力。

第二，用好联结机制，建设互助共赢"综合体"。注重制度设计，完善组织架构，提高乡、村两级的参与度，防止工作停留在县级层面。重点理顺两个关系：一是理顺了与乡镇的关系。探索"县级公司+乡镇分公司+村集体经济合作社"三级治理体系，在部分有资源禀赋、有意愿的乡镇探索设立乡村投（乡镇村集体资产运营公司），负责对接产业资金，具体实施项目建设，拓宽乡镇融资渠道，形成"县带乡、乡带村""三级联动"的生动局面。二是理顺了与村集体经济合作组织的关系。进一步做实村集体经济组织，发挥其在管理集体资产、开发集体资源、发展集体经济、服务集体成员等方面的作用。村投公司逐步改变"喂养"模式，加快组建专业项目团队，结合各村资源禀赋提出项目发展规划，再分片分类划给有能力承接的村，作为其子项目运行，实现从"给钱"到"给项目"的转化。

第三,要强化运营管理,确保运行规范高效。公司要严格按照现代企业制度进行管理,规范投融资决策和资金结算行为,提升财务管控水平。建立健全现代企业用人机制,在薪酬、绩效、职务晋升等方面构建科学、健全的管理制度体系。针对项目运营,多措并举吸引优秀的运营团队和个人,从政策激励、平台搭建、培养使用和服务保障等方面,多维度精准发力,鼓励引导优秀人才向基层一线流动,培育壮大农村基层人才队伍,为乡村振兴注入新活力。

(供稿人:高安市农业农村局;黄国东、张会国、陈开)

(三)高安市创新构建"1+1+N"运行模式,大力发展辣椒产业

为全力打造"高安现代化农业"品牌,加快发展生态农业建设方向,以推动高安辣椒产业提质增效为目标,按照"扩规模、调结构、保供给、增效益"的发展思路,打造高安辣椒区域公用品牌建设,推进高安辣椒品牌化、规模化、标准化、设施化、产业化发展,重点破解露地辣椒和设施辣椒全国市场占有比重低、栽培技术、储藏保鲜和加工能力不足等产业发展瓶颈,努力扩大高安辣椒特色规模播种面积,加强高安辣椒优质品种培育、优质高效栽培的技术培训、鲜销售、加工和宣传,提高高安辣椒知名度、亩产量和质量,实现高安辣椒特色安全有效供给市场。

在现有辣椒播种面积基础上,全市建设辣椒规模基地15万亩以上(见图2-4)。加强高安辣椒"三品一标"产品认证基地个数和面积,新增辣椒储藏保鲜和加工能力1万吨以上。开展辣椒产地安全评价指标体系和评估技术研究,制定生产技术规程,开展优质农产品品质营养监测,打造一批安全优质的品牌蔬菜。园区内实现生产管理可视化、生产栽培水肥一体化、蔬菜产品品牌化、农产品质量可追溯化、土壤养分及重金属检测化。

图 2-4 高安辣椒种植基地

1. 建设"3中心、2基地、1提升"示范基地

（1）"3中心"。

一是整合420万元富硒蔬菜产业集群项目资金建设了35亩钢架连栋棚，建立年出苗1000万株以上蔬菜集约化育苗中心；二是整合424.5万元高质量蔬菜发展项目资金建设了30亩钢架连栋棚，高标准打造新品种新技术生产示范展示中心；三是计划建设10亩辣椒"产学研"数字农业发展及检测中心。

（2）"2基地"。

一是利用现代农业先行示范县、全国蔬菜重大技术协同体系等项目资金，建立了50亩新品种新技术引进试验示范基地；二是整合减贫资金重点打造上湖乡村级营运公司的300亩标准化高效绿色蔬菜生产示范栽培示范基地。

（3）"1提升"。

通过辣椒新品种新技术引进试验、示范推广、集约化育苗、研发、标准化生产示范等，逐步提升改变菜农以往低产低效的传统种植模式，达到常年稳定生产目的。

2. 科技合作，建设辣椒产业园农业科技现代化

为推进高安市农业科技现代化建设，率先将高安打造为全国农业科技现代化先行县，创新构建"1+1+N"运行模式，即"1个地方政府+1个共建科研单位+N个科技合作平台"的运行模式，在辣椒产业园掀起试点工作。以"院县共建"为平台，高安市人民政府发挥统领全局的作用，江西省农业科学院作为技术对口单位，为高安市提供协同创新、集成示范、园区建设、成果转化、主体培育、产业发展、人才培养等科技支撑。

第一，围绕蔬菜（辣椒）全产业链绿色高效可持续发展，高安市农业农村局和江西省农业科学院等技术团队开展产学研活动提供技术支撑，重点在"辣椒新品种新技术示范应用、特色辣椒新品种培育、集约化辣椒种苗中心建设工程、苦瓜高产高效种植新品种新技术示范应用、辣椒标准园示范建设工程、辣椒标准体系建设工程、特色蔬菜加工及加工设备建设升级、新型经营主体培育工程、'高安辣椒'品牌建设推进工程、蔬菜全程机械化关键装备技术推广应用、开展蔬菜农产品质量安全过程控制技术研究等"工作。

第二，在"特色蔬菜（辣椒）科技合作平台"中，通过建立高标准万亩辣椒产业园科技示范基地的建设，改变以往小而散的种植模式，破解无法常年稳定生产销售的弊端。

第三，为了帮助农民提升种植效率、效益，提高产品产量、质量，实现亩均生产经营收入大幅增加。创造互助互学及学术交流，促进高安辣椒产业发展，在高安市上湖乡富硒辣椒产业园内引进的新品种、新技术展示区，进行学术交流及

现场观摩设施秋延后辣椒新品种引进适应及新技术带来效益情况（见图2-5）。对高安辣椒产业今后走规模化、标准化、绿色化、品牌化道路进一步奠定扎实的基础，有力地促进产业兴旺、乡村振兴发展。

图 2-5　设施秋延后辣椒新品种展示与现场观摩会

第四，建设邹学校院士高安辣椒研究院：以推进高安辣椒产业科技创新为重点，以邹学校院士为研究院的首席科学家，依托湖南农业大学科研团队，开展新品种选育、引进和示范，产品初精深加工以及相关新技术、新成果的示范和推广应用、人才培育等，争取通过2～3年，把高安市打造成全国现代辣椒产业创新示范区。

3. 完善辣椒标准体系建设

开展高安辣椒（春提早、秋延后辣椒）产业地理标志标识、生产规程、质量标准、分级包装、储藏、加工等标准体系制定、二维码等质量安全可追溯系统、产品防伪系统构建；基地实行"五统一"的管理模式：统一品种（规模化种植）、统一标准（标准化生产）、统一标识（品牌销售"高安牌"辣椒）、统一检测（商品化处理）、统一销售（产业化）。

4. 强化辣椒批发市场、储藏能力建设

在高安市东外环及西外环路上，由政府投资建设了120亩以上的蔬菜批发市场和万吨以上蔬菜储藏保鲜库。以合作社、龙头企业等为主体，鼓励建设辣椒批发市场、储藏保鲜库，用于合理调控新鲜辣椒上市时间，保障辣椒周年供应。

5. 促进辣椒加工设备建设和升级

以合作社、龙头企业等为主体，鼓励引进现代化辣椒罐藏、干制和腌制辣椒酱等加工设备，推广先进的辣椒加工配套技术，扩大辣椒加工种类，促进辣椒加工增值。目前正在与南昌大学食品加工学院合作研发辣椒加工等系列产品。

6. 落实政策扶持

（1）强化"菜篮子"市长负责制。

进一步完善"菜篮子"市长负责制，建立完善高安市菜篮子工作领导小组，统筹协调产业发展中的重大问题，提出战略目标和实施计划。从政策、资金、技术、市场等方面为全市蔬菜（辣椒）产业发展提供全方位服务。各乡镇加大推广力度，加快高安市辣椒区快速发展。及时召开由技术人员、合作社、辣农代表现场办公会，及时梳理问题，解决问题，整合项目和技术力量，强化责任管理，保证了辣椒基地各项措施到位，充分发挥行政推动的作用。

（2）加大扶持力度。

一是加大政府投入力度。抓住国家投入不断向"三农"倾斜的战略机遇，将现有各渠道项目、资金、技术等资源进行全面整合。二是整合资金，着力打造核心辣椒基地。积极整合财政支农项目，争取各方面资金，按照"渠道不变、管理不乱、各负其责、各记其绩"的原则，集聚分散于农业、财政、农业开发、企业等资金，集中投入到辣椒核心区建设。三是完善招商引资机制，全方位、多形式、宽领域进行招商引资。

（3）继续推进品牌建设。

一是树立品牌意识，大力实施品牌战略，提升产品品种和品质结构。坚持以市场为导向，以农民增收为出发点，以现有优势为基础，围绕市场抓发展，围绕特色抓突破，不断提高高安市优质辣椒经济效益和社会效益。二是以现有优势，推进品牌建设。以农民增收为出发点，围绕市场抓发展，围绕特色抓突破，打造高安辣椒品牌。三是积极组织申报高安市"高安辣椒"牌商标，组织申报国家级无公害、绿色、有机农产品基地建设，积极组织参加"江西省优质农产品""江西省著名商标"等评比活动。

（供稿人：高安市农业农村局，江西省农业科学院蔬菜花卉研究所；黄国东、张会国、陈开、陈学军）

（四）探索"龙头企业+职业菜农"模式，破解蔬菜发展难题

乡村要振兴，产业必先行，产业要发展，人才是关键。随着我国城市和工业化快速发展，留守在乡村的年轻化、知识化的人越来越少，从事农业生产的人员老龄化、低学历化越来越严重，"谁来种"是当前现代农业发展面临的最大难题。近年来，探索"龙头企业+示范基地+乡村振兴学院+新型职业菜农"发展模式，破解"谁来种、怎么种、销哪里"突出问题，推进特色蔬菜产业高质量发展，取得较好成效。

1. 永丰特色蔬菜产业发展基本情况

欧阳修故里——江西永丰，是全国首批无公害蔬菜示范基地、全国绿色原料（蔬菜）标准化基地、国家农产品质量安全县、全国优势特色产业集群——江西富硒蔬菜产业集群重点县，山清水秀、土地肥沃、空气清新，相对封闭的生态系统孕育了永丰蔬菜独特的品质，为"生态蔬菜之乡"，有"读欧公道德文章，品永丰生态蔬菜"美誉。永丰商品蔬菜从20世纪80年代初起步，40多年的发展，培育了一批独具地方特色、效益明显、规模种植的优势品种，如辣椒、百合、白莲、空心菜、淮山、扁萝卜、香芹、菌菇等，并形成了"一村一品"发展格局。全县特色蔬菜16万亩，35万吨，产值20亿元，为江西绿色有机蔬菜示范基地和粤港澳大湾区"菜篮子"重要供应基地。

2. 主要做法

突出问题导向，深入推进"龙头企业+示范基地+乡村振兴学院+新型职业菜农"发展模式，着力破解蔬菜产业发展弱项和短板，推进蔬菜产业高质量、可持续发展。

（1）着力培育龙头。

没有龙头引领是永丰县蔬菜产业发展短板，为此永丰县通过融合资源要素，打造了集"双层大棚+水肥一体化+智慧农业"于一体的佐盛蔬菜高标准园和建丰辣椒标准园两个千亩蔬菜示范基地，集成双层大棚、水肥一体化、绿色防控、有机肥肥替代化肥、基质穴盘育苗、轻简化栽培、数字农业、冷链仓贮、市场对接等要素，成为全市乃至全省蔬菜新技术集成样板，培育了佐盛农业、建丰农业等生产销售型龙头企业，提升了龙头企业示范引领水平，带动农民跟着干；同时项目和政策支持，扶持江西绿百合生态农业开发有限公司建立农产品上行运营中心、扶持江西永叔府食品有限公司新上特色蔬菜深加工生产线，为全县蔬菜产业提供了坚实保障。

（2）加快技术创新。

一是引才。通过加强与科研机构的合作与交流，加入国家和省级蔬菜产业技术体系、引进"教授科技特派团"、联合建立蔬菜科研示范基地、落户"江西永丰蔬菜科技小院"、开展全国农业重大技术协同推广试点，提升永丰县蔬菜科技水平，几年来引进中国农业科学院、江西农业科学院、江西农业大学等院所30余名专家现场传授技术。二是育才。全县乡村振兴学院开班举办以蔬菜为重点的培训班，多个乡镇分院建在蔬菜示范基地上，为全县职业农菜提供实践操作和产前、产中、产后一条龙服务平台，每年举办各类培训班，培训1000余人次，培育职业菜农。三是提升。连续4年争取全国农业（蔬菜）重大技术协同推广试点，成立蔬菜技术协同推广站、蔬菜技术推广体系，全面推广水肥一体化、绿色防控、有机肥替代化肥、高温闷棚、基质育苗、银灰色反光膜等新技术新材料。主持制定《春提早蕹菜—秋延后辣椒大棚栽培技术规程》成为省级地方标准，并列入全省农业主推技术。"佐龙辣椒基地"成为全国种植首批三品一标基地。蔬菜新技术得到全面推广，科技赋予发展新动能。

（3）强化资源保护。

建立全省首个县级蔬菜种质资源保护与繁育中心，针对发展规划和重点品种，开展了辣椒、空心菜、扁萝卜、淮山等地方品种搜集和保护开展了辣椒株选、淮山零余子复壮、淮山浅生槽节本增效技术集成示范、早春空心菜—秋延后辣椒湿旱轮作技术示范、空心菜优选扦插留种技术等提纯复壮、栽培研究，提升特色蔬菜品种发展水平，走差异化发、特色化发展道路。

（4）培育职业菜农。

积极探索"龙头企业+示范基地+乡村振兴学院+新型职业菜农"发展模式，打造"龙头引领、基地示范、科技支撑"的新型职业菜农培养平台，培养一批观念新、懂技术、会经营的新型职业菜农。龙头企业创新融资手段，通过融资和申请国家专项债券建设一批标准化示范租赁给农户经营，按照统一标准、统一规划、统一建设、分乡管理、分户经营"三统二分"的模式，建立100多个职业菜农示范基地。同时，永丰县建立"1+21"乡村振兴学院，多个乡镇分院建立在蔬菜示范基地上，除县蔬菜技术人员外，还向上聘请国家和省级蔬菜方面的专家、向下聘请蔬菜经营主体的领头人为授课老师，理论与实践相结合，年培训1000余人以上，培育了一批懂现代农业技术和市场经营管理的新型职业菜农，涌现一批"80后""90后"甚至"00后"并独立经营百亩以上基地的职业菜农，为全县蔬菜产业发展注入新生力量。

（5）强化品牌培育。

根据发展规划，强化重点品种的品牌培育，积极开展绿色食品、富硒产品、名特优新产品认证。自2021年以来，全县蔬菜产品新增12个绿标、16个富硒产品、4个全国名特优新、4个粤港澳大湾区菜篮子供应基地；永丰辣椒、空心菜、扁萝卜、淮山、百合、白莲等特色蔬菜都有自己响亮的品牌，永丰蔬菜产业进一步升级。同时积极融入"井冈山"农产品区域品牌，联合制定《井冈辣椒》《井冈白莲》《井冈竹荪菇》等团体标准，提高永丰特色蔬菜品牌价值。

（6）促进产业延伸。

一是大力发展冷库物流，新建产地冷库30余座10000余立方米，冷藏车10辆，有效提升了全县蔬菜基地初加工水平。二是建立永丰县农产品上行运营中心，为永丰蔬菜产后服务和产业链升级提供了很好平台。三是产品深加工，永叔府开展永丰扁萝卜等地方特色产品深加工研发，绿百合开展白莲、百合等产品深加工，延长了蔬菜产业链,为产业发展提供坚实保障。

3. 全力保障,确保成效

(1) 突出首位,高位推动。

成立以县委、县政府主要领导为双组长的蔬菜产业发展领导小组,设立全省首家县级蔬菜产业发展中心(正科级单位),明确蔬菜产业是全县农业首位度产业,制定了一系列蔬菜发展文件,2019年以来先后出台了《永丰县2019年蔬菜产业工作方案》《永丰县2020—2022年蔬菜高质量发展的实施意见》《永丰县2020年设施蔬菜产业发展工作方案》《永丰县2021年蔬菜产业工作方案》《永丰县2022—2025年设施蔬菜发展规划》,明确了蔬菜发展目标、工作重点和工作措施,思路清晰、目标明确、重点突出、措施有力。

(2) 做好规划,统筹发展。

统筹规划"一盘棋"。结合各乡镇蔬菜产业基础和种植习惯,不断优化结构布局,形成"县城周边乡镇以茄果类为主的早春、秋延大棚蔬菜种植区;中部乡镇以百合、扁萝卜、藤田辣椒等为主的常规特色蔬菜区;北部乡镇以双孢蘑菇、羊肚菌为主的食用菌生产区;南部乡镇以白莲、茭白为主的水生蔬菜种植区"四大蔬菜产业重点区域板块。凸显品种"差异化",按照"突出特色优势,差异化发展"原则,以辣椒和白莲两大品种为重点,统筹发展空心菜、扁萝卜、淮山、百合、羊肚菌等特色品种,逐步把特色小品种做成大产业。

(3) 完善扶持政策。

除每年筹集3000万元蔬菜专项资金外,还支持龙头企业通过银行融资、争取国家专项债券等方式,筹集蔬菜发展资金。出台全产业链奖补政策支持产业发展,根据永丰县发展重点,从土地流转、设施建设、规模种植、烘干设备、产地冷库、冷藏车、产品认证、特色产品包装等方面,对符合条件的经营主体给予奖补,重大项目投资、重点基地建设,可叠加采取"一事一议"方式进行奖补;健全蔬菜政策性保险制度,开展蔬菜价格(收入)保险试点。同步推广"财农信贷通""蔬菜贷"小额贷款,重点扶持发展蔬菜经营主体,进一步帮助解决项目资金问题。

(4) 完善考核机制。

将蔬菜产业发展纳入全县"三看"(乡镇年度考核看城镇发展、看乡村发展、看现代农业)项目和乡镇高质量发展考评重点内容,要求全县各乡镇每年新建至少1个百亩以上露地蔬菜基地或50亩以上大棚蔬菜标准化示范基地,按要求全面考核地方特色蔬菜、设施蔬菜、连片基地、水肥一体化、追溯制度完成度,评出若干先进乡镇和经营主体给予表彰奖励,营造蔬菜发展氛围。

(供稿人:永丰县蔬菜产业发展中心;涂年生)

专栏　信丰县农伯乐蔬菜专业合作社联农带农增收致富

赖焕华，信丰县农伯乐蔬菜专业合作社理事长，1980年生，2000年9月就读华南农业大学园艺学院园艺专业，2008年8月，联合当地农民组建了信丰县农伯乐蔬菜专业合作社，合作社的初心是：让农民伯伯乐起来。

合作社成立初致力于国内外优良蔬菜品种的引进和先进生产技术的应用推广及合作社的服务工作中。大力发展"合作社+基地+农户"的模式，进一步扩大基地的规模，培养更多的蔬菜专业化农户、推广更优的蔬菜品种、建设更多现代设施农业系统、提高无公害蔬菜的生产技术，达到当地蔬菜产业的规模化、规范化、良种化、设施化、绿色食品化。赖焕华带领农伯乐团队从古陂镇阳光村辐射带动到大桥镇、新田镇、大阿镇、油山镇、铁石口、大塘埠镇以及安远县版石镇、天心镇30多个蔬菜大棚基地。从带着十几户到600多户菜农，从无到有，从小到大，稳步发展，不断壮大，年种植蔬菜5000多亩，年产值达8000多万元，每亩蔬菜产值达8000～20000元。采用"统一品种、统一技术、统一培训、统一销售"模式，销往粤港澳大湾区、长沙、南昌、赣州等批发市场及超市等，带动信丰蔬菜产业的发展，给当地菜农每年带来良好的经济效益。

合作社与菜农之间通过多年种植磨合，一直延续着采用先卖菜，后定价，月结菜款互信合作模式，这是建立在信任基础上的合作。合作社整合了蔬菜品种、整合农资、整合技术、整合市场、整合政策。与合作社合作，菜农经营风险降低、成本下降、技术水平提升、销售渠道畅通、效益提升，并且能够获得政策补贴。

赖焕华作为信丰县农伯乐蔬菜专业合作社理事长，积极联农带农，助力农民增收，得到各界认可。新华社、《江西日报》、江西电视台五套、《赣南日报》等媒体报道了相关事迹。赖焕华当选为信丰县政协十三届、十四届、十五届委员，信丰县第十四届、第十五届党代表，赣州市第五届、第六届党代表，江西省第十四届带代表。并获2016～2018年度全国农牧渔业丰收二等奖获得者、2017年度江西省精准减贫作为奖、2018年赣州"五一劳动奖章"及2018年赣南乡村明星。2022年被江西省委、省政府授予全省农业农村工作先进个人。

（供稿人：南昌综合试验站；陈学军）

五、安徽省助力乡村振兴典型案例

（一）特色蔬菜"茭白"产业助力岳西乡村振兴

国家特色蔬菜产业技术体系合肥综合试验站示范县——岳西县，2018年8月率先退出国家级重点贫困县序列，成为安徽省首批实现脱贫摘帽的4个贫困县市之一。在岳西县脱贫攻坚过程中，"高山茭白"是岳西农民脱贫致富的重要支柱产业，岳西高山茭白7~9月上市，有效填补了蔬菜市场"伏缺"与"秋淡"销路好、效益高。到2021年，全县24个乡镇中有17个乡镇、88个行政村发展茭白产业，种植面积达5.87万亩，产值2.8亿元，全县90%以上茭白种植户住进了被称为"茭白楼"的新楼房。岳西县先后荣获"全国最大的高山无公害茭白基地县"、"中国高山茭白之乡"、"中国绿色果菜之乡"、"全国蔬菜产业重点县"、安徽省首批"一县一业（高山蔬菜）"全产业链示范创建名单等荣誉称号。这些成绩是如何实现的呢？

1. 依托科技，率先脱贫摘帽

在国家特色蔬菜产业技术体系、大宗蔬菜产业技术体系和安徽省蔬菜产业技术体系的指导下，先后引进茭白新品种25个进行品种比较试验，筛选出适合高山种植的茭白优良品种，建立优质种苗繁育基地1500亩，引导农户每年选种留种，使优良品种的种性得以保持；通过精准施肥、撒施生石灰、增施生物有机肥等土壤改良措施、安装太阳能杀虫灯和性引诱剂等绿色防控措施、进行茭白—鸭（茭白—中华鳖）生态种养、茭白—旱生瓜菜水旱轮作模式等技术集成运用，解决了长期连作和化肥过量使用造成的土壤酸化严重、有机质含量降低、植株抗性减弱、病虫害逐年增加等问题；制定和推广《地理标志产品 岳西茭白》《高山茭白生产技术规程》等省级地方标准，成功创建国家级高山茭白标准园2个，省级高山茭白标准园1个，全县标准化生产基地达4.2万亩，其中低收入户建设标准化生产基地达1.6万亩。

岳西县大多数茭农原来都是低收入户，文化水平低，为了提高种植户的技术水平，在国家体系和省蔬菜体系等专家的帮助下，不定期举办技术培训会和观摩会，邀请体系内外专家分别就茭白优良品种、高效种植技术和模式、病虫草害绿色防控、贮藏保鲜、产业发展现状及趋势等进行培训和指导，开拓了种植户眼界，转变了理念，提高了种植水平。

石关乡马畈村刘三一说："过去种水稻经常收成不好，收入低，生活困难，只能外出打工，后来在政府的带领下和专家的指导下，种植茭白，现在我承包了20

多亩水田种植茭白，扣除肥料农药等费用，每亩纯收入7000多元，生活一天比一天好。"

岳西县长期与国家和省蔬菜体系以及湖南农业大学、安徽省农业科学院、武汉市农业科学院、金华市农业科学院等单位开展茭白"产学研推"合作，建立了"院士工作指导站"、"岳西特色农业研究所"、科技服务"双百行动"基地、产学研基地等，通过优良品种应用、标准化生产技术培训，该县单季茭白从最初每亩产量1100千克、产值1500元，分别提升到每亩产量1500千克、产值8000多元。

2. 企业带动，快速致富

在国家和省蔬菜体系的指导下，岳西县积极开展"百企帮百村"产业减贫计划，通过"公司（合作社、家庭农场）+农户+基地"模式，采取统一提供生产资料、统一供应种苗、统一技术标准、统一品牌包装、统一收购销售的"五统一"方式带动低收入户发展茭白产业，引导低收入户利用发展资金和土地入股，取得分红，实现增收。岳西县民意茭白专业合作社将低收入户造册建档管理，生产资料统一供应、病虫害统防统治、定时技术指导、优先解决用工，并且以每斤比市场价高0.1元的价格回收茭白，共带动51户低收入户实现脱贫；例如2018年低收入户刘同水在合作社务工收入3万多元，种植茭白收入2万多元，成功实现脱贫。2016年，这些经营主体带动1.65万户低收入户种植茭白，户均增收5800元。

3. 拓展市场，打响名牌

岳西茭白注册了"大别山"牌产品商标，并成为国家地理标志保护产品，全县茭白基地实现了无公害认证全覆盖。通过在武汉、合肥、上海等大中城市举办高山茭白产品推介会，央视《焦点访谈》《新闻联播》《农广天地》等栏目和凤凰卫视先后聚焦岳西，全方位报道茭白产业发展和助推精准减贫的经验和做法，极大地提高了岳西茭白的知名度。

4. 政府扶持 稳定发展

自21世纪以来，岳西历届县委、县政府坚持绿色发展理念，认准茭白产业不放松，岳西县先后将茭白列入减贫攻坚六大工程和农村经济发展的支柱产业，从组织、政策、资金上予以保障和扶持，并将茭白产业发展列入乡镇经济责任目标考核内容，引导乡镇加快发展。县财政每年安排财政扶持资金，对茭白产业的"基地建设、新品种新技术试验示范、技术培训、水利基础设施建设、市场开拓、品牌建设"等方面给予扶持，对特困户、低收入户、一般户新发展茭白每亩分别补助400元、200元、100元。自"十二五"以来，安排各类扶持资金达2500万元以上，有效地保障了茭白产业的稳定发展。

如今，茭白产业带动下的乡村旅游、山区生态型蔬菜和苗木花卉等特色产业正在日益壮大,岳西特色产业相关工作正在如火如荼地开展。

(供稿人:安徽省农业科学院园艺研究所,岳西县特色农业服务中心;俞飞飞、储海峰、朱显结、董言香、葛治欢、邬刚)

(二)长丰草莓产业促进农民增收

1. 长丰草莓产业发展现状

2013年底,全县草莓种植面积达19.5万亩,亩均产值2.3万元,亩均纯收入1.5万元,总产量达35万吨左右,总产值突破45亿元。全县拥有草莓种植户近8万户、从业人员达17万人、受益农民约35万人,草莓生产促进全县莓农户均增收3.5万元以上,带动全县农民人均增收4290元,较2012年的3520元增加770元,占全县农民人均纯收入的44%。2014年,对水湖镇费岗村来说,是一个不平凡的年头,在创建全国美丽乡村的同时,全村大力发展草莓产业,165户居民中80%从事草莓生产,种植面积580亩;平均每户3.5亩,草莓总产值近1800万元,户均收入达11万元,纯收入7万元。

草莓产业经济效益创历史新高,小草莓已成为农民增收的大产业,小草莓已成为政府服务农民增收致富的大文章,小草莓已成为长丰对外宣传展示的大名片,小草莓已成为外界关注长丰、了解长丰、走进长丰的大品牌。草莓是长丰县最具特色、最成规模、最有影响、最受关注、最聚人气的特色农业。

2. 长丰草莓产业发展优势

长丰草莓产业之所以取得如此巨大成就,分析其原因有以下几方面:

(1)"长丰草莓"独具特色,地理优势明显。

2007年,"长丰草莓"被国家工商总局批准注册为地理标志商标,成为安徽省第6件、合肥市第1件品牌地理标志商标,长丰县种植的草莓,独具"长丰味道",其果实色泽艳丽,柔软多汁,酸甜爽口,风味芳香,营养丰富,富含多种矿物质,被视为果中珍品、水果皇后。长丰诗人戴恒利为长丰草莓写下了"形似鸡心玛瑙状,入口绵甜沁芳香,玉环贵妃如在世,不为荔枝赴南疆"诗篇。在北京首届农业展览会上,安徽省委书记在品尝长丰草莓时,脱口而出"长丰草莓味道就是好"。2012年2月,在北京举办的第七届世界草莓大会上,"长丰草莓"一举摘得40项大奖,荣获了7枚金牌、11枚银牌、22枚铜牌,金牌数、奖牌数均居参赛单位第一。

(2)"长丰草莓"具有独特风味。

1)优质的灌溉水源和土壤。

长丰县地处江淮分水岭两侧,农业用水主要来源于佛子岭水库的瓦东干渠、滁湖干渠供水,瓦埠湖提水和丰富的地下水资源,为草莓生产提供了优质的水源。

长丰县土壤酸碱度（pH=6.13）适宜草莓生长，富含磷、钾，各种微量元素全面，尤其是硼、锌的含量丰富，使长丰草莓具有更好的风味品质。

2) 适宜的栽培季节和模式。

长丰县位居我国亚热带季风性湿润气候与暖温带半湿润气候的过渡地带，冬季干燥寒冷，大棚湿度低，草莓病害少；"长丰草莓"栽培模式为冬季促成栽培，定植期为秋分后，此后的短日照促进草莓花芽分化，草莓产量高峰期在元旦后，这时的长日照促进草莓生长，有利于结果，同时昼夜温差大，有利于草莓干物质积累，香味浓、品质好。

3) 不断更新的优良品种和先进的栽培技术。

长丰县早期发展草莓时，选用品种为日本"宝交早生"，该品种果实不耐储运，在常温下易变色变味，加之休眠较深和抗病力中等等缺点，后来被新品种"丰香"所代替，2008年又引进新品种"红颜"，该品种含糖量更高，风味更佳，目前栽培面积已超过3/4，成为主导品种。

长丰县农户开始种植草莓均是露地栽培，后来用地膜覆盖栽培、设施栽培。选用脱毒种苗、蜜蜂授粉、病虫害绿色防控等，栽培手段和技术的不断更新，不但解决了低产的问题，同时实现了优质，不但解决了熟期问题，更重要的是拉开了上市时期，提高了亩经济效益。

3. 长丰草莓产业经验做法

（1）推广普及标准化种植技术。

2003年10月，长丰县被国家标准委批准为全国首个国家级草莓生产标准化示范区，县农技部门抓住机遇，组织科技人员进行了草莓栽培技术体系与脱毒组培技术应用研究，形成了草莓种苗脱毒组培、原种苗繁育、高山育苗的种苗繁育体系以及草莓栽培技术体系、病虫害综合防治技术体系，制定了《草莓育苗技术规范》《草莓病虫害综合防治技术规范》《江淮地区草莓促成栽培技术规范》等地方标准，同时县农业技术推广中心技术人员，每年春秋两季，对草莓生产区分村进行地毯式技术培训，并在生产的各个时期进行田间技术指导，确保生产区按标准化生产。2006年，长丰县被批准为全国唯一的无公害草莓标准化生产示范区，2011年又制定了《长丰县草莓促成栽培安全生产技术规程》长丰县地方标准，该标准为草莓绿色食品生产标准，全县草莓生产均按照该标准实施生产。

（2）坚持不断抓好市场推介和营销服务。

坚持面向大市场、面向北方市场、面向高端市场的思路，创新抓好市场推介和营销服务。把草莓销售市场从合肥周边市场，转向北方大中城市和南方高端市场。从2001年开始，长丰县连续成功举办了11届草莓文化节宣传推介，长丰草莓销售市场陆续步入全国各大中城市，热销北京、天津、南京、上海、深圳及东北等地。全县70%草莓果品销往京津地区，北京市场70%的草莓、天津市场60%的草莓都是来自长丰，并成功进入麦德隆超市华东区16家连锁店。政府的公信力吸引了国内各大市场的水果批发商纷纷到长丰经销草莓，每年有近400家国内客商进驻长丰。为服务好草莓客商，2010年，政府投资在县城扩建了近5万平方米的草莓批发市场，在草莓生产集中地建立小型交易市场，在各大中型草莓市场设立治安办公室，在县内设立了草莓客商服务中心和7个草莓客商接待服务站，让客商安心收购、公平交易。每年大年三十，县委、县政府领导陪同客商共度除夕，共谋发展。

（3）坚持不断抓好品牌提升。

2004年，长丰草莓被农业部认证为无公害农产品，2005年被确认为绿色食品；2006年长丰县被国家标准委认定为全国唯一国家级无公害草莓标准化生产示范基地县，引领全国草莓标准化生产；2007年，"长丰草莓"被国家工商总局批准注册为地理标志商标，成为安徽省第6件、合肥市第1件品牌地理标志商标，2012年1月，被农业部中国农产品开发服务协会评选为100个"2011消费者最喜爱的中国农产品区域公用品牌"之一，"长丰草莓"率先进入中国农产品区域公用品牌百强行列，2012年5月，被批准认定为安徽省著名商标，正申报注册中国驰名商标。2014年，"长丰草莓"品牌价值达15.58亿元，通过开展系列宣传推介活动，大幅提高了长丰草莓的知名度和美誉度，拓宽了长丰县特色农产品的外销渠道，提升了市场竞争力。注册了"丰绿园"商标，开发了草莓系列精品小包装，研制和开发的草莓酒技术专利已通过国家专利局的审核，市场上十分畅销。利用草莓资源积极对外招商推介，吸引大的龙头企业从事草莓深加工，提升草莓经济附加值；积极发展草莓盆景，提升草莓品位；发掘草莓文化，提升草莓格调；开发草莓旅游，提升草莓品牌。开展的长丰草莓采摘一日游活动，每年都吸引合肥、南京等周边市民到乡村采摘草莓，享受田原野趣。

30多年来，长丰草莓产业不断发展，走出了一条独具特色的现代化农业发展之路。经过多年的持续发展，目前，长丰县草莓种植面积达21万亩，产量超过35万吨，辐射带动36万人，拥有包含研发、生产、加工、包装、储运、销售在内的全产业链服务体系。2020年9月18日，农业农村部农产品质量安全中心正式纳入全国名特优新农产品名录；批准对"长丰草莓"实施农产品地理标志登记保护，2021年，长丰草莓品牌价值达102.2亿元，小草莓已成为长丰农民增收的大产业，长丰对外宣传展示的大名片，外界关注和了解长丰、走进长丰的大品牌。草莓产业已经成为长丰农民致富的重要产业。

（供稿人：安徽省农业科学院园艺研究所；宁志怨、俞飞飞、葛治欢）

第三章　黄淮海片区

一、河南省助力乡村振兴典型案例

(一) 韭菜产业助推乡村致富梦

种子是农业的芯片，农业丰收的希望。平顶山市农业科学院的韭菜育种从20世纪70年代开始，小小的韭菜种子饱含着无数职工的心血和汗水，寄托着一代又一代人的青春和梦想。科研团队长期征集资源，建立了韭菜种质资源基因库，摸清了韭菜资源特征特性和性状遗传规律，建立了杂交材料圃。"791"韭菜新品种的育成开辟了韭菜人工育种的先河，"韭菜雄性不育系的选育与利用"填补了国内外韭菜育种研究的空白。2017年，韭菜育种团队加入国家特色蔬菜产业技术体系，尹守恒被聘为韭菜品种改良岗位专家以后，团队干劲更足，育种效率更高。杂交育种、太空育种、韭菜分子标记辅助选择育种、组培快繁技术体系和绿色轻简化栽培等一系列技术难题逐项被突破，满足了全国韭菜产业发展和农民需求，一个又一个韭菜新品经过多年孕育被推广到世界各地，培育壮大了种子企业，催生了韭菜专业村、合作社，带领无数农民走上了科技致富之路，实现了脱贫致富的梦想，韭菜助力乡村振兴产业发展，满足了市场对优质韭菜的供给需求。

1. 韭菜产业助力勤劳致富梦

河南省商水县黄寨镇韭菜种植户王东亮，现种植韭菜140亩，是韭菜助力实现了勤劳致富梦想。

(1) 艰辛的创业历程。

王东亮于2003年开始种植韭菜，当初选择品种为山东地方品种独根红，由于对品种特性了解不够和栽培管理不当，造成连续两年亏损。2005年，经多方咨询和考察，最终与平顶山市农业科学院、平丰种业公司结识并建立起合作关系。在农业科学院的品种和技术双重支持下，公司负责全程跟踪服务，推荐韭菜品种3

个，于2006年开始种植韭菜50亩，在专家的亲自指导下，充分发挥品种的高产、耐寒优势，以秋延后和春提早栽培模式，实现亩纯效益5000多元，当年盈利20多万元。2010年种植规模从50亩扩大到140亩，初步形成了一定的产业规模，品种完成了第一次更新换代。种植韭菜使王东亮家庭摆脱贫困走向富裕，很快还清了30多万元的借款，投资50余万元翻盖了新房，经济状况的好转也使他有能力加大对下一代的教育投入，儿子顺利完成大学学业，并在英国留学3年取得硕士学位。正是种韭菜改变了家庭两代人的命运！

（2）韭菜致富不忘乡邻。

王东亮始终怀着感恩的心，去做一名有社会责任感的经营者。16年来，韭菜基地常年解决8~10户低收入户的长期用工，累计在当地用工支出220万元，还有6家低收入户跟着发展韭菜，走上了产业致富道路，对于发展乡村产业起到了示范带动和产业帮扶作用。截至目前，周口市商水县韭菜已形成3.6万亩的产业规模。

2. 韭菜制种打造韭菜专业村

河南省西华县大王庄乡刘草楼村主任刘公建，曾多次荣获市县表彰。以韭菜种子繁育基地建设闻名省内外，是远近闻名的韭菜专业村和产业发展的明星村。

（1）繁种基地的发展历程。

刘草楼村从20世纪90年代开始韭菜繁种，当初村主任刘公建带领6位村民到平顶山市农业科学院谈韭菜良种繁育基地建设事宜，通过考察商定建立"791"和"平韭2号"两个品种繁育基地200亩，当年收回投资成本，第二年实现亩效益3000元以上。同村其他户看到韭菜繁种效益高，通过邻居帮带和亲朋好友传经示范，不到5年工夫村里的韭菜面积就迅速扩大到2000多亩。目前该村与12家种子公司合作签定了14个品种的繁种协议，全村70%的耕地都种上了韭菜，建立了以村为中心的韭菜良种繁育基地2800余亩，每亩可产种50~70千克，每年可以生产韭菜良种10万千克以上。

（2）创新公司+农户订单农业模式。

通过大力发展龙头公司，闯出了一条以公司为龙头，乡村进行统筹规划和协调管理，以家庭农户为经营管理的订单农业产业发展模式，实现了品种、技术双配套。

（3）兼顾良种鲜韭齐发展。

在栽培技术管理方面，过去该村以传统韭菜种植为主，小规模农家种植，自产自食，品种技术落后。平顶山市农业科学院入住以后，以新品种取代了传统品种，以新技术更新了传统种法，以繁种为目的进行韭菜栽培，不仅亩产韭种50多千克，而且春秋还可以收割2~3茬，亩产鲜韭3500千克，种子和鲜韭亩收入1万多元，扣除投资亩均纯效益可达6000余元。近年来，随着该村知名度提高，鲜韭菜市场需求量也在不断增加，为了满足市场需求，村里及时调整了韭菜产业发展方向，将以种子生产为主，调整了良种与鲜韭同步发展，做大做强韭菜产业。开辟了韭菜春提早和秋延后设施栽培新模式，尤其是韭菜机械化、轻简化和绿色栽培新技术的推广应用，实现了韭菜规模和效益双提升。

（4）示范带动致富乡邻。

西华韭菜已经从刘草楼一个村扩大到以大王庄乡为中心，辐射周边迟营、东王营、李大庄等6个乡镇近百个村5万余亩。韭菜产业发展为低收入户脱贫摘帽和实施乡村振兴战略做出了较大贡献。

3. 发展韭菜产业致富乡邻

滑县道口镇常务副镇长杨俊威，农艺师。2000年7月从河南农业大学园艺系蔬菜专业毕业到滑县高平镇工作，2008年任副镇长，分管农业，带领农户走出产业致富之路。

（1）产业困惑与出路。

面对全镇连片的粮作大田，小麦玉米轮流种植，产量不低，但是效益不好，提升农业效益，调整种植产业结构是杨俊威面临的一大难题。慈周寨乡和道口乡离县城较近，产业结构调整超前，有一定韭菜产业发展基础。通过调研，发现韭菜种植风险小，产量效益高，是个乡村产业发展的好项目。当年春天杨俊威就领着4个村的支部书记到平顶山市农业科学院考察对接，当即决定发展韭菜产业。引进了当时最先进的韭菜新品种平韭4号和平丰6号，4个村当年种植韭菜300余亩，农业科学院的专家们手把手地教农民育苗、定植和田间管理，当年收割2茬，实现亩效益4500余元，产业经济迈出了一大步。后来，又陆续引进了韭菜新品种平丰8号、平丰9号、韭宝和航研998等新品种，实现了韭菜新品种一次次的更新换代。

（2）模式创新产业效益再提升。

在种植模式创新方面，杨俊威带领农户从露地韭菜种起，随着技术普及和提升，摸索了韭菜秋延后和越冬栽培，现在已经形成了韭菜和番茄大棚轮作栽培模式，年收割韭菜2茬，亩产鲜韭4000余千克，亩产番茄8000余千克，年亩产值3万多元，纯效益可达2万元。

（3）示范带动韭菜产业再发展。

通过示范提升带动，目前，安阳滑县韭菜已经发展到慈周寨乡、高平镇和白道口镇3个乡镇2万多亩，同时还带动了鹤壁市浚县新镇1万余亩。

4. 引种韭菜发财致富

董方川，河南省柘城县远襄镇董庄村人，是村里第一引种韭菜的人，现在种植韭菜96亩，是韭菜让他发家和致富乡邻。

（1）调整产业闯出路。

董方川在1992年初中毕业回乡，通过考察平顶山市农业科学家院，引种韭菜新品种平韭2号4亩，其间农业科学院的专家多次手把手地进行指导，让他少走了不少弯路，当年秋季收割1茬，收入3500元，这可相当全家过去几年的收入。第二年他把全家7亩承包地全部种上了韭菜，亲戚邻居也都开始跟着种韭菜，短短几年时间，村里韭菜就达到了1000多亩。

（2）传经送宝富乡邻。

随着韭菜面积的逐渐扩大，要学种韭菜和要买种子的就多了起来。征得农业科学院同意，董方川在家设立了韭菜种子代销服务网点，既方便了乡邻，又增加了一项收入，加快了柘城韭菜产业的规模发展。带动全镇建成了韭菜小镇，辐射周边4个乡镇100多个村庄发展起了韭菜产业，全县韭菜种植面积达到了5.9万亩。

（3）勤劳创业，财富爱情双丰收。

示范带动户陈钦玺，是远襄镇袁兵马村返乡创业青年，勤力聪明，执着奋进。2019年种植韭菜30亩，2020年种植韭菜70亩，2022年建立韭菜新品种新技术示范基地120亩，规模效益连年增加，引进展示新品种，创新栽培新模式，实现了规模效益双提升，陈钦玺以勤劳致富的风采魅力赢得了广西青年凌东远的芳心，并喜结连理，财富、爱情双丰收。

5. 当好"二传手"，念好致富经

平顶山市平丰种业有限责任公司总经理王召，1998年加入公司，经历了公司成长发展的一个阶段，熟知韭菜助力脱贫攻坚和乡村振兴的点点滴滴。

（1）创新经营模式，当好"二传手"。

平丰公司是由平顶山市农业科学院控股、职工参股的一家集良繁、示范、推广和服务于一体的种子企业，主要经营具有自主知识产权的韭菜优良品种。公司2017年进行全面改制后，与国家特色蔬菜产业技术体系韭菜品种改良岗位科学家团队进行全面合作，助推公司做大做强，引进韭菜优良品种、配套绿色韭菜轻简化技术、完善营销示范网络，提升服务质量和企业信誉。

（2）良种良法，助推韭菜产业发展。

协同8家韭菜种子企业成立了河南省韭菜产业联盟，建成了国家韭菜良种繁育基地，先后在省内外建立韭菜原种、良种繁育基地12个，繁种面积8600余亩，年繁育良种45万千克以上，已在全国31个省份建立韭菜示范推广网点386个，先后在贵州普定，广东徐闻，江苏泰兴、淮安、铜山、建湖，河南西华、柘城、滑县、浚县、孟州，河北香河、南宫、临漳、永年、乐亭，辽宁辽阳、新民、义县，山东寿光、宁津、沂南、平原、梁山、莒南，陕西渭南，甘肃武山、甘谷等地建立规模化示范基地 134 个，示范推广韭菜新品种 16 个，并出口到日本、美国、韩国、法国、俄罗斯、意大利 6 个国家。先后推广韭菜新品种、新技术 800 万亩以上，创造了显著的社会效益和经济效益。近年来，"平丰"韭菜种子多次被评为河南省名牌产品，2020 年"平丰韭菜"获得河南省知名农业品牌，公司 2019 年被认定为国家高新技术企业，2021 年被认定为河南省新型研发机构。

2022 年，习近平总书记在"七一"讲话中庄严宣告在中华大地上全面建成了小康社会，历史性地解决了绝对贫困问题，同时正式拉开了乡村振兴的序幕。韭菜育种技术和种质的创新发展，韭菜栽培新技术的研发和应用取得了前所未有的成果。

（供稿人：平顶山市农业科学院；尹守恒、马培芳、陈建华）

（二）太行脚下兴起红色辣椒产业

金秋时节，天高云淡，太行脚下，绿油油的叶子顶着红红的辣椒，林州市合涧镇的辣椒种植基地呈现出一派喜庆丰收的景象。作为国家特菜体系示范县，林州市政府大力推动小辣椒产业发展，市农业局先后在桂林镇、横水镇、原康镇、姚村镇、河顺镇等乡镇建立了小辣椒种植基地，短短几年时间，面积发展到 15000 多亩，其中桂林镇 10000 亩左右，衡水镇 2000 亩，原康镇 2000 亩，姚村镇 600 多亩，一个红色产业正在林州兴起。

林州市地处太行山区，蔬菜基础薄弱，近年来当地政府因地制宜，在安阳市农业科学院的大力支持下，引进种植簇生干制朝天椒，取得了较好的经济效益，发展势头良好，但种植技术落后，配套设施跟不上，种苗全靠外地购买，这对当地辣椒产业发展非常不利，国家特色蔬菜产业技术体系安阳综合试验站了解了这些问题之后，积极与林州市农业农村局对接，在林州市建立了 3 个示范基地，并辐射带动周边 5 个乡镇。

（1）示范基地带动，产业规模稳步提升。

林州市桂林镇基地。为加快桂林镇农业建设步伐，推进农业产业化进程，在南屯、小店设立共计 50 余亩辣椒育苗基地，在张街、王街建造 30 亩辣椒示范园区。桂林镇种植辣椒 10000 余亩，镇 4 个工作区每区种植大约 2500 亩，周边乡镇共同合作，形成辣椒万亩 GAP 种植基地。通过林州市三樱椒食品有限公司的发展壮大，从而有效带动林州市土地整合，提高农户收益，为乡村振兴提供产业支撑。21 个村级农民专业合作社充分利用区位优势，通过土地流转、土地入股的方式，大力发展辣椒种植产业，带动低收入户 354 户，共 875 人，人均收益 200～2000 元，不仅让困难群众有土地流转收入，同时增加务工收入，全力助推低收入户脱贫致富。

林州市横水镇基地。2020年后白村股份合作社新流转土地940亩，与山西签订了辣椒订单销售种植，减轻了禁烧的压力，又调整了农业种植结构，流转低收入户土地46亩，为附近村民提供就业150人，帮带83户低收入户进行小额信贷，本村低收入户基地就业7人，集体增收收入约100万元。2021年后白村股份合作社在原有土地的基础上经附近村民的强烈要求，重新流转营里村、杨伯山屯村、前白村共200余亩。继续订单种植辣椒，小麦、玉米等基本农作物作为保障进行种植。为延长辣椒产业链融合农村各种资源，后白村股份合作社新建1000平米辣椒加工厂，厂区位于西白村西南侧，项目占地利用西白村新盖冷库厂房。日烘干加工8吨，对横水农业结构调整起到了关键推广作用，目前运营良好。

林州市合涧镇基地。种植户王江波成立了河南林虑源农业科技发展有限公司，流转土地200余亩，用来种植朝天椒，种植朝天椒3年，种植朝天椒基础2年，种植技术基础薄弱，在新品种、新技术、新模式方面都急需提供帮扶，自2021年国家特菜体系安阳综合试验站开始对接服务以来，为其提供了朝天椒化控代替摘心技术，引进了新型生物菌肥、朝天椒新品种，2022年的辣椒取得了大丰收。

（2）品种技术引领，产业质量有保证。

2022年，示范基地引进示范簇生朝天椒新品种3个，分别是博辣天骄2号、安椒早辣2号、安椒高辣3号，免费提供了40亩地的种子，引进试种单生朝天椒新品种5个，艳椒528、艳椒485、艳椒465、21CG2、21Z688，提供5亩地的示范种子，引进示范了种苗绳播技术、朝天椒化控技术，开展了朝天椒育苗技术、栽培管理技术、病虫害防治技术培训，使种植户掌握了育苗技术，自己播种育苗，节省了种苗成本，引进示范了一批新型生物菌肥绿康威、融玉宝等绿色产品，显著提高了辣椒的抗病性，增产效果显著。

2022年9月20日，国家特色蔬菜产业技术体系安阳综合试验站在林州朝天椒示范基地合涧镇举办了朝天椒新品种测产暨现场观摩会，参会人员有林州市小辣椒种植户代表，安阳市农业科学院和林州市农业局相关专家领导，共40余人，发放技术资料50余份。现场对簇生朝天椒新品种博辣天骄2号、安椒早辣2号、安椒高辣3号以及对照三樱8号进行了测产，安椒早辣2号的红鲜椒比对照增产7.6%，博辣天骄2号和安椒早辣3号比对照红鲜椒分别增产4.6%和4.2%，并且这3个新品种辣度高，亮度好，商品价格比对照每斤高出3~4元，前来参会的椒农纷纷表示明年要试种这几个新品种。种植户王江波高兴地说："农业科学院专家给我们提供的品种是真不错，抗病性高，产量高，价格高，辣椒价格很好，我的辣椒也大丰收，这都离不开特菜体系专家的帮扶。"说起技术指导，王江波更是感激不尽："在病害防治方面，专家不仅现场指导，而且随时电话指导、微信指导，还给我们提供了新型的生物菌剂、化控技术等。"为了更好服务种植户，国家特菜体系安阳综合试验站专门建立微信了"林州市小辣椒种植交流群"。在这个微信群里，不仅专家在辣椒的各个生长关键期提醒种植户注意相应的管理措施，而且种植户遇到辣椒生长异常也随时拍照咨询专家。7月，王江波发现辣椒叶子不正常，拍照发群里问专家，体系团队成员桑爱云随即就给他支招："褐斑病、叶枯病、细菌和真菌混合发病，可以用铜制剂来防治。"一个微信群让专家和种植户隔空交流，线上24小时技术指导，即使疫情防控期间也不受影响，科技助力乡村振兴落在了每个实打实的行动中。

（供稿人：安阳市农业科学院；桑爱云、马文全）

（三）小辣椒撑起红色大产业

1. "内黄尖椒"发展历程

安阳地处晋、冀、鲁、豫交界，自西向东为山区、丘陵、平原，得天独厚的区位优势和四通八达的交通网络，推动了这里的高效农业飞速发展。20世纪90年代初期，市政府实施了"一体两翼，白色工程"战略，开启了温棚瓜菜产业序幕，掀起了蔬菜种植热潮，小辣椒也正是此时扎根内黄。如今，30多年过去了，内黄已发展成为华北地区最大的小辣椒集散地，目前，内黄尖椒全县种植面积35万亩，并辐射到周边的濮阳清丰、鹤壁浚县、邯郸魏县及安阳县、汤阴县、林州等地，辐射面积20余万亩，产业影响力越来越大。内黄县特殊的地质和气候条件，使得内黄尖椒以其质优、高产、高辣以及小麦辣椒间作套种的高效栽培模式而享誉天下，先后被授予全国十大名椒、全国名特优新农产品、农产品地理标志产品、无公害农产品认证、河南省知名农业品牌等荣誉称号，受到辣椒制品企业和火锅餐饮企业的青睐，产品销售到全国各地，并出口到美国、西班牙、德国、俄罗斯等10多个国家和地区。

六村乡是内黄南部的一个中小乡镇，距县城20千米，全乡人口3.1万人，耕地6万亩，20世纪80年代以前，这里土地贫瘠，盐碱地、沙地占可耕地30%以上。90年代初期说起种辣椒，内黄六村乡供销社职工张菊梅到天津出差，偶然间发现当地种植的一种小辣椒效益不错，还能出口，出于职业本能，抱着试试看的想法就买了几包回来，送给当地的几户村民种植，由于不懂技术，几亩地的种子只种了一亩多地，还好，还真种成功了，张菊梅感到欣慰，从那时起，她除了上班就是去辣椒地，看看辣椒长得什么样了，两天不见心里就感觉没有着落，功夫不负有心人，在她的精心呵护下，小辣椒在这片沙地上茁壮成长、开花结果，当年亩产干椒达350多斤。第一年的试种成功，坚定了她推广小辣椒的决心和信心，第二年面积也由一亩多发展到了十五六亩，收获后，她信守诺言，全部帮农户销售，第二年冬天她竟然推销了2000亩的辣椒种子，到了1995年，全乡种植面积超过了 5000 亩，2005 年发展到 5 万亩，并辐射到周边的亳城、井店、后河等乡镇，同时辐射到濮阳清丰、鹤壁浚县、邯郸魏县等地，辐射面积 10 多万亩，形成了远近闻名的小辣椒产区，吸引了各地辣椒商户云集内黄，形成了产销两旺的小辣椒产业新局面。规模上去了，销售的风险也随之而来，2001 年，朝天椒市场疲软，价格一路走低，农民手中的辣椒出不了手，这可急坏了张菊梅，她四处奔走，广泛联系南方客商，先后与重庆辣椒商会、成都辣椒商会等建立合作关系，想方设法把一些大的加工企业引进来，在她的积极努力下，农民手中的辣椒最终都销了出去。近 10 年来，内黄小辣椒进入快速发展时期，价格稳中有升，效益逐年增加，截至 2021 年，全县种植面积突破 35 万亩，辐射带动周边 20 万亩，形成了华北地区最大小辣椒集散地。内黄县也成了名副其实的全国辣椒十强县，内黄尖椒被评为中国十大名椒。通过近 30 年发展，目前，内黄尖椒常年种植加辐射带动面积达 50 多万亩，初步形成了华北地区影响较大的小辣椒集散地，"内黄新一代"已成为国内小辣椒知名品牌，享誉国内辣椒界，"内黄尖椒"成为内黄地标产品。"内黄新一代"，以品质优、辣度高、易干制、较抗病，深受加工企业青睐，近年来一直供不应求，价格较三樱、子弹头等高出 3~5 元/斤，近几年，杂交种推广势头强劲，如"天问 5 号""丰抗 2 号""丰抗 3 号""天骄 2 号""安椒早辣 2 号"等相继推广，深受椒农欢迎，推广面积逐年增加。

2. 科技助力，解决产业瓶颈

安阳市农业科学院辣椒所作为安阳地区唯一的辣椒科研单位，一直陪伴着内黄小辣椒产业发展，从 1995 年起每年所里安排两人长期深入内黄朝天椒主产区，开展技术服务工作，定期举办技术培训班，帮助椒农引进新品种，推广新技术，引导当地辣椒生产健康有序发展。自 2005 年起辣椒所立足内黄小辣椒生产实际，开展朝天椒资源搜集及新品种选育工作，针对当地主栽品种"新一代"连年种植退化严重问题重点开展了提纯复壮工作，先后选育出"安蔬一夏红""安椒早辣 1 号"等"新一代"类型新品种，深受种植户好评。2010 年后，内黄朝天椒进入快速发展时期，全县种植面积达 30 万亩，随着种植规模的不断扩大，农民对品种及栽培技术需求日益迫切，为了解决这一问题，辣椒所就把新品种新技术试验示范基地由老种植区向新种植区转移，辣椒种到哪里，示范基地就建到哪里，并在各种植的关键时期组织技术骨干深入生产一线，"面对面、手把手"把新品种新技术送到千家万户，通过示范基地建设，让农民亲身感受优良品种和新技术带来的高效益。从 2014 年起安阳农业科学院辣椒所与内黄县农技推广站联手，在金秋时节，遍地辣椒红了的时候，连续成功举办了六届大型朝天椒新品种新技术观摩及交流会，先后邀请多位国内知名辣椒专家来安阳给小辣椒把脉，帮助解决辣椒生产难题。2021 年，国家特色蔬菜产业技术体系安阳综合试验站成立，作为特色蔬菜的加工型辣椒，内黄尖椒备受体系关注，特菜体系首席邹学校院士先后两次到内黄调研指导辣椒产业，提出了宝贵的建设性意见。体系种子种苗岗位戴雄泽研究员、辣椒品种改良岗位专家黄任中研究员、加工辣椒改良岗位专家欧立军博士、首席育种团队成员程文超研究员等多位专家先后来内黄指导生产，为内黄辣椒产业把脉问诊，提出了指导性意见。2022年7月，体系10多位专家老师齐聚安阳，针对内黄尖椒大面积死棵重大生产问题进行调研指导和技术交流，专家们从不同角度分析了死棵原因，分别就连作障碍、品种退化、排水实施、绿色防控等方面展开了认真讨论，提出了解决方案，为内黄尖椒下一步发展指明了方向，提出了切实可行的技术方案。

3. 高效模式，效益显著提升

（1）椒粮套种。

"小麦—朝天椒"套种模式。"小麦—朝天椒"套种模式有"3—2"式、"5—2"式等，生产上主要采取"3—2"式套种模式。"3—2"式即3行小麦2行辣椒间作，按90厘米种植带整地，畦面宽60厘米，畦埂宽30厘米，垄高15厘米，畦内60厘米种植3行小麦，畦埂两边栽2行朝天椒，株距18厘米左右。

"小麦—朝天椒—玉米"套作模式。"小麦—朝天椒—玉米"套作模式通常采用"3—2—1"式，该模式是根据当地农民种植习惯总结出的一套间作套种高效栽培模式，"3—2—1"式，即3行小麦2行辣椒1行玉米间作。按90厘米种植带整地，畦面宽60厘米，畦埂宽30厘米，垄高15厘米。每畦内于10月上旬播种3行小麦，次年5月上中旬定植2行朝天椒，株距18厘米左右；定植7000~7500穴/667平方米；次年5月下旬或6月上旬按4垄朝天椒间作1行玉米，行距为3.6米，株距50厘米。

（2）菜椒套种。

"大蒜—朝天椒"套种模式。采用"三二式"种植模式，同"3—2"式"小麦—朝天椒"种植模式，按90厘米种植带整地，畦面宽60厘米，畦埂宽30厘米，垄高15厘米，畦面种植三行大蒜，其行距20厘米左右，株距10厘米左右；畦埂预留种植两行朝天椒。

"洋葱—朝天椒"套种模式。该模式按2.3米一带机械起垄覆膜，垄宽70厘米，垄高15~20厘米，覆黑色地膜。垄间畦宽1.6米，按平畦覆膜种植9行洋葱。在预先留好的龟背垄两侧栽两行小米椒，用多功能移栽机按株距40厘米移栽小米椒苗。

（3）瓜椒套种。

"早春大棚西瓜—鲜食朝天椒"套种模式。该模式1.8~2米为一个种植带，可采用小高垄或"V"形垄，垄宽50~60厘米，畦内定植西瓜，西瓜两侧间隔50厘米错位定植单生朝天椒。

4. 内黄尖椒，誉满天下

（1）全国辣椒产业十强县。

2021年第6届贵州·遵义国际辣椒博览会评为"河南省·内黄县"全国辣椒产业十强县，中国蔬菜流通协会颁发。

（2）全国十大名椒。

2020年第5届贵州·遵义国际辣椒博览会评为"内黄尖椒"全国十大名椒，中国蔬菜流通协会颁发。

（3）中国尖椒之乡。

2014年河南省内黄县被授予"中国尖椒之乡"荣誉称号，中国特菜协会颁发。

5. 政府引领，加速产业化进程

内黄小辣椒全国闻名，但多年来一直没有专业化、规模化的辣椒市场，2012年在政府大力支持下，成立内黄果蔬城有限公司，正式拉开果蔬城建设序幕，并于2017年投入使用，这座占地1500余亩，投资5亿元的现代化综合农贸市场在不远的将来有望成为一个现代化辣椒大市场。另外，政府政策积极鼓励发展冷藏加工、冷链物流产业，推动加工业发展，取得了一定成效。目前，内黄已成为华北地区最大的朝天椒集散地，全国各地商户常年云集这里，把火红的辣椒源源不断送到四面八方。围绕朝天椒产业的发展，一大批小辣椒专业合作社、家庭农场、农业科技公司应运而生，如悦农、联丰、广军、苏红等知名辣椒种植专业合作社及"一本农业""汇中种业"等新兴农业主体和小辣椒种业公司正在发挥着越来越大的作用，对全县小辣椒种植起到积极带动作用。

市场是辣椒产业发展的重要载体和动力，目前，内黄县共建成各类辣椒交易市场10多个，形成了布局合理、设施完善、安全规范的辣椒交易网络体系，产品销往四川、重庆、贵州、湖南等30多个省份，还远销美国、加拿大、日本、韩国等20多个国家和地区。确立了全国干制小辣椒交易中心、集散地、价格风向标的重要地位。

近年来，县委、县政府积极推动辣椒产业新品种新技术，由农业局牵头，与安阳市农业科学院联姻，先后建立内黄县朝天椒科技示范基地9个，展示示范朝天椒新品种600余个，推广新品种20余个，新技术10余项，通过新品种展示、新技术应用，推动小辣椒产业快速发展。安阳农业科学院自2014年以来每年组织召开一次新品种新技术现场观摩会，举办技术培训班2~3次，培训人员300~500人次。推广的"天骄2号""丰抗2号""丰抗3号""安椒早辣2号"深受种植户好评，表现产量高，品质优，抗性强，较当地主栽品种增产20%~30%，经济效益显著。

（供稿人：安阳市农业科学院；许海生、马文全）

（四）火红辣椒开启太康农民致富路

实现乡村振兴，产业发展是关键。火红小辣椒，红火大产业。河南辣椒产业，商丘柘城、安阳内黄、漯河临颍大名鼎鼎，"新秀"周口太康由于科技助力，大力发展辣椒产业，作为助农增收的突破口，促进群众脱贫致富奔小康。

太康是河南省辣椒生产大县，2020年全县辣椒种植面积20万亩，鲜椒总产22.5万吨，干椒总产4万吨。近两年，面积逐渐增加。全县各乡镇都有辣椒种植，种植面积较大的主要有龙曲镇、高贤乡、板桥乡、王集乡、转楼乡、芝麻洼乡、常营乡和五里口乡等乡镇。其中，龙曲镇常年种植面积4万亩左右，全镇60%左右的农户种植辣椒，种植面积占全镇耕地总面积的40%以上，有"中国辣椒之乡"之称。

五里口乡位于太康县城西南方向，是一个农业种植为主的乡镇。近年来，五里口乡充分依托土地资源优势，因地制宜，不断加大产业调整力度，扩规模、建基地，重示范、强引领，按照"一村一特色、一村一品牌"思路，"以点带线、以线带面"持续辐射带动周边乡村发展、农民增收致富。近年来，河南省周口市太康县五里口乡积极调整农业结构，发展特色产业，把辣椒种植作为培育特色经济的有力抓手，不仅提高了土地的集约化水平，也激发了乡村振兴活力。

位于五里口乡西北的轩尧村，全村700多户村民在党支部书记轩富伟的带领下靠种植辣椒走上致富路，辣椒也成为村里的主要产业。说起辣椒种植给村民带来的变化，轩富伟高兴地说："每年的9~10月是辣椒成熟的季节，田地里挂满鲜红的小辣椒，也是村民一年中最开心的时候，小小的辣椒也成了大家致富的'香饽饽'。"

回顾自己的创业历程，眼前的轩富伟若有所思。2000年，刚刚20岁的轩富伟和大多数村里的年轻人一样，背起行囊踏上去南方打工的征途。在深圳一家农牧公司，轩富伟一干就是17年。在这17年里，轩富伟吃苦耐劳、踏实能干，从刚开始的公司仓管员，一步步晋升到业务主管，再到公司的业务经理，成为公司的高级管理人员。17年的企业生涯，也让轩富伟积累了很多管理方面的知识和经验。

轩富伟在深圳打拼的第17个年头，也是他事业风生水起的时候，他萌生了一个大胆的想法——回老家创业。"虽然在外干的小有成就，但是妻儿老小都还在农村老家，一个人在外始终没有归属感"。说起回乡创业的初衷，轩富伟说，他在深圳打拼多年，虽然没有惊天动地的成就，但也积累了一定的管理经验，攒了一些积蓄，为他后来的创业奠定了基础。

随后，轩富伟把目光瞄向了辣椒种植。"有一种辣椒品种非常适合咱们这个地区种植，这种辣椒辣度适中、味道又香，而且产量又高，市场需求量非常大"。与轩富伟相识的一位企业家向他详细介绍了辣椒种植的利弊,更加坚定了他回乡创业的决心。于是,轩富伟一边工作,一边学习辣椒种植技术,利用一切可以利用的时间查找有关辣椒的种植资料,学习种植辣椒的知识。

1. 辣椒田里"淘金"

2017年7月初,轩富伟毅然决然从深圳辞职,踏上了回乡之路。

选择了远方,就要风雨兼程。接下来,轩富伟开始着手土地流转的事儿。轩富伟认为,搞经济作物,有规模才能有销路,于是,他拿出所有积蓄,一次性流转土地1000多亩。由于当时还没有到种植辣椒的季节,轩富伟决定先种小麦,第二年4月开始套种辣椒,这样一来,小麦和辣椒的生长期正好衔接,土地也能充分利用。2017年底,轩富伟申报成立了"太康县富伟种植专业合作社",并当上了轩尧村的党支部书记。

终于到了辣椒种植的季节,轩富伟每天在辣椒田里忙碌,同工人们一起浇水、施肥、除草,轩富伟像关心自己的孩子一样,关心着田里的辣椒苗,盼望着它们快快成长。转眼到了盛夏时节,辣椒终于结出了累累的果实,从坐果到膨果,再到慢慢变红,直到采摘,轩富伟悬了将近一年的心,终于有了些许的放松。

看着几百名村民同时采摘辣椒的场景,轩富伟突然意识到,与辣椒的丰收相比,带动这么多乡亲就业显得更有意义,这么多村民多了一条家门口就业的门路,这不正是自己想要的结果吗?细算这一年来,在辣椒种植基地做工的村民最高峰时候达500人,常年工人当中,一年下来拿到三五万元工资的大有人在,他们不用背井离乡,在家同样可以过上好生活。

"我在合作社打工已经4年了,每个月都能赚到3000多块钱,我年纪大了,儿子早逝,老伴又生病需要长期吃药,去外面干活很不方便,也难找到合适的活,现在家门口就有活干,还能照顾老伴儿,真是非常感谢轩支书给我们提供了这么好的就业机会"。村民轩廷军感激地说。

2. 创业路上愈挫愈勇

"第一年种辣椒虽然有了收成,也顺利卖完了,但是却赔了不少钱"。轩富伟总结起失败的教训:"一是产量上未达预期,由于自身种植经验不足,施肥、浇水未能做到恰逢时机,原计划亩产1000斤干辣椒,最终亩产不到800斤;二是在辣椒采摘时段,缺乏成椒存放经验,加之烘干和储存设备不完善,未能及时烘干存储,也造成不少损失;三是由于设备不完善,辣椒收成以后,不能进行深加工,销售时不能实现利益最大化。"

面对这些不足,轩富伟并没有气馁,而是愈挫愈勇。因为他知道,不经历风雨,怎么见彩虹?经过反思总结和外出考察学习,轩富伟决定继续扩大投资,筹建完善的烘干、加工、存储设施设备,走向规模化、流程化,实现收益最大化。

这一年，轩富伟又多方筹资，全部投进了种植合作社的扩大生产。功夫不负有心人。接下来的几年时间里，轩富伟的种植合作社效益逐年上升，规模也越来越大。他始终没有忘记自己的初心，把带领村民共同致富当作首要任务，合作社的土地流转面积逐年扩大，带动本村及周边村劳动力上千人，并将村内的建档立卡低收入户全部纳入合作社进行产业减贫，有效带动低收入户增收创收。

3. 小辣椒成了"香饽饽"

随着轩尧村的辣椒种植发展得红红火火，更多的村民纷纷加入其中，有的将土地流转给合作社，有的举家来合作社学习种植技术，自己单独种植。

轩富伟不但无偿为村民培训种植技术，而且承诺让村民免费使用合作社的烘干房进行辣椒烘干，并且兜底收购所有辣椒，彻底解决村民种辣椒的顾虑。

"目前我们合作社种的辣椒有两个品种：一种是宝银829风干椒，村民种了之后统一回收，全部销往了贵州；另一种是剁椒，剁椒是针对湖南一些剁椒厂家订单种植的，我们的辣椒品种好，加工流程科学、质量过关，一般不用担心销路"。轩富伟告诉记者。

为了更好地经营种植合作社，更大程度帮助村民致富，轩富伟在五里口乡政府的帮助下，将自己的种植合作社一步步由乡级示范合作社，发展到了市级、省级示范合作社，并于2020年被审批为国家级示范合作社。这为合作社以后的发展奠定了坚实基础。

目前，合作社的土地流转规模已由当初的1830亩发展到了如今的5000多亩，采取了"公司+合作社+农户"的发展模式，不断改良种植技术，更新经营理念，逐步带领村民走上了致富路。

4. 院县共建走出特色致富路

为深入落实习近平总书记视察河南重要讲话精神，扛稳粮食安全，河南现代农业强省建设部署，实施乡村振兴战略任务，充分发挥科技对农业农村产业发展的引领支撑作用，提高农业科技成果供给质量和科技服务效率，助力河南省县域农业高质量发展，经过遴选，太康县于2020年成为新一轮院县共建"现代农业科技综合示范县"，河南省农业科学院与周口市农业科学院等单位选种太康县富伟种植专业合作社作为院县共建的辣椒示范基地。太康县"现代农业科技综合示范县"辣椒基地项目由河南省农业科学院园艺研究所牵头，河南省农业科学院资环所、植保所、加工所和周口市农业科学院共同参与，根据太康县农业产业发展特点和需求，发展辣椒产业。

基地在轩富伟的负责下围绕"一县一亮点、一地一产业、一地一特色"的建设目标与合作宗旨，聚焦县城农业主导产业发展辣椒全链条的科技需求，着力优化品种结构，持续加强安全高效生产，按照专家团队的一二三产业融合发展的思路，采取"政府+科技+公司+基地+农户"运作模式，通过政策引导、科技支持、企业运行、带动农户，着力打造辣椒高效标准化生产技术集成与示范基地。在太康县五里口乡轩尧村富伟专业合作社建立辣椒基地，示范种植辣椒1000亩，示范应用了辣椒病虫害绿色防控技术、辣椒标准化生产技术、集约化育苗、辣椒"丸粒化机械化播种"、肥水一体化、"小麦—辣椒""西瓜—西兰花"套种，"朝天椒—西瓜"套种、"朝天椒—小麦"套种和"朝天椒—玉米"套种等高效栽培技术、辣椒配套新技术5项，辐射带动周边辣椒种植面积1.2万亩，在辣椒成熟期召开辣椒品种、新技术示范观摩会，在农闲时间聘请省内知名专家进行辣椒高效种植、病虫害绿色防控等技术培训会，把最先进的科技成果、最优秀的专家团队带到最需要的地方，为当地辣椒种植筛选出适宜种植的辣椒新品种，提高了辣椒种植户的技术水平，发挥最大的效益，引领县域农业走出一条质量兴农，让农民增收致富的高质量发展路子。

轩富伟将技术优势和地方平台优势结合起来，让技术真正"接地气"，使院县联合为农业生产、技术推广提供更好服务，为河南省农业高质量发展和现代农业强省建设做出了积极贡献。引领县域农业产业走出一条绿色化、优质化、特色化、品牌化的产业发展之路，助推太康县成为河南新崛起的又一个"辣椒之乡"。

（供稿人：周口市农业科学院，河南省农业科学院，周口市日报社；黄浅、姚秋菊、张洪涛）

（五）打造"钢葱之乡"金字招牌

新野县位于河南省西南部，人口85万，耕地105万亩。自20世纪90年代以来，新野县实施农业产业结构调整，把蔬菜作为农业支柱产业进行培育，特别是近年来，新野县以建设全国优质蔬菜基地县为目标，坚持用产业集群理念谋划蔬菜产业发展，抓基地强基础，抓规划建园区，抓集群促升级，抓服务上水平，增强了市场竞争能力，提升了蔬菜产业内在价值，走出了一条生态安全、优质高效的发展路子，实现了蔬菜大县向蔬菜强县的跨越。至2021年底，全县蔬菜面积35万亩，蔬菜年产量17.5亿千克，实现产值30亿元，占农业总产值的40%以上，菜农来自蔬菜的人均纯收入6000元以上。新野已成为全国知名的蔬菜大县，大葱、洋葱、越冬甘蓝产业在业内享有较高知名度，先后被确定为国家现代农业示范区、国家农产品质量安全县、全国无公害蔬菜生产基地示范县、全国蔬菜标准化生产基地示范县、全国露地蔬菜标准园建设示范县、国家大宗蔬菜产业技术体系示范县、国家特色蔬菜产业技术体系示范县，全国蔬菜协会会员单位，这些荣誉的获得使"新野蔬菜"品牌进一步叫响全国。

近年来，新野县把蔬菜特色产业发展作为农业产业结构调整的着力点，在精细化生产、品牌化营销、产业化经营等方面不断迈出新步伐，努力打造"一乡一业"示范乡镇和"一村一品"示范村，使蔬菜产业成为"农业增效、农民增收"新引擎，有力地推动了产业升级和经济发展，助力谱写乡村振兴新篇章。

在新野县樊集乡，依托优势资源平台载体，聚力打造集工厂化育苗、规模化种植、社会化服务、商品化处理、精细化加工和品牌化营销于一体的蔬菜全产业链，打造樊集"钢葱之乡"金字招牌。

新野县樊集乡位于豫西南，居南襄盆地中心，属暖温带过渡地区，气候温和湿润，年平均气温16℃以上。新、老白河穿境而过，地下水资源丰富，雨量充沛。土地肥沃，黄沙壤土质占80%以上，含有丰富的氮、磷、钾及多种微量元素，发展蔬菜产业有着良好的自然条件。

樊集乡文化底蕴深厚，群众文化素质较高，接受新事物、新品种意识快，全乡农业机械化程度相对较高。得天独厚的天时、地利、人和，为发展蔬菜产业奠定了良好的基础。1997~2002年，樊集乡先后摸索发展猕猴桃、立柱大棚礼品西瓜、洋香瓜等，但都因投入大、效益低、群众难以接受等原因没能推广开来，樊集蔬菜产业陷入了困境。

2003年，樊集乡党委政府认真反思调整农业结构的成功经验与失败教训，立足乡情，审时度势，决定探索更能适合樊集蔬菜发展的新路子。先后组成3个考察组，分赴豫北、华南、华东、华西等地区的蔬菜交易批发市场、瓜菜基地、科研单位、加工企业，了解市场行情，听取专家意见，分析全国形势及前景，摸准蔬菜发展方向和重点。通过深入考察论证后，全乡上下一致认为日本钢葱具有质优、价高、耐贮存、产量高、有市场潜力等产业优势，加之樊集良好的资源优势、区位优势和市场优势，非常适合在樊集推广。2003年开始，樊集乡党委政府充分发挥樊集乡土地资源优势，着力引进了日本钢葱，开始了调整种植业结构新的尝试。

2003年夏季，樊集乡党委政府为推广钢葱种植，打消农户疑虑，决定由干部带头，"做给群众看，带着群众干"。班子成员带头，每人种植20~40亩，在刘庄、后河2个村发展了500亩日本钢葱示范田。由于管理精心、价格较好，500亩钢葱喜获丰收，亩产量达6000斤以上，亩效益3000元以上，经济效益是常规农业的5~6倍，从而坚定了乡村干部推广钢葱的信心和决心，也使群众对钢葱种植有了初步的认识。2004年，又采取保护价收购政策，以"订单钢葱""合同钢葱"的形式鼓励乡村干部每人种植3~5亩，机关40多名干部和96名村干部及部分农户踊跃种植，全乡共发展钢葱2000亩，亩产量达7000斤以上，亩纯效益达3500元左右。连续2年的成功，消除了群众顾虑，加上樊集百姓有种菜的传统，对蔬菜种植有经验、有感情，接受能力比较强，钢葱试验示范的成功，一下子就把当地群众的积极性调动了起来，也就是从那时起，樊集钢葱开始逐渐发展壮大。

2015年前，樊集钢葱虽然品质好，但是对外销售并不理想。生产分散、机械化水平低、产品外销不畅、化肥农药用量过度等因素严重制约着钢葱产业的健康发展。为此，自2015年开始樊集乡党委政府大胆改革创新，坚持以市场为导向，强化服务，不走老路，不搞行政命令，在"活"字上作文章。

"在市场经济大潮下，要使钢葱得到发展壮大，保持旺盛的生命力，必须走规模化、产业化、现代化的发展路子，要有产、加、销一体化的服务体系"。樊集乡党委书记说道。近两年樊集乡党委政府千方百计促农民增收致富，结合乡钢葱发展现状，主要从以下三个方面抓钢葱生产，促农民增收：

第一，着力抓好两个队伍建设：一是技术服务队伍的建设。各村都成立有钢葱种植技术服务队伍，每位成员都经过了专门培训，个人素质较高，这些"土专家"从育苗、移栽、封土、挖葱、加工等每一个生产环节都对农户进行免费指导，经过近几年的发展，群众都积累了丰富的种植经验，樊集乡的钢葱亩产逐年递增，由亩产6000斤到8000斤再到10000斤，到现在稳定在亩产15000斤左右。二是销售队伍建设，培育培强一支经纪人队伍。经纪人在全国各地跑，了解市场行情，每到钢葱上市季节，钢葱经纪人负责联系客户、组织货源，全力服务葱农销售，最大限度维护葱农的利益。另外，借助网络、在大城市主要市场设立联系点等多种途径搭建钢葱销售平台，进一步扩大销售的范围，增强抢占市场的能力。

第二，注重品牌打造，为钢葱注册了"淯宝"牌商标，多方努力打响品牌，打造诚信经营、以厚待客。另外，从源头上整治乡域内化肥、农药、种子经销商，严禁不合格的种子和高毒农药流入市场，推广生物农药，在农户中广泛开展教育培训，让农户做到标准化生产、无公害种植，以品质提升推动价格提升。

第三，拉长产业链条，推广"钢葱+土豆"的模式，解决钢葱连作接茬的问题，增加钢葱的附加值，让葱农进一步增收致富。在樊集乡党委政府的努力下，樊集乡的钢葱产业不断向纵深发展，农民的种植积极性逐年高涨。至2019年全乡钢葱面积发展到1.4万亩，钢葱年产量达2.3亿斤，年产值1.6亿元，仅钢葱一项樊集乡人均收入就提高了5000元。据了解，2020年樊集乡钢葱种植面积约1.5万亩，预计实现产值4.5亿元，全乡13个行政村百亩以上种植大户有将近50户，按照现在每斤2.5元的价格行情，这些种植大户纯利润可达200多万元。

后河村的聂明奎，原来是个种菜能手，2003年看到乡村干部种植钢葱致富后，就也开始带头种植钢葱，成了第一批"吃螃蟹"的农户，尝到甜头后，聂明奎的钢葱种植规模逐年递增。2015年在乡村两级的扶持下，贷款种植钢葱50亩，当年净收入90余万元，还完贷款后自购了四轮农用车和汽车。2020年聂明奎的钢葱种植面积扩大到 140 亩，另外，承包土地 220 亩全部用于钢葱种植。按照每斤 2.5 元的价格，亩产 1.2 万斤计算，除去每亩 2500 元投资，聂明奎的钢葱种植纯收入可达 900 多万元。"以前，我们的钢葱产量亩产均产能达 6000 斤，近两年乡村两级重视钢葱产业发展，在土地租赁、技术、资金等方面提供全程服务，现在钢葱亩产均产可达 12000 斤，最高可达 15000 斤"。钢葱生产过程中，从开葱沟到三四次封土，投入的劳动力大，劳动强度高，每户农民只能管理种植三五亩，面积大了就要雇人，造成投入的资金量大，加大了的种植成本，也制约了钢葱面积的发展。在这方面，县委、县政府多方筹集资金，并利用国家农机补贴的惠农政策，引进了开沟机、封土机等大型农机具，实现了大田机械化操作，将葱农从繁重的劳动中解脱出来，从而使钢葱面积的进一步扩大成为了必然。

"现在我们的钢葱种植产业比较成熟，大型机械设备、水利设施都完备，实现了种、产、销一条龙服务。我现在将近 400 亩地的管理需要常年雇工 70 多人，带动了周边 4 个村村民致富，从 11 月到次年 4 月，每天都有百十人干活，使这些闲散劳动力能在家门口就业。我们实行绩效管理，能者多劳，农民干活积极性很高，男劳力勤快的一天能挣将近 300 元，女的剥葱，一天也能挣 100 多元，每年开给农民的工资就有 100 多万元。另外，现在钢葱销售我们也不愁，有专门的经纪人联系，客商直接地头收购，农户不再为销售发愁，种植的积极性自然高了，收入也增加了，村里面违法乱纪、邻里矛盾也减少了，村民们没有时间去做那事，大家起床了都朝田地里走"。聂明奎说道。

自 2020 年国家启动实施农产品仓储保鲜冷链物流设施建设工程以来，新野县紧抓机遇，紧紧围绕蔬菜、花生、林果、中草等优势特色产业，把农产品产地冷藏保鲜设施建设作为推进农业农村现代化的一项基础性工作摆上重要位置，积极争取国家项目支持，全力抓好农产品产地冷藏保鲜设施建设工作。位于樊集乡樊集村 4 组的新野县育宏蔬菜专业合作社，借助 2021 年冷库建设项目，建设组装式、聚氨酯喷涂保温、氨制型高温冷库，标准高质量好。库容 2200 立方米，可满足 1200 吨蔬菜产品保鲜冷藏，总投资 200 多万元，2021 年 11 月投入使用后，由于存储的大葱新鲜度好，每斤销售价格高出市场价 0.6 元，按照每天 20 亩地的输出量，日均可增加 10.8 万元收益，同时带动周边群众就业 50 余人。

"樊集乡的钢葱产业可以用三个 60% 来概括：钢葱面积占全乡总耕地面积的 60%，从事钢葱产业的农户占总户数的 60%，群众来自钢葱产业的直接收入占总收入的 60%"。樊集乡党委书记说道。经过多年的努力发展，如今，樊集的钢葱产品远销全国 20 多个大中城市，已成为豫西南最大的钢葱种植基地、钢葱销售集散基地和豫西南钢葱价格形成基地，地处内陆的樊集成了名副其实的"钢葱之乡"。

（供稿人：新野县蔬菜办，河南省农业科学院园艺研究所；王付勇、姚秋菊）

（六）农民培训——强化特色蔬菜科技队伍建设

1. 实施背景

中牟县是典型的农业大县，主要农业经济指标多年稳居郑州市第一位，全县的基本县情是"三农"特点明显。近几年，中牟充分发挥了区位优势，目前已经成为郑州市的"菜篮子"。陆地蔬菜 20.34 万亩，生产各类新鲜蔬菜 70 多万吨，丰富了郑州市民的"菜篮子"。全县 28 万亩大蒜，其产品及加工产品保持着农业出口创汇的龙头地位，大蒜是河南省名牌农产品，国家"三绿"工程蔬菜类十大畅销品牌之一。河南省农业科学院园艺研究所主要从事蔬菜、西瓜甜瓜等园艺植物的遗传育种、栽培技术等研究及园艺植物新品种、新技术、新产品的示范推广工作，国家特色蔬菜试验站姚秋菊研究员及其团队，结合中牟大蒜的优势资源和河南农业职业学院合作，共同致力于大蒜特色蔬菜职业农民培训与科技队伍建设。河南农业职业学院位于中牟县城，现有教职工 1016 人，其中教授 32 人，副教授 161 人，博士、硕士学位教师 355 人，师资力量雄厚。此外，学院有占地 500 余亩的国家级实习培训基地，每年开展科技类、"三农"类技术培训 100 余次，培训上万人。培训资源，本着找亮点、强产业，重点发展特色蔬菜的宗旨，结合中牟大蒜产业的发展，院所、学校与官渡镇政府携手开展校乡合作试点，致力科技成果转化，农民增收，加速农村发展为目标，开展特色蔬菜职业农民培训与科技队伍建设。

2. 实施目标

主要目标是发挥自身优势，服务当地特色产业。让教师走出校门，让科研成果尽快转化，同时探索特色蔬菜新型经营体系和新型职业农民培养的新模式。分期目标：一是强化"三农"专家团，组建一批下得去、干得好，能直接到田间地头，干给农民看、教会农民管、农民信得过、确实起到培训示范作用的专业团队。二是通过"系统"的新型职业农民培训造就一批有文化、懂技术、善经营、会管理、精销售的新型职业农民，通过培养典型发挥示范带动的引领作用。把现代农业职业教育与发展现代农业有机结合起来，助推农村产业转型升级发展，切实帮助农民增收致富。

3. 实施过程

农业发展难点在农村，关键在农民，实施校镇合作就是要加快培育新型职业农民，为实现既定战略目标提供人才支撑，因此学校联和中牟县官渡镇区域站，积极探索"校乡合作"发展大蒜特色蔬菜生产和培育新型职业农民的新路子。

（1）新建大蒜科技研发中心。

学院在原有实训基地的基础上，新建立了 1 个占地 30 亩的大蒜科技研发中心。园艺园林学院、农业工程学院、食品科学院一起组建了一个大蒜机械化生产、大蒜后期加工、产品研发的试验实训场，为蔬菜产业发展和特色大蒜产业发展助力，打造了一个以机械化生产、科技成果转化加培训推广为主的高水平试验实训基地。

（2）组建老中青"三农"团队。

河南省大宗蔬菜产业技术体系中牟综合试验站站长张慎璞教授带队，园艺教研室专业主任邵秀丽副教授主持，露地岗位专家梁芳芳副教授、大蒜中心主任李庆伟副教授、机械课题组教师张冰、加工教研组石明生老师驻地指导，构建了特色蔬菜大蒜产业专家团。结合河南农业高新科技园及官渡区域站，2021年购置90余万元的农业机械，新建了园艺机械实训基地；目前培训基地兼职教师队伍达31人，企业管理人员4人。基地根据大蒜生产规律，实施"旺工淡学"的错峰教学，"旺"季以实训基地实践为主，"淡"季以学校培训为主。开展高素质职业农民培训工作，积极做好"送教下乡""送教上门"，就近实施集中教学。每年完成1000余名高素质农民培育培训工作；组织大蒜特色产业生产合作社参加河南省乡村技能人才提升技能比赛。借助河南农业职业学院高水平实验实训基地集中培养了200余名高职扩招农民大学生，让大蒜种植户接受系统的学历职业教育，再加上新型经营主体自身具备的市场开拓意识。为未来推动大蒜产业发展、带领蒜农增收致富，助力乡村振兴，培养了一支留得住、用得上、干得好、带得动的"永久牌"乡村振兴带头人队伍。

（3）真心服务农村。

学校出台企业锻炼政策，招募"双师"，从院所和学校30多个报名者中，面试聘用了3名企业教师，6名专职教师，并签订了3年协议。成立领导小组，加强组织管理，充分保证团队建设所需经费并纳入年度预算，定期或不定期研究科研团队工作中出现的问题和困难，形成协调有力、快速高效的工作机制。每年安排18万元工作经费，车辆上与乡农技站共用，专门负责大蒜产业发展中遇到的问题、难题，及时到田间地头、储藏冷库、后期加工厂开展专业服务，对做出贡献的额外给予奖励。确保"双师"能够常年住得下来、融入农村生活、迅速开展工作，为当地农民抓供科技等综合服务。

1）积极组织培训。

根据农民居住分散、农事分散和思想认识、生活习惯千差万别等复杂性，在培训内容、培训时间、培训地点、培训方式等方面，因地制宜、因人而异、因势利导，集中培训与进村入户培训结合，组织到科技示范园集中培训学习与深入田间地头指导培训结合，方式方法灵活多样，效果明显，现已累计培训新型职业农民1000余人次，深得群众好评。

2）重点放在田间地头。

学校企业锻炼人员除完成乡党委政府及乡农科站安排的工作外，把大量时间和精力都用在挂职锻炼的企业，经常到田间地头查看大蒜生长情况，时刻关注大蒜的病虫害发生情况，指导农户做好大蒜病虫害防治工作，宣传绿色栽培理念和技术，查找农户在栽培过程中存在的不足；推广大蒜机械化播种技术，由农户的不接受到部分接受，一直到现在80%以上面积开始机械化播种。真正将科研成果以最快的速度转化成生产力。

4. 成果的创新点

（1）构建了"产教研"三位一体的培训课程。

经过探索和实践，形成了行业企业参与、科研院所介入、产业积极融入"三位一体"项目化课程，通过产业岗位梳理分析，重构产业工作领域和课程。项目化课程更新产业发展理念，按照农业生产季节，进行培训学习内容和培训任务编排，形成了基于生产实际、适合大蒜产业生产的培训体系和培训内容。

（2）创新了基于农事、产教融合的新型职业农民培训模式。

将培训目标设定为具体的学习任务，契合农事操作进行典型任务分割，通过实训基地让培训同步于生产的各个环节，使培训目标职业化，培训成果具体化，继而形成基于农事、产教融合的培训模式，切实提高了人才培训质量。

（3）建成了下得去、干得成的科研团队。

通过大蒜产业发展及相应培训工作，建成了"下得去、干得成"的科研团队，团队曾获"河南省高等学校教学团队""河南省优秀教学基层组织"等荣誉称号。目前，科研创新团队共有带头人和骨干成员20名，其中专任教师15名，企业导师5名。高级专业职称教师16名（占80%），其中教授6名，副教授7名，高级工程师（农艺师）3名，专任教师双师素质比例90%。团队年龄、职称、学缘结构合理，团队成员热心教学改革，富有奉献与合作精神。

（4）成果推广应用及交流。

搭建专业技术技能创新及研发成果示范推广平台。建立公益性农民培养培训制度，由河南农业职业学院挑头成立河南农业职业学院职教培训集团，在基地开展各级政府机构承接的新型职业农民培训、青年农场主及新型职业农民创业等培训；与"三农"专家服务团、12306"三农"服务热线相结合，推广示范院校研发科研成果及创新技术。为新型职业农民提供专业服务、精准服务及实地科研工作，培训新型职业农民，辐射、带动周边地区园艺产业的发展。利用实训基地地理及教学优势，每年在基地进行新型职业农民、科技减贫技能等培训，培养果树、蔬菜等种植大户。据不完全统计，每年培训青年教师、园艺类专业学生达1205次，新型职业农民培养培训6780人次、三区人才技术培训590人次、科技减贫活动 4244 人次，共计上万人次。为河南省设施农业的节支增效，提高农民种植积极性及脱贫攻坚做出自己应有的贡献。

（供稿人：河南农业职业学院，河南省农业科学院园艺研究所；邵秀丽、姚秋菊）

（七）数字赋能——临颍 5G 智慧麦套朝天椒种植

朝天椒（Capsicum Annuum L.）属茄科辣椒属，是辣椒种类中的一种。因椒果均较小，因而又称为小辣椒、三樱椒、天鹰椒。朝天椒，其特点是椒果小、辣度高、易干制，富含蛋白质、维生素 C、辣椒素等营养物质，广泛应用于食品添加剂、生物防治、医疗保健和军事等领域，市场前景广阔。河南省朝天椒年种植面积居全国第一，常年稳定在 13.33 万公顷左右，临颍县 2.93 万公顷以上，年产量 13.7 万吨，全县从事辣椒初加工企业 300 余家，精深加工企业 13 家，辣椒年交易额 55 亿元，带动 12 万辣椒种植、储存、加工、交易人员就业增收，是河南省朝天椒种植第一县。麦套朝天椒是小麦和朝天椒间作套种、一年两收的高效种植模式，占临颍县朝天椒种植总面积的 95% 以上，是在保证小麦主粮生产同时，发挥了朝天椒经济效益高的优势，农民种植的积极性高，已成为临颍县保障粮食增产、农业增效、农民增收的重要途径。

近些年，由于土地流转、集约经营、用工难、用工成本高等问题的出现，压缩了种植者利润空间，使传统朝天椒生产模式抵御市场风险能力降低。为应对这一局面，临颍县首先聚焦"稳粮、建链增收"，持续深化农业供给侧结构性改革，着力推进"麦椒套种全产业链发展"模式，确立了麦椒套种为核心的种植模式，该模式下小麦产量保持在 400~500 千克/亩，小辣椒亩产 350 千克左右（干辣椒），亩均收入 5000 元以上，实现了稳粮与增收相统一；其次依托省级现代农业产业园，联合产业链优势企业及河南省农业科学院、河南农业大学、漯河市农业科学院等科研院所，把 5G、物联网、大数据、人工智能等信息技术与辣椒种植充分结合，将新品种推广、种植、管理、收购、储存、加工、销售、服务等各个环节"串联"，建成"5G+智慧辣椒种植"示范区 2 万亩，并入选全省十大数字乡村建设典型案例，探索走出了一条既保障粮食安全，又促进产业提质、农业增效、农民增收的新时代农业高质量发展之路。

1. 临颍 5G 智慧辣椒种植应用概况

临颍 5G 智慧辣椒种植应用基地位于漯河市临颍县瓦店镇杨裴城村、坡李村，三家店镇边刘村，王岗镇水牛宋村、梁岗村，面积共计 6600 亩。基地联合河南益民控股与深圳和而泰股份，运用 5G、物联网、大数据等先进技术，结合多功能气象站、微型气象仪、智能水肥一体化等物联网设备及 AI 农辣椒种植模型和病虫害数据库，对辣椒生长生态中的各关键因子进行数据监测、管理，结合农事经验和科研成果，实现对各环节的智能感知、智能预警、智能分析、智能决策，达到辣椒生态的数据化、网络化、智能化管理，打造辣椒最佳生长环境，帮助农户提质增效。同时，通过多种新型农业经营主体模式，带动农户和村集体共同发展。

数字辣椒产业是将数字技术和辣椒产业深度融合，基地基于5G智慧辣椒种植项目，把数据作为辣椒产业的新型生产要素和发展基础，构建了数字辣椒全产业链综合服务平台，融合了种植管理、土壤与气候大数据、金融服务、农资供应链服务、农机管理、仓储服务、市场交易、植物生长模型等全产业链要素。发展以"种、管、收、加、储、销、服"七大产业环节为核心的数字辣椒产业，数字农业精准种植、辣椒播种收获机械化、种植过程管理数字化、辣椒初加工数字化、辣椒储存数字智能化、辣椒交易线上线下一体化、辣椒社会化服务数字化等。并结合辣椒种植专家和采集的土壤、气候、病虫害、植物长势等数据，建立了标准化的植物生长模型，为辣椒种植提供科学指导。通过农肥、农药、农膜等供应链的深度合作，定制出了专门用于辣椒种植管理的定向农资和施用方案，结合数字化服务，将农资取用完全线上化，做到最优惠、最高效的服务。通过与洛阳一拖等企业的联合研发，开发出了专门用于辣椒直播、旋耕、旋耕施肥、收获等一系列先进的无人化设备，通过数字化的线上平台，除了可以为自有流转土地提供农机服务，还可以为引领种植的主体提供社会化服务。通过建立新型的仓储和辣椒加工生产线，将各种设备的数据端口与平台对接，实现了对各站设备加工的全程实时监控和仓库货物电子围栏监管、温湿度检测、报警检测、出入库检测的智能化监管。通过辣椒种植、仓储、加工、销售等数据的串联，打通金融保险，完善种植贷、货押贷体系流程，吸引优秀人才和社会资本，为产业发展提供源源不断的动力，助力乡村振兴。

2. 5G基站及主要机械化智能设备

5G基站是辣椒种植基地的数据中心和控制中心，包含显示设备、农田水肥一体化智能控制系统、多功能气象站、虫情检测仪、高清监控、无人机检测等设备，通过5G网络传输的高宽带、低延迟，可以在C-life数据平台对田间水、肥、病虫害等情况进行实时检测，如发现异常，可及时采取措施。基站主要由虫情测报灯、孢子捕捉仪、多功能气象站、灭虫灯、24小时监控等设备组成。

主要机械化设备包括田间监测预警系统、智能水肥一体化系统、辣椒直播机、辣椒施肥旋耕机、无人驾驶喷洒植保机、辣椒机械化采收机等。

3. 运营模式与效益分析

农户将辣椒种植托管给运营公司进行统一灌溉、施肥、打药，每年向运营公司缴纳费用550元/亩，其中运营公司收取500元/亩，村集体收取50元/亩管理费。通过运营公司统一运营、统防统治，农户降低了辣椒种植成本，解放的劳动力还可在外务工挣取收入,村集体额外增加了种植收益,运营公司通过运营成本降低和辣椒交易进行获利。在此过程中,建档绿卡低收入户,采用免收综合管理服务费等方式,实现土地脱贫,同时通过新技术、新装备的运用、专业辣椒农技的指导、辣椒种植精细化的运营等方式,带领周边辣椒农户种出高品质和产量的辣椒,达到乡村振兴、辣椒致富的目的。

(1) 经济效益分析。

农户自己种植,亩产干辣椒300~400斤,现通过运营公司统一运营,通过5G智慧种植技术的应用,辣椒产量和品质提升显著。相较于农户自己种植,亩产干辣椒400~550斤,平均亩产提升30%左右,坏果率降低40%以上,辣椒每亩经济效益增加35%以上,农户每亩增收2000元以上。

(2) 生态效益分析。

5G智慧辣椒种植、5G智慧农业新技术的应用,根据辣椒不同生长阶段的需水需肥规律,精准化施肥、科学化管理,灌溉节水率达50%以上,化肥用量降低了30%,病虫害智能监测预警系统的应用也使一个生长季农药少施两次,有效减少了水资源的浪费和化肥农药对环境的污染问题,使农业生产更加生态、安全、环保。

(3) 社会效益分析。

5G智慧农业新技术、新装备、新模式的运用,提高了当地农业生产技术的进步,有利于带动周边地区数字农业的发展,带动农户、村集体、返乡创业青年共同发展。智慧农业还使农户从土地里解放出来从事别的产业,实现农民脱贫增收,助力乡村振兴。

土地增产,集体壮大,农民增收,乡村振兴。在2022年9月15日举办的第五届河南(郑州)国际农业现代博览会上,临颍辣椒脱颖而出,以独特的种植模式领跑"数字辣椒",成为"中国数字辣椒之都""中国椒点"。目前,临颍县已在全县推广辣椒数字化生产,围绕辣椒全产业链发展,大力推动收储、烘干、分选、冷藏等产后服务建设。下一步,临颍县将以一二三产业融合发展为导向,聚力打造临颍辣椒3个百亿级产业集群,推动辣椒产业实现更高质量发展。

(供稿人:漯河市农业科学院,河南省农业科学院园艺研究所;刘勇鹏、姚秋菊)

二、山东省助力乡村振兴典型案例

(一) 武城中椒英潮辣业打造"网红"爆品

1. 基本情况

中椒英潮辣业发展有限公司始建于1992年,经过30多年的发展,公司始终秉持"发展一项事业、带动一方经济"的企业使命，从单一的辣椒经贸公司发展成为以辣椒制品加工为核心，集辣椒研发、育种、种植、精深加工、仓储、物流、销售、服务八位于一体的国际化辣椒产业集团。中椒英潮位于德州武城尚庄辣椒城，占地30万平方米，建筑面积10万平方米，仓储面积4万平方米，引进国内外先进辣椒生产设备80台套。其中，优质高级灭菌辣椒粉生产线12条，年加工产能9万吨；高级灭菌辣椒粉、碎生产线4条，年产能1.2万吨；韩式风味辣椒酱、大豆酱生产线6条，年产成品酱和半成品酱共计6万吨；麻辣食品生产线8条，年产能1万吨；高品质天然辣椒红色素生产线2条，年产能1500吨；2011年实现跨越式发展，投资2亿元建成万吨冷库，常年储存干鲜辣椒5万吨。

中椒英潮建有"食品安全与低碳加工协同创新中心""山东省辣椒生物工程研发中心""山东省英潮辣椒提取技术中心"等多处国家级、省级研究平台。引进全球最大的香辛料油树脂生产商和销售商——印度馨赛德公司，进一步推动了武城辣椒产业与世界的深度联通。建有国家级和省级科研平台4个，成立了全国首家省级辣椒协会，获批创建省级现代农业产业园；"武城辣椒"先后被农业部认定为国家农产品地理标志产品、山东省农产品区域公用品牌，被中国蔬菜流通协会评为"全国十大名椒"。

中椒英潮2015年初正式进军网络市场，通过在杭州市梦想小镇组建互联网销售团队，充分利用大数据、"互联网+"新思维，构建了全新的线上销售模式。在云栖小镇打造了中椒英潮天猫官方旗舰店。发挥"社群经济"作用，在尚庄社区组建"社区微商"群，发挥本土价格优势，进一步拓宽辣椒产品线上交易渠道，2018年线上交易额突破8000万元。并将红遍移动互联网的"英潮"鲜椒酱正式变更品牌名为"虎邦辣酱"，成为淘宝和天猫平台的爆品，位列细分类目销售第一名。

2. 主要做法

（1）案例实施背景。

随着电子商务的快速发展，农产品迎来了最大的发展机遇，在此形势下，褚橙作为农产品电商的代表产品在国内掀起了农产品电商潮。沃尔玛等大型零售商超也开始了"网上卖生鲜"。天猫、淘宝、京东、一号店等电商也将目光投向农产品销售，发展势头迅猛。武城县农产品特产资源丰富，但因传统生产、销售方式以及信息的不对称，导致农业发展动力不足，农民依靠农业增收基本无望。一边是终端市场的高价农产品，另一边是初级市场的廉价农产品。中间巨大的差价利润被层级经销商所瓜分，那些由市场炒作起来的"蒜你狠""姜你军""豆你玩"等同农户没有任何的关系。所以为了突破现行的农产品销售瓶颈，提高农民收入和种植积极性，必须寻求新的营销渠道和营销平台。

为贯彻落实党中央、国务院和农业部有关"互联网+"行动的部署要求，打造武城县优质农产品电商展销平台，整合优势农产品资源，拓宽农产品销售渠道，中椒英潮创建了淘宝网"英潮旗舰店"，在社区组建"社区微商"群，在"线下"与美团、饿了么外卖平台合作，为武城辣椒搭建网络营销平台，成为武城辣椒产业转型升级的高速通道。

（2）建设内容。

1）成立电商公司。

在向武城县商务局汇报后，中椒英潮立即启动人才招聘计划，组建电商运营小组，负责电商业务发展规划以及具体实施。电商部单独注册电商公司，拥有运营、美工、客服、仓储等各类专业人员。

2）搭建淘宝特色虎邦辣酱。

在大家都在观望电商发展的形势下，中椒英潮主动出击，派人多次前往杭州学习，并同淘宝农业进行积极的洽谈，并邀请时任山东区域负责人来武城县进行考察。在县政府的支持下，2015年在杭州淘宝城顺利通过淘宝农业的初审、面试等流程，成为淘宝特色运营服务商之一。

3）搭建线下展示馆。

为把优质农产品展示给当地消费者，中椒英潮建有武城县辣椒文化馆，展馆总面积1600平方米，是山东省第一个综合型辣椒文化展览馆。内分8个展区，分别为综合荣誉、辣椒溯源、运水润椒红、辣味满神州、中椒英潮发展历程、武城辣椒红动世界、辣椒文化杂谈及品牌展示体验，用大量图片和实物做成展板、展台，介绍了全国各地辣椒的品种、特点及辣椒的相关知识，并从历史、种植、品种、技术及文化等多方面综合展示了辣椒生产在武城的发展过程，并有智能化、信息化生产示范生产线参观走廊供游客参观。

4）建设辣椒标准生产基地。

为了把控好辣椒品质，让"武城辣椒"品牌成为全国知名的农产品品牌，打造全国人民的放心辣酱。2012年武城县申报的国家级科技富民强县项目"辣椒产业化开发"项目获科技部批复，争取无偿资金179万元。建成山东省辣椒制品研发检测服务平台和2000亩生态循环辣椒示范基地，每年可服务企业300余家，带动相关农民人均增收2000元，安置农村剩余劳动力2000多人。武城质监局同农业技术人员深入田间地头，举办农业科技、标准化知识培训班20多期，培训农户8000多人次，印发标准技术资料1万册，提高了椒农的种植水平，同时强化田间监管，推出了辣椒基地"准建制"、档案化管理，实行测土配方施肥，深翻土改等新技术，杜绝高毒农药使用。

（3）解决的主要问题。

解决辣椒上行问题。在没有电商渠道的情况下，当地辣椒全部通过线下市场批发，由于信息不对称，辣椒价格受控于商贩，导致微利甚至亏损，严重打击了椒农的种植积极性。英潮旗舰店电商项目启动以后，形成了"公司+合作社+农户"模式，合作社、农户按照标准化种植，实现优质辣椒种植面积67公顷，示范户400户，每公顷地纯收入比原来提高7500多元。按照标准化种植，经过检测的辣椒，全部高于市场批发价的价格收购，保护了椒农的利益，提高了椒农的收入和积极性。

解决农产品安全问题。为了保护武城辣椒品牌的严肃性，武城县质监局对武城辣椒品牌产品有着严格的抽检制度。淘宝也对农产品品质有着严格的要求，除基本的"三证"和"品牌授权"外，要求提供出售辣酱商品的质量检测合格报告，并邀请第三方机构对食品进行认证，达到多维检测的效果。这样就确保了"英潮旗舰店"销售的所有辣酱产品全部符合国家标准，让全国各地的消费者可以放心的消费。

解决消费者买酱难问题。在当前紧张的生活压力和节奏下，很多城市中的白领阶层没有时间去市场、超市。即使偶尔有时间去市场往往购买的是油炸辣酱。"英潮旗舰店"上线后，全国各地的网友可以方便地在此平台上选到口味丰富的"虎邦"鲜椒酱。

3. 经验效果

（1）"线上+线下"打造"网红"爆品。

中椒英潮最为人所熟知的产品是英潮"虎邦"鲜椒酱，这款商标"威猛"口味极佳的"鲜椒酱"，已是为人所称道的"网红"产品，市场占有率和消费者认可度极高。在此之前，在辣椒酱市场上占据主导的是以"老干妈"为代表的油炸辣椒酱。武城辣椒品质好、香味足，以"原料采鲜""低温慢熬"为特点的英潮鲜椒酱也应运而生。

然而，这款产品走向市场的道路却并不顺利。辣椒酱单价低，新品牌缺乏影响力，如果因循传统在大型商场销售，即便支付高昂的条码费、进场费也拿不到好的陈列位置；新品牌要想触达消费者，需要做地推，请促销员，一天下来卖辣酱的利润甚至不够支付各项费用。互联网的崛起让中椒英潮看到了转机。2013年，中椒英潮重新梳理品牌，调整营销渠道，借助网购和外卖，走起了"线上+线下"的新路子。

在"线上"借助电商平台，在天猫等购物网站建起旗舰店，中椒英潮将鲜椒酱的目标客群定义为"80后""90后"的年轻人，"吃是为了生存，吃什么则是为了生活""既然买不起房子，那就先款待自己的肚子"，风格活泼的网店设计，诙谐幽默的广告语，一下拉近了与年轻消费群体的距离。2017年"双十一"，仅天猫旗舰店营业额就突破百万元，多款鲜椒酱卖断货，加之网民的口碑效应，让英潮迅速走红电商平台。

在"线下"，中椒英潮选择与外卖平台合作，作为饮食的日常搭档，英潮与美团、饿了么等外卖合作，让鲜椒酱走进众多外卖商家的菜单中。英潮还专门设计出50克的小罐装鲜椒酱，一餐一罐，让产品更好地触达消费者。

（2）红色产业减贫，助力乡村振兴。

中椒英潮经历了"辣椒贸易""辣椒粗加工""辣椒深加工"等不同发展阶段。产品远销美国、法国、墨西哥等20多个国家，年创汇2000余万美元。先后被授予农业产业化国家重点龙头企业、全国绿色食品示范企业、省减贫龙头企业、省高新技术企业等荣誉称号。

中椒英潮结合自身发展特点，提出红色（辣椒）产业减贫模式，吸纳低收入户加入辣椒产业链的每个环节。中椒英潮的减贫模式可以归纳为"五统一"，即向低收入户统一供种、统一供药、统一供肥、统一管理、统一保护价回收。针对低收入农户出台了优惠政策，以优惠50%的价格，为低收入户提供优良种子和高附加值的优良品种，以成本价为低收入户提供辣椒专用农药和专用肥，无偿为他们提供技术服务，并以高于市场价的价格优先收购低收入户的辣椒。

在生产方面，中椒英潮在多个辣椒种植专业村建立加工厂，吸纳低收入群众进厂务工，计件发放工资；在公司总部建立单独车间，为低收入群众提供就业岗位，并对他们进行技能培训；购置流动售货车15辆，让有经营头脑的贫困群众按出厂价提货，免费使用流动售货车销售产品，销售利润全部归低收入户。

特色蔬菜产业已成为推进乡村振兴的重要环节，中椒英潮将积极培育产业数字化等融合型新业态，进一步延伸辣椒特色产业链，增强"产加销"互联互通；通过"线上+线下"的方式，搭建互联网合作平台，不断扩大产品销路，激发农业经济活力。中椒英潮将继续把更多服务资源配置到农村重点领域和薄弱环节，更好满足乡村振兴多样化、多层次的发展需求，推动科技创新引领武城辣椒产业高质量发展，以"椒"为笔，书写好新时代乡村振兴的新篇章。

（供稿人：德州市农业科学研究院；韩梅梅、张自坤）

（二）禹城李佰辛村党支部领办合作社模式

1. 基本情况

李佰辛村位于山东德州市禹城市辛店镇，距离镇驻地1.5千米。全村位于华北平原南部，总耕地面积994.05亩，地势平坦，土地主要种植粮食作物，属于典型的华北农业村。全村共105户，辖3个小队，户籍人口443人，人均土地2.2

亩。由于土地长期分散经营，导致农户种地积极性不高，且农户普遍缺乏种植技术和资金支持，不敢尝试其他高价值的经济作物，较低的土地收入严重制约了村级经济的发展。

2019年，李佰辛村决定以党支部领办合作社的方式，创办禹城市月牙河种植专业合作社，集中土地资源和人力资源。合作社由党支部投资30万元，村民以土地入股方式成立。合作社共流转160亩土地，准备在流转土地上尝试种植新的经济作物。村"两委"经过调研走访，咨询德州综合试验站的相关专家，结合李佰辛村土壤情况和光照、温度等气候条件，决定尝试种植洋葱、辣椒等特色蔬菜。利用洋葱和辣椒生育期差，通过轮作，完美实现全年土地不闲置。通过国家特色蔬菜产业技术体系德州综合试验站的指导，每年洋葱亩产量达5000千克以上，为村集体经济增收5万元；经过与国家特色蔬菜产业技术体系德州综合试验站对接，合作社与中椒英潮辣业发展有限公司签订合作订单，辣椒苗从该合作社按照0.16元/棵采购，种植面积60余亩，辣椒销售最低保护价为0.7元/斤，最高价不设限，跟随市场价上浮，亩产6000斤，每亩地净收入3500元以上，实现村级集体增收20余万元。李佰辛村为了进一步提高土地利用率，为村民创造可持续的增收来源，合作社还种植了果树，利用果蔬套种模式，助力乡村振兴，提高农民收入。

2. 主要做法

（1）集中土地和劳动力资源。

1）成立专业合作社集中人力资源。

想要在土地规模有限的条件下实现增收高产，就需要集中土地资源和人力资源，合理科学地实现种植的规模化，同时在适度规模化的基础上也实现了种植生产的机械化和自动化，大大降低了人力成本。李佰辛村为实现这一目标，决定以党支部为主心骨，发挥基层党组织引领作用，经过村党组织大会研究讨论，决定以党支部领办成立种植生产合作社。一方面，村党支部领办合作社的方式可以充分发挥农村基层党组织的政治优势，进一步提升合作社在增加农民收益、改善福利等方面的经济功能，激发合作社在改善农业生态环境、加强乡村治理等方面的社会功能，以及在重塑乡土文化、促进社会和谐等方面的综合效应，从而凝聚推动乡村振兴的内生动力；另一方面，有助于把党的理论和路线贯穿到生产生活中，实现农民增收与集体增利相统一，强村与富民相结合，既"做大蛋糕"，又"分好蛋糕"，让群众共享集体经济发展成果。

2019年9月，经支部委员会、党员大会、群众代表大会商议决定，李佰辛村党支部领办了禹城市月牙河种植专业合作社，3名村主职干部和2名种植能手担任理事会成员，33户群众自愿将自家耕地入股。合作社成立后，社员作为合作社的组织成员，既能够通过相互合作进行集体生产，也能作为组织成员享受合作社的最后分红，提高了生产的积极性，提升了劳动效率，合作社逐渐成为了李佰辛村进行农业破局的先遣队。

2）土地流转扩大种植规模。

集合了人力资源，还需要进一步整合土地资源，才能让合作社正常运行。土地是农业发展的根本，是农村稳定的基础，是农民脱贫致富的命根子，是我们解决一切"三农"问题的关键所在。实施乡村振兴战略，必须要先以土地流转为主抓手，不断集中土地资源搞规模化生产，才能有效提高生产效率。李佰辛村以党支部为引领，通过大会动员和逐户动员的方式，为新成立的合作社寻求可流转的土地。村民流转土地的积极性很高，但是村党支部经过讨论认为：为了规避风险，应该先通过部分土地整合试验合作社模式的成效，之后再逐步扩大规模，在全村推广经验。经过筛选，共计为合作社流转土地160亩，占全村现有土地的15%左右。根据区域位置和种植条件，160亩土地总体上分为特色果蔬种植区、高效农作物区和村内经济区3个板块。

（2）确定种植模式。

1）"洋葱—辣椒"轮作模式。

轮作是指在同一田块上有顺序地在季节间和年度间轮换种植不同作物或复种组合的种植方式。轮作通过不同作物对土壤养分吸收的比例和数量不同来提高土壤养分的利用率，减少施肥量。合理的轮作也是综合防除杂草的重要途径，因不同作物栽培过程中所运用的不同农业措施，对田间杂草有不同的抑制和防除作用。合理轮作有较高的生态效益和经济效益。李佰辛村选用轮作模式，可以避免土地闲置。

提高土地利用率，增加土地收益。确定轮作模式之后，确定轮作作物种类就是重中之重。李佰辛村村"两委"通过咨询德州综合试验站的有关专家，走访种植户，调研收购商，了解到李佰辛村的土壤、气候、光照等条件很适合辣椒生长，这里的辣椒色泽鲜艳、肉厚质细、口感爽辣，深受顾客欢迎，基于此，李佰辛村决定种植特色蔬菜——辣椒。辣椒在德州地区一般是3月中旬左右育苗，5月中旬左右定植，从8月底就可以作为鲜椒出售，后期作为干椒出售，整个收获期可以持续到10月底。为了更好地利用土地，就需要选择生育期在11月到次年5月的蔬菜品种与辣椒轮作，洋葱生育期就正好符合。为了帮助农民获得较高的产量和更高的收益，品种选择至关重要。德州市综合试验站专家结合李佰辛村地理位置、环境条件决定种植德红1号、英潮红4号、德红2号辣椒品种。这3个品种是由德州市农业科学研究院选育，适合在德州地区种植，抗旱性强，产量高。李佰辛村通过种植特色蔬菜，利用"洋葱—辣椒"轮作，每年为村集体增收20余万元，农民每亩地净收入4000余元，极大地提高了农民的收入。

2)"矮化早熟苹果—洋葱—辣椒"的套种模式。

为提高农业生产效益,尽可能地充分利用土地资源,提高土地收益,李佰辛村村"两委"还想到套种模式。套种属于立体种植模式,是将果树与蔬菜种植在同一片土地,能够充分发挥作物间的互补优势,两种作物高低相隔形成田间冠层的立体结构,能够从时空尺度上改变光能的分配模式,提高光的截获率,从而高效利用土地和光能资源。李佰辛村有过苹果种植的历史,村集体经过咨询相关专家,在结合本村的土地情况下,决定了"苹果+蔬菜"的绿色高效栽培模式。在苹果树的选择上,村干部请来了省果树所的专家来调研,鉴于免套袋、早熟丰产日渐成为苹果产业发展的未来趋势,合作社确定了种植"鲁丽"苹果,该品种无须套袋栽培,也能均匀上色,且果面艳丽,口感脆甜,品质甚至超越外来的"嘎啦"苹果。苹果当年不能结果收益,为了回笼资金,李佰辛村选择在苹果树下种植蔬菜。蔬菜的成熟周期短,收益快。李佰辛村经过前期的咨询,这次直接选择了种植洋葱、辣椒。

(3)技术支持。

有了合理的种植模式和种植品种,还需要相关配套的农业种植技术,才能为农业生产补上最后一条短板。李佰辛村为了进一步提升农民种植技术,村党支部积极联系邀请山东省农业科学研究院、德州综合试验站等科研机构对其进行全方位业务帮扶,邀请相关专家、"科技特派员"开展科技讲座,定期开展科技培训,解决日常种植过程中遇到的问题和难题,提高社员们种植技术水平和科学管理水平,着力打造新型职业农民和农业科技骨干。

1)开展定期培训。

邀请相关专家,就洋葱、辣椒等蔬菜进行集中培训。洋葱重点在于定植后管理,浇足定植水,入冬前浇一次水防冻害。开春葱苗返青时随水施肥,促进植株生长,3月下旬至4月中旬,鳞茎膨大期随水施肥,促进葱球膨大,及时防治霜霉病、紫斑病及葱蓟马。地上部假茎自然倒伏后5~7天即可采收。辣椒常见病害有猝倒病、立枯病和辣椒疫病。猝倒病可用75%百菌清粉剂800倍液或64%杀毒矾可湿性粉剂500倍液防治;辣椒疫病通过用800~1000倍的75%百菌清、50%多菌灵或65%代森锰锌喷施,7~10天喷1次,连喷2~3次防治。

2)提供技术服务。

从2020年开始,德州综合试验站成员从洋葱育苗、辣椒田间管理、病虫害防治、采收等各个环节为李佰辛村全程提供技术服务,在辣椒种植过程中提出覆盖银黑色地膜,采用与玉米间作套种的模式减少辣椒病虫草害,提高辣椒产量和品质,进而提高辣椒效益,促进农民增收。

3）打造平台。

德州市农业相关部门积极协助李佰辛村申报"三品一标"农产品认证，打造农产品品牌。积极应用互联网技术，协助李佰辛村建设农产品信息及销售平台、农产品质量可追溯系统平台等，扩大产品知名度，加大农产品线上线下销售力度，促进农民增收。

3. 经验效果

（1）党支部引领拓宽了致富路。

党支部是党的最基层组织，党支部就像一块巨型磁铁石，把群众紧紧凝聚在党组织周围。李佰辛村通过党支部带头创办合作社，发展特色蔬菜经济，由村"两委"班子带头，村民就像打了一针强心剂，对于改种蔬菜作物也更加有底。通过合作社的运作，提升了村集体的收入，拓宽了强村富民的发展之路，通过领办合作社，也让村党支部站在了经济发展的最前沿，带领群众上项目、闯市场、增收入，合作社遍地开花，各类产业蓬勃发展，为乡村振兴提供了坚实的经济支撑。

（2）专家引领提升了农业技术。

通过引进农业专家进行技术指导，一方面，能把最新实用的技术送到社员手中，让社员尝到了科学种田的甜头，合作社的蔬菜产量得到了较大提高。另一方面，合作社也发挥模范引领作用，通过开展内部实用技术培训，将科学种植技术逐步向全村传播，实现"以点带面"的辐射效果。之后合作社将扩大种植规模，鼓励全村人加入合作社，实行统一施肥、统一管理、统一采摘、统一销售，保质保量保证销路，努力带动更多人一起致富，让特色蔬菜在乡村振兴和助农增收中发挥更大的作用。

（供稿人：德州市农业科学研究院；张绍丽、张自坤）

（三）武城县建设武城辣椒特色小镇

2017年9月，山东省人民政府办公厅公布山东省第二批49个特色小镇创建名单，武城县武城辣椒小镇位列其中。武城县武城辣椒特色小镇位于武城县武城镇，北至254省道，南至镇域边界，东至金水湾度假区，西至尚庄村西侧道路，规划总用地面积3.35平方千米。辣椒小镇以打造满足多种人群需求，突出地区特色为总体定位；依托辣椒产业，传承辣椒文化，建成集智能化辣椒生产加工、辣椒种植示范、辣椒产品交易、休闲度假娱乐于一体的宜居宜业宜游的特色小镇。

1. 武城县武城辣椒特色小镇建设基础

武城县武城辣椒特色小镇立足武城县武城镇辣椒特色优势产业，按照全产业链和产业融合发展理念，以精深加工为重点，以规模化种植基地为依托，规划建设辣椒加工生产区、国际辣椒交易区、辣椒产品研发区、住宅商业配套区等十大功能区，着力建成集群优势突出、龙头带动有力、要素高度聚集、城乡融合发展的宜居宜业宜游的辣椒特色小镇，打造成为全省辣椒生态生产中心、研发加工中心、品牌市场中心。

(1) 辣椒种植业基础雄厚。

辣椒在武城已有170余年的种植历史，是武城的特色产业。武城以及周边地区地处华北冲积平原，由于黄河以及大运河的冲积，形成了大面积的沙壤土，粒细层深，质地松散，透气性好，易于排水，且该地区属暖温带半湿润季风气候，无霜期平均200天以上，在辣椒生长期雨量适中，光照充足，十分利于辣椒的生长。"武城辣椒"以皮薄、肉厚、辣度适中、色鲜、味香、营养丰富而享誉古今，2002年种植高峰期全县种植面积达30万亩。近年来武城县及辐射周边带动辣椒种植面积10万亩以上，鲜椒产量20万吨左右。

(2) 辣椒加工业蓬勃发展。

武城镇积极实施辣椒开发战略，引导辣椒产业从原料型、食用型向着加工型的产业发展轨道迈进，已形成50多家辣椒系列产品加工产业集群，形成了辣椒粉碎配料系列、辣椒酱系列、辣椒休闲品系列、辣椒提取物系列四大系列100多个产品。其中，国家级龙头企业中椒英潮辣业有限公司是全国唯一一家集辣椒育种、种植、收购、加工、销售出口、冷链物流、电子商务为一体的全产业链企业，该公司是中国最大的辣椒配料生产企业、中国辣椒全产业链的领航者。省级农业产业化龙头企业山东辣贝尔天然食品公司，是中国第二大辣椒提取物生产企业。市级农业产业化龙头企业德州多元食品公司，是中国最大的韩式辣椒酱生产企业。

(3) 辣椒交易市场建设齐全。

武城现已发展形成2个辣椒专业交易市场：一是后玄辣椒交易市场，该市场主要交易朝天椒；二是尚庄辣椒城，该市场主要交易大辣椒。该辣椒城始建于1992年10月，后经1993年、1996年和2000年3次扩建，市场规模不断扩大。2002年按照县委、县政府确立的"建设、规模、管理、服务"四个一流的总体要求和"买全国、卖全国、连国外"的总体目标，进行了辣椒城建设，一期工程占地500亩，容纳企业经营户200户。2004年进行了辣椒城二期工程建设；已形成占地800亩，6条东西街，5条南北路，企业经营户达300余家，年交易量2.5亿元，成交额10亿元。正是由于较大的辣椒交易量，2016年省物价局确定依托武城建设辣椒价格指数。

(4) 辣椒文化氛围浓厚。

为促进武城辣椒产业发展和对外交流合作，武城县政府先后成功举办了五届辣椒文化艺术节，丰富了武城人民的文化生活，促进了武城辣椒文化建设。为更好地对外展示和宣传武城辣椒，建成了武城县辣椒文化馆。为更好地提升武城辣椒品牌影响力，这些工作的开展促进了武城辣椒产业的对外交流与合作，使武城辣椒轰动中国，走向世界。

2. 武城县武城辣椒特色小镇的主要做法和成效

近年来，武城辣椒特色小镇发展成绩斐然，形成了以1家国家级、1家省级、2家市级农业企业为龙头，54家骨干企业为支撑、84家新型经营主体为补充的现代产业集群发展格局。2018年又引进全球最大的香辛料油树脂生产商——印度馨赛德公司，推动了武城辣椒与世界的深度联通。同年，"中国·武城英潮辣椒价格指数"发布运行，是山东省唯一的辣椒价格指数，涵盖了8省12个辣椒专业市场19个品种，成为江北辣椒价格的"风向标""晴雨表"。

（1）加大科技攻关。

产业优势的背后是科研优势，小镇深耕辣椒产业研发攻关，建有国家级科研平台1个；省级科研、平台3个，涵盖辣椒育种、生物工程、辣椒提取等多个重点领域；拥有自主知识产权专利14项。依托英潮红辣椒种业，联合湖南省农业科学院、德州市农业科学研究结成战略合作伙伴，在中椒英潮辣业发展有限公司建立了邹学校院士工作站，开展辣椒优异种质创新和强优势杂交品种选育。选育的"英潮红4号""德红1号"通过了山东省农作物品种审定和国家农业部的非主要农作物品种登记。中椒英潮辣业发展有限公司发展的近50万亩辣椒种植基地中这2个品种占85%以上。2021年，又与山东省农业科学院联合成立了山东省农业科学院（武城）辣椒产业技术研究院，由国家特色蔬菜产业技术体系德州综合试验站张自坤研究员担任院长，围绕辣椒全产业链体系建设进行研究，加强专用加工型辣椒新品种选育、辣椒关键技术研发和集成创新，推动辣椒产业标准体系和品牌建设，科技支撑武城辣椒产业高质量发展。

（2）推广辣椒标准化种植。

2018年，中椒英潮辣业发展有限公司投资建造了2座现代化的智能温室，配套遮阳保温帘幕系统、降温系统、加热系统、环流风机系统、施肥灌溉系统、自动控制系统等，实现了传统辣椒育苗模式向现代化模式升级，年育苗量达200万株，除了供应本县订单回收辣椒种植户外，还销往武城周边地区。智能温室辣椒育苗可以提早播种、争取农时、延长生育期，集约管理、培育壮苗、提早上市，节约用种、减少间苗、降低成本。2019年，小镇联合国家特色蔬菜产业技术体系德州综合试验站、德州市辣椒协会共同制定了《加工型辣椒优质高效栽培技术规程》，推荐辣椒种植户选用辣椒移栽机，将起垄、覆膜、移栽、铺设滴灌带等生产环节一次性完成，节约人工，节省时间，极大地提高了生产效率。2022年，小镇在国家特色蔬菜产业技术体系德州综合试验站的指导下，示范推广麦套辣椒丸粒化机械直播技术，该技术每亩节约农资及人工投入500元，小麦亩产500千克，鲜椒产量3000千克，既保证了粮食安全，又增加了经济效益，且有利于规模化种植，减少农业面源污染，生态效益显著。CCTV-17频道、学习强国、山东广播电视台农科频道等媒体进行了宣传报导。

（3）打响"武城辣椒"品牌。

为提升农产品产业发展水平，打响武城种植历史悠久、地域特色鲜明、发展潜力大的地理标志农产品"武城辣椒"区域特色品牌，推动全产业链标准化生产，促进乡村特色产业发展和农民增收，小镇实施了《武城县地理标志农产品保护工程》。按照扶大、扶强、扶优、持特、扶品牌的"五扶原则"，通过改善生产设施条件、升级加工设备提高产品质量、品牌培育宣传等方式，促进"武城辣椒"这一地理标志农产品综合生产能力不断增强，产品质量和特色品质不断提高，品牌影响力持续提升，农户持续稳定增收，有效推动武城辣椒产业生产标准化、产品特色化、身份标识化、全程数字化水平，成为引领乡村特色产业发展的齐鲁样板，助力乡村振兴、脱贫攻坚和农民增收。通过工程实施，品牌效应逐步凸显，武城辣椒拥有"三品一标"认证产品24个，成功打造"英潮""虎邦""辣贝尔"等多个知名品牌，"武城辣椒"被农业部认定为国家农产品地理标志产品，被中国蔬菜流通协会评为"全国十大名椒"。2021年，武城县荣获"全国辣椒产业十强县"荣誉称号，小镇企业山东多元户户食品有限公司的"谭英潮"头像品牌荣获"全国辣椒产业最具影响力品牌"。

3. 武城县武城辣椒特色小镇发展方向

武城县武城辣椒特色小镇下一步将以"政企联合""农企对接"为抓手，做好党建联合体、支部领办合作社、政策试点等工作，通过农村社区建设将周边村庄规划融入小镇，进一步释放政策红利、壮大辣椒产业、擦亮优势品牌。力争到2025年，"武城辣椒"成为全国知名地域品牌，"买全国、卖全国、联世界"的行业优势更加突出，农业创新力、竞争力和全要素生产率大幅提升，小镇宜居宜业宜游的人文优势逐渐凸显。

第一，建设辣椒标准化种植基地。以辣椒生产为基础，建设辣椒标准化种植示范园、套种轮作示范园，为二三产业发展提供原料保障。

第二，深化辣椒产品加工。利用中国辣椒之乡的品牌效应和规模优势，与广药集团深度合作，打造辣椒制药和养生品牌，提升第二产业科技含量和竞争力。

第三，延长辣椒产业链条。以辣椒文化为特色，打造集主题乐园、特色产品展示、辣椒文化展览、知名企业参观、生态度假等为一体的娱乐休闲旅游路线。

第四，大力培育龙头企业。目前，中椒英潮辣业发展有限公司为主要代表企业，以辣椒制品为核心，形成了"研发、育种、种植、精深加工、仓储、物流、销售、服务"八位一体的全产业链，注重应用先进技术，提高产业发展的科技水平。先进技术的推广和应用，是减轻劳动强度、提高生产效率、解决用工矛盾、降低种植成本的关键。完善利益联结机制，搭建产业发展的互惠桥梁。

（供稿人：德州市农业科学研究院；李华、张自坤）

（四）杨安镇大力发展调味品富民产业

实施乡村振兴战略是实现全体人民共同富裕的必然选择，产业强不强、百姓富不富、农村美不美，关乎亿万农民的获得感、幸福感和安全感。一二三产业的融合发展是深化我国农业供给侧结构性改革，激发农村发展活力，带动农民增收的重要举措，也是实现乡村振兴的重要途径。通过三产融合发展，可以延长产业链，提升管理效率，提高农产品的附加值，增加农民收益。不同地区区位优势、产业基础、人文环境存在较大差异，三产融合发展形式也应因地制宜。对此，杨安镇以调味品产业为基础，力推一二三产业融合发展，用产业之火点燃乡村振兴引擎、点亮百姓的红火日子，在新的历史起点上创造更加幸福美好的生活，谱写新时代乡村全面振兴新篇章。

1. 基本情况

杨安镇位于乐陵市南部，德滨高速和240省道两侧，交通发达，区域位置优越，是全国有名的调味品特色小镇，享有"中国调料第一城"的美誉，有飞达、庞大、乐家客、乐畅、神厨等213家调味品加工企业，拥有国家级农业产业化龙头企业1家，中国驰名商标1个，省市级龙头企业10家，山东省著名商标3个，山东省名牌产品2个。全镇年调味品销售收入突破200亿元，占全国调味品市场份额的40%以上，畅销30多个省份，并出口70多个国家和地区，是全国乃至全球最大的香辛料供应基地。2016年12月，杨安镇成功入选山东省首批特色小镇。2019年8月，乐陵市杨安镇被省农业农村厅授予"乡村振兴齐鲁样板示范区"（全省40个），示范区涵盖20个村，其中包括王屯村。

杨安镇作为调味品产业大镇，每年辣椒、大蒜等原材料的需求量很大，但杨安镇的农业生产仍以小麦、玉米等粮食作物为主，并未有效带动辣椒、大蒜、葱、姜等常用调味品原材料的生产，企业所用原材料一直从全国各地购买，质量良莠不齐，品质难以保障，贮运成本高。虽然杨安镇政府一直积极倡导辣椒等调味品种植业的发展，但收效甚微，每年只有零星种植，规模小，产量低。尽管杨安镇的调味品产品占据全国调味品市场的半壁江山，但各加工厂所用原材料基本都是从外地采购，形成了"买全球，卖全球"的独特现象。

杨安镇大部分调味品企业还是以传统的订单式销售为主，销售渠道狭窄，销售形式单一，订单式生产虽然减少了企业的库存压力和资金压力，但受需求波动影响比较大，阻碍了企业的发展。在电商平台蓬勃发展的今天，杨安镇并没有凭借调味品产业优势，带动电商业获得长足的发展。

杨安镇调味品企业众多，辣椒等调味品原材料需求量大，原材料及产成品的贮存运输市场发展空间广阔，虽然各个企业都有自己的仓库，但大都属于临时性的，规模小、条件简陋，不适合长期、大批量贮存，而由于受生长季节的影响，调味品原材料市场价格往往波动较大，对调味品企业的生产造成较大的影响。

2. 采取的措施及取得的成效

2019年8月，杨安镇被列为首批40个乡村振兴齐鲁样板示范区之一，乐陵市市委、市政府高度重视，在政策、人才、资金、土地等方面给予大力支持和倾斜，为杨安镇的三产融合发展注入了新的活力。

（1）科学规划绘蓝图。

2018年，杨安镇政府请山东省建设发展研究院起草编制了《杨安镇乡村振兴战略规划（2018—2020年）》（以下简称《规划》），《规划》明确了"以调味品特色小镇建设为引领的镇村一体、融合发展"的乡村振兴路径；制定了以调味品产业升级、人才队伍建设、文化融合发展、美丽村居示范创建、固本强基示范为引领的乡村五大振兴行动计划和89个具体工作项目；确立了"二产带一产、二产促三产，以调味品三产融合带动四美乡村建设"的特色定位。该《规划》的编制成功为杨安镇的乡村振兴工作厘清了思路，指明了方向，确定了工作重点，使各项工作有章可循，有序开展，提高了工作效率和资金投入效率，加快了杨安镇乡村振兴的步伐。

（2）基地示范带一产。

2019年，乐陵市农业农村局和杨安镇政府共同投资打造以辣椒、大蒜等为主导的调味品示范基地，大力推广水肥一体化，引导基层党支部领办创办合作社，合作社与调味品骨干企业、农业科技公司签订三方战略合作协议，构建了"合作社+科技公司+龙头企业"的合作模式：农户向合作社流转土地，合作社根据龙头企业下单种植，产出的农产品由龙头企业回收，农业科技公司提供种苗、肥料等农资和技术服务。通过政府政策激励，财政支持，基层党支部积极作为，农民种植适合当地栽培的调味品的积极性空前提高，有效带动了一产的发展。

（3）科技共享促三产融合。

为了引导分散的调味品企业形成调味品产业集群隆起带，形成发展合力，促进二三产业融合发展，2019年，杨安镇政府积极筹措资金，开工建设预计投资4.5亿元，占地33.333公顷集研发、生产、销售于一体的调味品科技共享产业园。该园包括调味品创新创业基地、小镇会客厅、电商物流园以及污水处理厂等配套设施。

1）调味品创新创业基地。

建设规模约20万平方米的标准化厂房，划分为调味品研发中心和生产车间，用于和各大高校、科研院所、企业研发机构等开展广泛的产学研合作，研发适合不同市场需求的多样化高端调味品及进行调味品品质检测，促进杨安镇调味品产业的转型升级和"味都杨安"共享品牌建设。

2）小镇会客厅。

建设规模约1万平方米包括一馆四中心，将成为杨安镇的地标建筑和对外展示杨安镇和调味品产业的窗口。能实现调味品交易展示、调味品指数发布、工业旅游体验，调味品现场即购服务等功能，促进调味品线下销售和旅游等第三产业的发展。

3）电商物流园。

在园区一期7万平方米电商创业基地基础上，把散布于杨安镇周边的200多家调味品电商业户及11家物流仓储企业集中起来，建立电商共享平台，以集聚效应促进调味品线上销售再上新的台阶。另外，采用村民自愿入股集资的方式集资2400万元以上，建设一处规模达1.5万平方米的大型冷库，用于辣椒、大蒜等调味品原材料及调味品成品的冷藏贮运，完善冷链物流，推动调味品产业链延伸。

4）污水处理厂。

总投资预计4000万元，占地1公顷日处理污水4000立方米项目建成后可处理镇区及周边20多个社区（村）的工业和生活污水，为调味品产业的发展扫除环保障碍，改善当地生态环境，促进美丽乡村建设。

3. 可借鉴经验——王屯小辣椒"蹚出"红火致富路

（1）组织篇。

1）成立合作社。

王屯村耕地900亩，320户1026人，党员18名。2019年11月，杨安镇王屯村党支部在乐陵市农业农村局的帮助下，紧抓乡村振兴齐鲁样板示范区创建的有利契机，成立溢香合作社，以土地入股，农民分红的经营方式，集约土地935亩，用于种植辣椒和大蒜（现为全省单体面积最大的辣椒基地），实施"抓党建、促发展、打造一村一品"发展思路。

2）群众说了算。

从土地集约化经营到种植品种，充分征求群众意见。村党支部连续召开支部大会、党员大会，把老党员和村民代表召集在一起反复研究对策，商讨如何发展，广泛征求意见。最后一致决定：由党员带头，调整产业机构，发展有一定经营基础和见效快的蔬菜产业，在部分村民对发展产业犹豫徘徊的时候，村里的党员们站了出来，不但自己带头入股，还动员亲戚朋友入股。对一时想不通的群众，党部成员和部分党员轮番上门做思想工作。村里的党员和群众代表分批到孔镇镇王木腿村和金乡蔬菜种植基地考察学习。

3）政府服务好。

杨安镇党委政府积极对接辣椒收购企业，形成"农民+合作社+企业"链条，保证种得出，销得好；并投入200万元修路、清淤、绿植，着力打造美丽乡村，把产业基地、美丽乡村和乡村治理体系建设结合起来，实现乡村旅游、产业发展和治理有效的同频共振。激发生产活力，强化"组织力+市场力"。通过"村企联动"整合资源，由永兴和、崔禧记等调味品企业牵头，构建"以企带村、以村促村，以强带弱"的联合发展新模式，探索完善"党支部+企业+合作社"的调味品产业上下游链条，把从土地上解放出来的劳动力转移到第二产业、第三产业建设上来。村民将双手彻底解放出来，多数村民到周边企业务工，月均收入超过4000元，幸福指数大大提升。

（2）科技篇。

1）水肥一体化。

政府主导，从涉农整合资金中切块，为王屯辣椒基地安装水肥一体化设备。项目区实施水肥一体智能化模式，以色列水肥一体化技术具有节水、节肥、节药、省工、增产、环保和改善品质等诸多优点，并配备物联网系统和八要素气象站，可以通过手机App随时监测土壤的温湿度和种植植物的生长情况，做到科学种植有据可依，有据可查。

2）签约农业科学院。

聘请国家特色蔬菜产业技术体系德州综合试验站专家团队做技术顾问，从优化育苗到规范种植，从配方施肥到防旱保湿进行全程服务，实现辣椒种植"落地好、产量高、效益高"。为确保辣椒项目不受不可抗拒非人为因素导致减产或绝收，该村党支部积极对接太平洋保险公司将900多亩辣椒按1200元/亩的保额全部纳入保险，有效降低了减产绝产减收带来的风险。

（3）收入篇。

1）节约劳动成本。

过去2个人一天浇10亩地，如今1个人24小时完成935亩的灌溉，大大节约了劳动成本。

2）增加村集体收入。

通过集约化经营土地，整理出60亩土地，归集体所有，参与入股分红，预计年增加村集体收入25万~30万元。

3）增加农民收入。

项目区内大蒜亩均纯收入3000元，农民增收24万元。项目区种植8个辣椒品种，鲜椒和干辣椒两个系列。其中鲜椒亩纯收益5000~6000元，基地实现总产值470万元，与传统种植业相比，一季亩均增收5000元以上。

4）形成完整产业链。

发展大面积的辣椒种植，补齐调味品种植的短板，给予第二产业强力支撑，形成一二三产业叠加新局面。成功实践一条"让农业借助科技的翅膀腾飞起来"的"王屯"可复制模式的乡村振兴之路。

"十四五"时期，杨安镇将持续以实施乡村振兴战略为总抓手，以产业振兴为引领，聚势调味品产业，聚力一二三产业融合之路，全面补齐乡村产业发展短板，培育发展新动能，大力发展富民乡村产业，实现乡村产业高质量发展，推动乡村全面振兴，真正实现产业优、百姓富、生态美的目标。

（供稿人：德州市农业科学研究院；常培培、张自坤）

（五）山东金乡"双辣"产业三产融合发展

推进农村一二三产业融合发展，是拓宽农民增收渠道、构建现代农业产业体系的重要举措，是加快转变农业发展方式、探索中国特色农业现代化道路的必然要求。我国幅员辽阔，各地区农业和农村的资源禀赋差异较大，农业产业三产融合的具体模式也千差万别。金乡县位于山东省西南部，全县耕地面积80万亩，其中大蒜年种植面积60万亩、辣椒年种植面积40万亩左右，依托"双辣"优势产业，金乡县探索出一套一二三产业融合发展的模式。2021年12月，山东省省长周乃翔、副省长李猛分别批示指出，金乡县大蒜产业全产业链一体发展的做法，实现了乡村振兴和农民增收，值得总结和推广。

1. 发展大蒜优势主导产业，开拓"双辣"种植模式

金乡大蒜的种植历史悠久。从20世纪80年代开始，金乡县开始扩大大蒜种植面积。此后大蒜种植规模持续加速，到2012年达到顶峰，达70万亩。2012～2017年面积有所缩减，但仍稳定在60万亩左右。

经过发展，金乡已经成为全国大蒜面积种植最大的县之一，大蒜种植面积占全县耕地面积的75%。在金乡的带动下，周边县域及邻近的菏泽地区也大量种植大蒜，近年大蒜种植面积在200万亩左右，占到全国总面积的30%~40%，形成了国内大蒜最大的种植集中区。大蒜的规模化种植，为二三产业发展提供了充足的原料来源和发展空间。

在发展大蒜规模种植的同时，为充分提高现有土地资源利用效率，金乡自2013年开始通过"大蒜—辣椒"套种方式发展辣椒种植。经过多年培育，蒜田套种辣椒已成为金乡农业产业特色，所产辣椒具有上市早、产量高、干度好、色泽艳、辣度高等特点，受到市场热捧。随着蒜套辣椒种植模式的大力推广，金乡县辣椒产业发展迅猛，成为继大蒜之后的又一农业支柱产业和新兴朝阳产业。全县种植面积由2011年的不到6万亩，发展到2016年高峰期的42万亩。目前，金乡

辣椒年种植面积稳定在 40 万亩左右。

同时，积极利用大蒜种植、加工过程中废弃的蒜秆、蒜皮等积极发展食用菌种质和畜牧业等各种形式的种养循环农业模式，推进秸秆肥料化（秸秆还田）、饲料化、燃料化、基料化利用。全县牛羊养殖场利用大蒜秸秆 1.5 万余吨，大蒜秸秆利用率达 90% 以上。辣椒产业、食用菌产业及畜牧业的发展与大蒜种植形成了第一产业内的协同和上下游循环利用关系，提升了农业的综合效益。

2. 延伸产业链条，提升"双辣"产业价值链

金乡各地有大大小小大蒜专业批发市场 22 个，其中有 2 处大型专业大蒜交易市场，分别是山东金乡大蒜国际交易市场和金乡凯盛国际农产品物流园。其中，金乡大蒜国际交易市场占地 72 万平方米，总规划建筑面积 52 万平方米，是亚洲最大的产地单品农产品交易市场，2013 年被农业部认定为定点市场。市场辐射金乡及周边县市，并吸引河南、河北、聊城等地的蒜商前来交易，每天有 1000~1500 辆车进入市场，成交量最大达 1.5 万吨，年交易量 120 万吨。金乡凯盛国际农产品物流园于 2012 年投资建设，是济宁市农业产业化重点项目，占地 42 万平方米，总建筑面积 45 万平方米，是集蔬菜、水果、水产于一体的综合性农产品交易市场。除此之外，金乡还高标准建成蒜通天下产业园，成为全国最大的蒜片交易中心。

大蒜耐储，保鲜技术的发展使大蒜得以长期保存，保证周年交易。目前国内大蒜市场每年 9 月至次年 5 月交易的都是冷库存储的货源，库内交易时间长达 9 个月。为延长大蒜交易周期，金乡大力发展保鲜冷藏设施，金乡以及周边建设有国内最大的冷库群，有保鲜与恒温冷藏库 3700 余座，贮藏能力在 400 万吨左右。与仓储能力基本相匹配，金乡地区是全国最主要的库存区，近年库存量在 250 万吨左右，年库存量占全国的 62%~67%，为金乡县大力发展大蒜加工和贸易奠定了坚实基础。完善的大蒜仓储、市场、贸易平台成为辣椒产业发展的重要优势。当大蒜处于淡季时，正值辣椒上市季节，许多大蒜生产加工和出口企业转而进行辣椒收储加工业务。目前金乡已成为全国较为有名的辣椒仓储和集散地，辣椒年库存量在 3 万~6 万吨，多于北方辣椒种植交易中心产区——河南柘城。市场辣椒年吞吐量达 20 万吨，产值 16 亿元以上，辣椒专业合作社超过 300 家。

金乡大力发展大蒜加工产业，拥有大蒜加工企业 500 多家，全县规模以上大蒜加工企业 128 家，其中国家级农业产业化龙头企业 1 家、省级农业产业化龙头企业 7 家，年大蒜加工能力超 140 万吨，产品涵盖脱水蒜片、蒜粒、蒜粉、糖蒜、黑蒜等。为促进大蒜向深加工发展，高标准规划建设 11 平方千米的济宁食品工业园区，初步形成了大蒜精深加工、辣椒制品、烘焙休闲食品和生物科技四大主导产业。目前，已经研发生产烘焙、生物、辣椒、大蒜等七大类 140 多个品种，其中黑蒜、大蒜多糖等大蒜深加工产品 40 多种。已入驻喜万年、稻香村、万兴、沃兰等精深加工企业

60多家，实现了大蒜从调味品到食品，到保健品，再到医药的全产业链生产。金乡县依托大蒜的产业资源优势，做大做强辣椒加工产业，在济宁市食品工业开发区规范打造了辣椒产业园，宏大食品、齐盛食品、鑫德顺食品等一批辣椒加工项目相继建成投产。同时，卜集镇的辣椒烘干企业、鸡黍镇盐渍剁椒企业也遍地开花、蓬勃发展。辣椒加工产品已出口到韩国、泰国、越南等多个国家和地区，辣椒原果及酱制品销往四川、湖南、湖北、重庆等省份，深受广大消费者青睐。

我国大蒜出口以保鲜大蒜为主，辅以干大蒜（蒜片），保鲜大蒜年份出口量稳定在160万~180万吨。金乡作为全国大蒜的主产区，其出口量也排在全国的首位，截至2020年底，金乡县具有大蒜自营进出口权的企业达460家，2011~2019年，大蒜（鲜或冷藏大蒜）年出口量在27万~33万吨，占济宁出口总量的50%~60%，占全国出口总量的17%~22%。2020年金乡大蒜及其制品出口量为47.77万吨，同比增长60.3%，出口额为46875万美元，同比增长49.8%。

产业链条的延伸进一步巩固了金乡大蒜在全国的主导地位，使金乡成为全国大蒜的生产、交易和加工贸易中心，也为广大农村居民创造了丰富的就业岗位。

3. 科技支撑三产融合可持续健康发展

三产融合可持续健康发展，科技是根本性决定性力量。济宁市农业科学研究院、国家特色蔬菜产业技术体系济宁综合试验站、济宁市现代农业产业发展大蒜创新团队积极对接金乡大蒜、辣椒产业高质量发展需求，开展了一系列富有成效的工作。一是针对大蒜、辣椒连年种植、品种不优、种质资源退化等问题。先后引进收集评价大蒜种质资源250余份、辣椒种质资源500余份，筛选辣椒优异种质80余份，经第三方评价育成济蒜系列优良品种6个。其中，早熟品种济蒜3号蒜薹比金乡紫皮蒜早上市7~10天，效益显著。2022年，较对照主栽品种亩节本增效1000元，有望成为主产区大蒜产业高质量发展替代品种。制定实施了《大蒜良种繁育技术规程》，引进、示范推广大蒜、辣椒优良新品种10余个，为产业可持续发展打下坚实基础。二是开展绿色、高效技术集成研究。先后开展大蒜减肥（秸秆还田与有机肥替代技术）技术、大蒜水肥一体化应用技术、大蒜秸秆资源肥料化利用技术、大蒜双减生态友好型栽培和大蒜主要病虫害关键防治技术的研究集成。制定实施了《蒜套辣椒标准化栽培技术规程》。集成创新的"大蒜清洁生产配套关键技术集成研究与应用"2021年被山东省评为农业主推技术，该技术在金乡实施后，每亩为农户节本增效190余元。三是开展技术服务，把科技带到田间地头。以产业需求为导向，专家团队成员经常深入田间地头对种植户、农业技术人员手把手答疑解惑。体系内首席科学家和岗位科学家也多次亲临生产一线开展针对性指导与培训。近几年，先后开展各级各类大型培训10多次，提供技术咨询和应急及防护服务50余次，培训各级各类人员2000人次，发放培训材料10000余份，先后为企业培养专业技术人员32人，联合培养专业合作社、种植大户150余户，将现代种植、经营技术和理念传递到一线，有力提升了产业主体的科学素养。

大数据对未来农业的智慧生产和流通都有重要意义。在大数据的运用方面金乡做了比较多的尝试和探索，政府层面专门成立了大蒜产业大数据中心建设推进领导小组，成功运营了"中国·金乡大蒜指数"，金乡拥有蒜都中心大数据平台、中蒜大数据平台、蒜通天下数据中心等产业大数据平台。建成的金乡国际蒜都中心，对大蒜种植面积、仓储、出口、行情等6类数据一目了然。对这些信息数据进行梳理、整理、发布，可对蒜农生产经营决策提供重要参考，也将为大蒜产业的优化布局提供全产业链数据支撑，助推产业持续振兴。

一系列举措有力地维护了金乡大蒜优良的品质，为塑造品牌打造了坚实基础。"金乡大蒜"先后荣获中国驰名商标、全国名特优新农产品和中国欧盟"10+10"地理标志互认产品，连续九年荣获国际有机食品博览会金奖。2020年获中华品牌商标博览会金奖。成功塑造了"宏大""华光""鲜卖郎""金乡万兴"等企业品牌形象，认定了"成功人""宏泰"等山东省著名商标。2019年品牌农业影响力年度盛典中，"金乡大蒜"区域公用品牌成功入选12个中国最具影响力农产品区域公用品牌。2019年在全国公益性价值评估和影响力指数评价中，品牌价值达218.19亿元。"金乡辣椒"先后荣获国家农产品地理标志证明商标，入选"全国名特优新农产品目录""全国十大名椒"。金乡县先后荣获"中国辣椒之乡""中国辣椒产业发展功勋县"等荣誉称号。

（供稿人：济宁市农业科学研究院；任艳云）

（六）金乡县建设国家现代农业产业园

现代农业产业园作为探索农业农村发展新模式的重要载体，是推动乡村产业振兴的重要抓手。国家现代农业产业园是在规模化种养基础上，通过"生产+加工+科技"，聚集现代生产要素，创新体制机制，在明确的地理界线和一定的区域范围内，建设水平比较领先的现代农业发展平台，是新时期中央推进农业供给侧结构性改革、加快农业现代化的重大举措。金乡县国家现代农业产业园立足大蒜主导产业，是2017年6月首批提名创建的国家级现代农业产业园，2018年12月以全国第三、全省第一的优异成绩，通过农业农村部、财政部认定验收，成为全国首批国家级现代农业产业园。

1. 产业园基本概况

金乡县国家现代农业产业园，总面积15万亩，以鱼山街道、金乡街道为核心，辐射王丕街道、高河街道、化雨镇部分村。产业园依托大蒜主导产业，以"技术装备先进、资源要素聚集、经营规模适度、一二三产业融合、数量质量效益并重、生态环境可持续和农业竞争力提升"为目标，建起集绿色优质大蒜种植业、大蒜特色产品加工业、现代农产品物流业、农业休闲旅游业和战略性新兴产业于一体的大蒜产业簇群，形成了以第二产业带强第一产业、第三产业带活第一产业，主体融合、三产联动的良好格局。

2. 产业园举措成效

（1）大蒜种植标准化、绿色化、智慧化、机械化。

金乡县国家现代农业产业园在大蒜生产管理上，突出管理智能化、生产机械化、种植标准化、环境生态化，建立了一整套从种植、收获到销售、加工的操作规程，建立全程技术标准体系。在《地理标志产品金乡大蒜》国家标准的基础上，推进园区7万亩大蒜的标准化种植，并且利用园区项目资金重点打造标准化种植示范基地核心区10000亩，实施测土配方施肥、有机肥替代化肥项目，推广病虫害绿色防控、可降解地膜等技术，划定150亩重点开展抗重茬、营养菌剂、新品种对比试验，推进土壤改良修复，提升耕地质量。园区还安装了水肥药一体化喷灌设施，降低生产成本，提升农民收益。在产业园区，推广测土配方施肥覆盖率100%、水肥一体化技术4万亩，秸秆综合利用率达98%，园区产品抽检合格率达100%。园内大蒜标准化种植基地有农民专业合作社139家，实施"基地+农户+合作社+企业+品牌"模式，可带动农户1.1万户，57%以上农户入社，一系列举措使园区内农民可支配收入高于全县平均水平40%以上，成效显著。

大蒜的种植、收获等环节用工大、成本高，是制约蒜农收益增加的重要因素。园区联合全县的两家国家级合作示范社京信合作社及玛丽亚机械共同成立了大蒜农业机械化服务联合社，向全县推广大蒜机械化耕作。使用1台机械每天可播种大蒜30多亩，有效降低了大蒜播种的人工成本。目前，园区内大蒜生产机耕率为40%、机播率为30%、机收率为30%。

产业园高标准建设集科研、检测、电商、大数据等于一体的综合性国际蒜都中心，通过大数据中心，采集分析大蒜种植面积、仓储、出口、行情等大蒜大数据。开通大蒜价格指数，采集了六大产区的市场价格、交易量等数据，收集了自2004年以来每天的金乡大蒜市场交易价格，对大蒜价格走势进行分析，有效增加了农户经营决策的科学性。

（2）推动大蒜产业链条延伸，做强做深第二产业。

金乡县国家现代农业产业园建成了全国最大的大蒜加工产业集群、大蒜冷链仓储物流基地和交易市场。

园区坚持科技研发突破，合作研发大蒜生物发酵产品与精深加工技术，积极开发蒜氨酸、大蒜果聚糖等大健康产品，先后研制开发出黑蒜制品、硒蒜胶囊、大蒜多糖等九大系列100余种产品。高标准规划建设11平方千米的济宁食品工业园区，是全国规划面积最大的专业化食品工业园区，初步形成了大蒜精深加工、辣椒制品、烘焙休闲食品和生物科技四大主导产业。园区内仅黑蒜及黑蒜制品品牌就已达10余个，园区内企业华光集团、鑫诺食品、天佳食品、万兴食品等龙头企业生产的独头黑蒜、多瓣黑蒜、黑蒜巧克力、黑蒜枣片、黑蒜汁饮料等产品畅销全国。深加工产品不仅让大蒜附加值增长了几倍、十几倍，有效拉长了大蒜产业链条，还为当地农民创造了3万多个就业岗位。

金乡国家现代农业产业园不断完善冷链仓储物流体系，全县恒温冷库冷藏能力超过400万吨，年储存量占全国的70%左右。园区内建成了金恒冷链物流、凯盛国际农产品物流园、国际大蒜交易市场等物流基地和交易市场。其中，金乡大蒜国际交易市场是亚洲最大的产地单品农产品交易市场，各市场大蒜及制品年交易量120余万吨，交易额60亿元以上。

金乡县大蒜出口量占全国的20%左右，居全国第一，自营进出口企业超过400家，大蒜产品出口170多个国家和地区。随着全国首个服务县域经济的海关贸易便利化服务中心——济宁内陆港在金乡县国家现代农业产业园投入运营，金乡大蒜出口企业可以在货物进入济宁内陆港后办理报关手续，通关后直接运至港口装船出口，实现了出口大蒜的当地收获、当地装箱、当地冷冻、当地报关、当地验放的一条龙便捷化通关。降低了货物在港口因压港、滞箱、过驳产生的费用和时间成本，从发货至到达可节约2天的时间，一个货柜可减少800~1000元成本，有力地促进了金乡大蒜对外出口。

（3）建设省级特色小镇——鱼山街道蒜都特色小镇。

金乡县鱼山街道是"金乡大蒜"品牌的发源地，全国重要的有机大蒜生产、加工、出口基地和定价中心，获得了"中国蒜业第一镇"的荣誉称号，辖区内大蒜种植面积5万亩，年产量5万吨，具有150万吨的冷藏存储能力，配套服务体系健全，有着"世界大蒜看金乡，金乡大蒜看鱼山"的美誉。

鱼山街道蒜都特色小镇于2017年确立创建，是三产融合类特色小镇。小镇计划总投资31亿元，主要有大蒜指数中心、国际大蒜商贸城、鱼山堌堆遗址公园、金沙湖等特色项目。自2018年以来，鱼山街道依托国家现代农业产业园，建成省级蒜都特色小镇，依托"金乡大蒜"特色主导产业，做强做优大蒜产业。同时，不断优化调整产业结构，结合发展实际，按照宜农则农、宜商则商、宜游则游的原则，积极发展休闲农业、乡村旅游、农村电商、民宿经济、创意农业等各类新产业新业态发展，推动富民增收。

3. 产业园建设推进保障措施

（1）政策组织保障。

为更好推进园区建设，金乡县加强组织领导，成立了产业园管委会，并成立

15个专项工作推进组，由专人负责每项工作的推进。按照"渠道不乱、用途不变"的原则，整合项目资金，发挥财政资金的引领作用，撬动更多社会资本投入园区建设，实施了高标准农田建设项目、诚信河水系连通项目、有机肥替代化肥项目、可降解地膜示范推广项目、供电设施改造等项目，推动园区快速发展。

（2）强化科技支撑。

强化科技创新在国家现代农业产业园建设中的支撑作用，金乡县国家现代农业产业园先后与中国农业科学院、山东农业大学、济宁市农业科学院等科研院所、国家特色蔬菜产业技术体系济宁综合试验站、济宁市现代农业产业发展大蒜创新团队等平台建立合作。推动大蒜突破性新品种培育、地方品种提纯复壮、绿色标准化种植技术集成创新、大蒜深加工等研发、示范、推广工作。

自国家特色蔬菜产业技术体系成立以来，济宁综合试验站积极对接金乡大蒜产业和园区建设需求，开展了一系列富有成效的工作。一是针对大蒜连年种植，种质资源退化问题。先后引进收集评价大蒜种质资源250余份，经第三方评价育成济蒜系列优良品种6个。其中，早熟品种济蒜3号蒜薹比金乡紫皮蒜早上市7~10天，效益显著。2022年，较对照主栽品种亩节本增效1000元，有望成为主产区大蒜产业高质量发展替代品种。二是开展绿色、高效技术集成研究。先后开展大蒜减肥技术（秸秆还田与有机肥替代技术）、大蒜水肥一体化应用技术、大蒜秸秆资源肥料化利用技术、大蒜双减生态友好型栽培和大蒜主要病虫害关键防治技术的研究集成。以上技术集成的"大蒜清洁生产配套关键技术集成研究与应用"2021年被山东省评为农业主推技术，该技术在金乡每亩可为农户节本增效190余元。三是开展技术服务，把科技带到田间地头。国家特色蔬菜产业技术体系济宁综合试验站团队成员深入到园区田间地头对种植户、农业技术人员手把手答疑解惑。体系内首席科学家和岗位科学家也多次亲临生产一线开展针对性指导与培训。自体系成立以来，产业体系先后开展各级各类大型培训10多次，提供技术咨询和应急及防护服务50余次，培训各级各类人员2000人次，发放培训材料10000余份，先后为企业培养专业技术人员32人，联合培养专业合作社、种植大户150余户，将现代种植、经营技术和理念传递到一线，有力地提升了产业主体的科学素养。

（供稿人：济宁市农业科学研究院；任艳云）

（七）金乡打造村村通大蒜产业服务平台

近年来，山东省金乡县发挥地域优势，把山东特色蔬菜代表品牌大蒜作为助推乡村振兴的优势主导产业，形成了集大蒜种业、机械化生产、仓储、深加工、电子商务、现货交易、期货交易、金融服务等产业链环节于一体的大蒜全产业链发展体系，造就了"世界大蒜看中国，中国大蒜看金乡"的美誉。全县常年大蒜种植面积70万亩左右，总产量近90万吨，出口170多个国家和地区。"金乡大蒜"品牌价值高达218亿元，列全国蔬菜类第一位。大蒜产业收入占到了全县农民人均可支配收入的一半以上，成为名副其实的"致富蒜"。但在过去，金乡大蒜产业受到以下七个问题制约，导致农户种植意愿下降，产业遇到瓶颈：一是大蒜产业播种收获环节的机械化水平基本为零，人口老龄化，劳动强度大，劳动力成本逐年增高；二是由于多年连作造成的土壤重茬、板结、病害严重，大蒜产量降低；三是大蒜品种老化，不适合当前生产需要；四是无适配大蒜产业的农资产品；五是缺少大蒜社会化服务组织和体系；六是深加工的大蒜产业链尚未得到深度延伸；七是大蒜贸易模式陈旧。

面对产业发展问题，山东省玛丽亚农业机械有限公司联合国家特色蔬菜产业技术体系生产机械化岗、中国一拖、中国农业科学研究院、山东农业机械科学研究院等单位，立足金乡县实际情况，秉持"村村通、产业兴"的发展理念，以科技为先导，依托大蒜农机装备，拓展综合农事服务，打造村村通大蒜产业平台，开展"全程机械化+综合农事服务"，极大地改变了大蒜的传统耕种收模式，走出了一条"企业+合作社+农户"的发展之路，谱写了现代大蒜机械化生产的新篇章，促进大蒜产业成为金乡县实施乡村振兴的新支撑、农业转型发展的新亮点。

1. 基本情况

"村村通大蒜产业平台"是全球第一个提供大蒜全产业链解决方案的平台，是大蒜"一条龙"农机作业服务体系，其宗旨为：提供大蒜全产业链解决方案；全心全意为大蒜产业服务。其愿景为：把世界上最好的大蒜机械、大蒜农资、大蒜技术等带给大蒜生产者；把产出的优质大蒜及大蒜功能产品提供给全世界的消费者。平台有四个主要职能：一是推广先进的农机和农艺；二是进行农事托管服务；三是帮助村里的农副产品走出去；四是带领乡邻致富。

平台可以为各类大蒜种植户提供农机装备、农资供应、农技指导、土壤健康、种质资源、绿色防控、种植托管、大蒜制品贸易、大蒜功能产品研发生产及运营、信息服务、金融支持等一体化解决方案及服务，有力拓展了大蒜"一站式"综合农事服务领域。自2019年以来，通过吸纳村级各类经营服务组织，仅在山东就建立619个综合农事服务站点，服务触角延伸至610个乡村社区。平台现有社员3245户，拥有各类先进农机具4000多台套，建有农机机库棚30多万平方米，农机维修间1200余平方米，培训教室500余平方米，年农机作业面积30余万亩，服务农户5万余户，培训农机手等约1000人，服务5000人以上，带动增收10000人以上。为农户代销大蒜6万余吨，共计覆盖蒜农5万余户，服务区域覆盖金乡县域，并常年在梁山、汶上、嘉祥、巨野等周边县区以及安徽、江苏、河南、河北等外省市开展作业。

"村村通大蒜产业平台"不仅搭建起了农机管理部门、农机企业和农民的沟通桥梁，也构建了产销一体化的平台，提升了整体的社会化服务水平，是乡村振兴新模式、新思路的探索，对于进一步促进金乡大蒜产业的新旧动能转换与产业化升级具有十分重要的意义。

2. 主要做法

（1）科学自主研发，助推大蒜生产装备优化升级。

传统大蒜播种与收获主要依靠人工，蒜农们长时间面朝黄土背朝天，效率不高且产量不易把控。为改变这一困局，山东省玛丽亚农业机械有限公司联合国家特色蔬菜产业技术体系生产机械化岗、山东省农业机械科学研究院等单位联合研发出高效精量大蒜播种机、大蒜联合收获机，多次荣获省市级创新发明表彰，纳入了山东省新产品补贴目录，并参与起草制定多种大蒜机械的山东省地方标准。同时，与中国农业科学院合作，整合国内最领先的农资与农技资源，解决了大蒜连作等产生的一系列土壤、病害等问题。

2019年积极开展与中国一拖集团合作，强强联合共同在大蒜产业全程机械化方面开展配套合作，共同推进大蒜产业全程机械化的发展。目前公司已经拥有大蒜播种机、大蒜收获机、蒜种分瓣分选机等核心知识产权，同时研发了大蒜专用施肥机、深翻机、浅翻机、旋耕机、旋耕施肥一体机、起垄机等耕整地机械，蒜种分选机、喷药覆膜一体机、灌溉设备、植保设备等播种和植保机械，已经具备大蒜种植全产业链所有装备研发制造能力，实现了大蒜生产全过程机械化作业全覆盖，成为全国唯一一家大蒜全程机械化装备的技术提供者。公司的相关成果先后在中央电视台"我爱发明"栏目、"农广天地"栏目、《农民日报》、山东电视台等进行了宣传报道。

（2）敢于创新，打造村村通"一站式"综合农事服务新模式。

立足于村村通大蒜产业平台，玛丽亚机械围绕发展"一条龙"农机作业服务新体系、"一站式"综合农事服务新模式开展了探索，建立的各服务站点能够为农户提供大蒜农机装备、大蒜农资供应、大蒜综合农事服务、大蒜农机—农资—农产品国际贸易、深度大蒜产业信息服务、大蒜产业金融服务以及土壤改良等产前产后系列化综合农事服务，让蒜农从繁重的体力劳动中解放出来，减少了产前产后的诸多麻烦，有效解决了小农户与现代农业发展有机衔接的问题，实现了企业增效、村集体增收、农民节本省力等多方共赢。为当地大蒜机械化种植、收获、土地流转、新农村建设、资源共享、乡村振兴及发展村集体经济等诸多方面提供了平台和发展机遇，同时培育了一批农机、农艺推广带头人和乡村振兴致富的带头人。

玛丽亚"大蒜全程机械化+农事服务项目"2020年入选全国"全程机械化+综

合农事服务"典型案例。2020年玛丽亚公司配合金乡县农业农村局圆满完成了山东省农业农村厅15万亩农业生产托管服务项目，并于2020年成功入选中国农业机械流通协会的《减贫攻坚·农机答卷——农机行业优秀减贫案例集》。

（3）打造大蒜全产业链品牌，利用全程机械化提升综合效益。

玛丽亚机械将"村村通大蒜产业平台"作为打造企业品牌的重要一环，科学谋划发展大蒜全产业链环节，提升蒜农和企业的综合效益。通过从产品到用户最短渠道，节省大蒜生产中间所有的环节，降低中间流通成本，促进产品流通，真正在技术上实现以客户和市场为导向，在销售上实现以客户和市场为中心，多渠道共享，多资源共赢。在经济效益方面，与人工相比有巨大的经济效益，节省成本，提高效益。

以2019年金乡县种植1亩大蒜为例，在蒜种、耕整地、地膜、化肥、农药、浇水、栽种、刨蒜等种植环节，"村村通大蒜产业平台"种植成本约3110元，个人种植成本约4420元，每亩减少成本1310元。在社会环境方面，大蒜产业全程机械化能够培养大量从事大蒜农机及大蒜产业的新型大蒜产业新农民，使更多的人比如农民工、退役士兵大中专毕业生等有意向下乡创业者，愿意留在大蒜产业领域。同时，解决农村在加快推进新型城镇化进程中的劳动力就业问题，把农民培养成大蒜产业工人，提高人口素质。通过农机农艺的结合，实现大蒜种植标准化及规模化，使大蒜产业为绿色大蒜产业、通过种业创新、化肥农药减量增效，用物理方法解决农药的问题等来改善环境，造福子孙后代。

（4）强化关键要素建设，提升平台服务水平。

一是依托示范基地，推广机械化服务技术。平台以推进大蒜全程机械化进程为目标，以农机专业合作组织为依托，建成3处共1300亩大蒜全程机械化示范基地，大力示范推广大蒜全程机械化生产技术，采取政策驱动、科技推动、示范带动，努力促进大蒜生产方式转变。通过示范基地的引领带动，邀请专家技术培训指导，改变了当地农户传统的种植习惯，促进了农业机械化的发展。

二是强化基地建设，提升平台培训水平。根据平台发展需求，通过承办全国葱姜蒜机械化会议、山东省大蒜生产全程机械化现场观摩会、中国（金乡）首届大蒜机械创新发展论坛、山东省大蒜生产机械化技术推广田间日暨培训班等演示推广会以及合作社联合采购现场订货会等开展演示培训，农民可以在现场实现从理论教学、操作训练到田间实践的全程培训，每年培训合作社社员、农机手、种粮大户、普通群众1000多人次，提高了社员和农民的知识技能和服务能力，为平台长远发展提供了有力的人才支持和技术支撑。实现了以企业带动产业、以产业带动就业、以就业带动增收。培育了新型职业农民人才，为周边群众累计提供就业岗位万余个。

三是延长产业链条，打造优质服务品牌。通过平台综合农事服务中心为农户提供从农资供应到机械服务以及粮食回收等一站式服务,实现了资金、技术、人脉等资源积累向大蒜加工、流通等第二产业、第三产业发展,走三产融合发展之路。

(5)注重团队建设,打造产学研推用合作新标杆。

一是强化政企合作。一方面,积极选派年青核心成员参加省、市农业部门及大学、院所组织的技术培训学习;另一方面,利用公司机械装备研发能力和土地流转规模大的优势,赢得国家、省、市现代农业示范区创建项目支持,开展科技智能化装备及技术应用。

二是推进产学研合作。与中国农业科学院、山东省农业科学院、山东农业大学等科研院校等开展深入合作,承担项目研发,优先应用科技成果,推动产业发展。

三是加大乡村振兴人才培养力度,"村村通大蒜平台"拥有大批的农机、农资及运营专业培训师。培训团队把最好的技术和理念带给村村通站点,让他们成为真正懂农机、懂技术、懂产业、懂平台、懂运营的新农村带头人(见图3-1)。

图3-1 产学研推用合作

(供稿人:国家特色蔬菜产业技术体系生成机械化岗,山东农业大学机械与电子工程学院,山东省玛丽亚农业机械股份有限公司;侯加林、周凯、辛丽、吴彦强、胡慧洁)

(八)莱芜生姜品牌发展案例

1. 莱芜生姜品牌发展现状

莱芜生姜是济南市莱芜区的传统农产品和特色农产品,也是主要出口农产品。

常年种植面积20万亩，年出口近50万吨，占国际市场的21%、占全国出口贸易的70%。"莱芜生姜"早在1959年就被中国农业科学院编入《中国蔬菜优良品种》，1960年列为全国名贵产品，1985年莱芜生姜荣获农业部优质产品奖，1997年8月被命名为"中国生姜之乡"，连续五届获得中国国际博览会名牌产品，2003年获国家原产地标志注册保护，2008年获国家地理标志证明商标，是北京奥运会全国唯一生姜专供产品，2011年评为"到山东不可不买的100种旅游产品"榜首，2016年通过农业部农产品地理标志认证，获山东省首批十大农产品知名品牌、全国果蔬产业百强地标品牌，2017年荣获全国十佳蔬菜地标品牌，"莱芜生姜"品牌价值经评估达123.66亿元，被认定为"山东省重点培育的国际自主品牌"，2019年入选中国农产品区域公用品牌名录，并获"济南市十佳最受欢迎的品牌农产品"。

以济南市十大产业振兴为契机，按照"做强产业，做响品牌"的目标，以提升产品质量和效益为核心，以规模化和标准化为基础，逐步形成"创建一批、提升一批、储备一批"的生姜品牌发展良好局面和建立培育名牌、发展名牌、宣传名牌、保护名牌的有效机制。连续八届的姜产业博览会、全国首个生姜VR博物馆的上线，更增加了莱芜生姜产业的聚集效应，进一步提升了"莱芜姜、赢健康"的品牌影响力、知名度、美誉度，"莱芜生姜"已成为真正的"小作物大产业"。截至目前，济南市莱芜区生姜企业品牌达30多个，按照品牌贴标销售或按品牌运作的占30%左右。现已开发"食、药、卫、健"系列产品，姜片、姜汤、姜酒、姜油等精深加工产品2000多种，其"寿司姜片"占国际市场份额70%以上，生姜主产区农民收入的50%来自生姜产业。"姜老大""头道菜""裕华源""姜尚""卖姜翁"等品牌先后在天猫、淘宝、京东等国内电商平台开设品牌旗舰店，万兴、泰丰、东兴源等公司在迪拜、香港、北京等地设立直销机构，远销日本、欧盟、韩国、新加坡等100多个国家和地区。

2. 万兴"姜老大"品牌案例

自2006年山东省万兴食品有限公司创立之初，万兴人就立下要做"企业之首、行业之首、区域之首"的"老大"之志。由此，"姜老大"品牌应运而生。老大，这一在旁人眼中略显狂傲的词语，却恰好是万兴人远大目标和美好愿景的最佳体现。

"质量就是生命这句话，不论说多少年都不落伍，不过时。"公司总经理柳建增曾说。创业伊始，公司就把目标定位于国际市场，而"质量"就是山东万兴进军国际市场的试金石。由此开始，逐步走出了一条"世界这么大，处处姜老大"的企业发展之路。

（1）严把原料源头，打造质量品牌的牢固基石。

"好的原料不一定会造出好的产品，但好的产品必然来自好的原料。"山东万兴公司多年来一直秉承这一理念，坚持"要做就从源头做好"，严把产品原料关。公司按照国际市场的质量标准，先后投资4000余万元，逐步建立起3500亩自属标准化种植基地和35000亩标准化合同基地。基地选址环境良好，土壤、水分及周边环境都经过严格检测，完全达到天然、无公害的要求并已认证无公害种植基地。基地内从选种、耕种、施肥及病虫害防治到日常管理都严格按照GAP的标准执行。2012年公司又与山东农业大学合作，共同研发"基于物联网的生姜溯源技术"，共同组建了"蔬菜产业链信息化平台"，从而真正实现农作物种植、生产的全程追溯、安全预警和质量控制的电子信息化管控，牢牢把紧了产品质量这第一道大门。

（2）生产全程在控，确保安全生产不"脱轨"。

车间加工是农产品生产流程中至关重要的工序。从质量安全到职工安全，无不与这一工序息息相关。为此，公司自2010年起就陆续投资近4亿元，规划建设了集科研、检测、加工、冷藏和物流等功能于一体的"万兴食品产业园"项目，引进美国AEROGLIDE烘干机、瑞士BUHLER色选机、德国QUICKTRON5Aφ100金属探测器等生产、检验检测设备120台（套），生产设备完好率达96%以上，检验和试验设备完好率100%；烘干生产线采用国际最先进的美国全进口箱式不锈钢热风烘干线，一举把"万兴食品产业园"打造成为国内最大、技术领先的现代化食品产业园。车间采用密闭式管理，电子门锁和监控双重管控，进入车间严格按标准穿戴无菌服，厂区及周围环境按时进行灭菌操作，职工全员定期体检，不给任何威胁质量和生产安全的隐患留死角，确保安全生产不"脱轨"。

（3）稳守质检"雄关"，最严标准打造最受信赖品牌。

作为"守卫"产品质量的最后一道"雄关"，"姜老大"产品的质检标准一度被称为"史上最严质检标准"，因为"姜老大"系列产品采用的是欧盟最严农残限量（MRLs）标准，超过国内同类产品检验检测值。公司研发的生姜安全生产关键技术，已被作为国家标准化指导性文件《生姜生产技术规范》（GB/Z 26584—2011）的核心内容发布实施。公司还投资4200万元建成总面积7053平方米的高标准农产品检验检测中心，购入安捷伦、岛津等国际知名品牌检测仪器、设备120余台（套），建成生物安全实验室、化学分析实验室、仪器分析实验室、科研开发室4个实验室。通过软硬件条件的同步提高，使公司对产品质量的掌控能力大幅提高，稳稳地在产品出厂检测程序前树起一道牢不可破的"最严质检关"。

（4）研发引进相结合，创新让企业绿树常青。

创新是企业的生命源泉，要保证企业之树常青，就要坚持不断向前。公司坚持以市场为导向，通过自主研发和技术引进，为企业注入源源不绝的新鲜活力。公司还积极向"产学研"结合靠拢，与中国农业大学、江南大学、山东农业大学、山东省农业科学院、济南市农业科学院等10余所大专院校、科研单位建立长期合作关系，引进高层次专业人才，使企业从最初的纯生产加工企业逐步成长到现在的集农产品研发、种植、收购、储存、加工和销售于一体的农业产业化国家重点龙头企业，产品涵盖"姜老大"牌保鲜、腌渍、脱水三大系列上百的品种。

（5）拒绝"守株待兔"，主动扣响国际市场大门。

为打开国际市场大门，打响"姜老大"品牌在国际市场上的声誉，山东万兴自成立之初，就拿出"主动出击，向全世界展示自己"的勇气，积极参加各类国际大型、知名农产品展会，以一流的质量、一流的态度和一流的服务不断拓展市场占有份额。公司还采取"走出去，请进来"的策略，主动邀请国际知名农产品进口企业来华、来厂参观，亲身感受公司的精神和风貌，树立对公司强大而牢固的信心。历经多年发展，如今公司的国际销售市场以发展到美国、欧盟、日韩、中东等近百个国家和地区，年出口创汇达2亿美元以上。同时还收获了无数名誉。

2008年，山东省万兴食品有限公司主打品牌"姜老大"被选为奥运生姜唯一专供产品，公司自属种植基地被国家农业部命名为"国家生姜种植科技示范基地"、被国家科技部定为"国家科技兴农计划科普示范单位"；2010年公司被评为"中国质量诚信企业"；2014年"姜老大"品牌入选"山东名牌"产品；2015年第十八届中国农洽会被评为"优质产品"；连续11年被评为"全国生姜出口第一大户"；2016年被评为"山东省农产品知名品牌""山东省重点培育的国际自主品牌"。

（供稿人：济南市农业科学研究院，山东省万兴食品有限公司；王凤芝、李承永）

第四章 西北片区

一、内蒙古自治区助力乡村振兴典型案例

(一) 巴彦淖尔推进乡村辣椒产业振兴

1. 巴彦淖尔辣椒产业基本情况

辣椒是我国重要的蔬菜和调味品，加工产品多，产业链长，附加值高，是重要的工业原料作物，产业潜力巨大。巴彦淖尔市具有得天独厚的自然资源、气候条件和产业基础，非常适合发展辣椒产业，所产辣椒色泽鲜艳、果肉厚、辣椒红素和干物质含量高，深受国内外市场喜爱，种植面积逐年扩大。2005年，巴彦淖尔市开始大面积种植辣椒，以脱水青红椒为主，面积从3万亩发展到6万多亩。2018年开始大面积种植酱用椒和朝天椒，总面积达20余万亩，成立与引进辣椒加工企业70多家，主要生产脱水椒、酱用椒。近年来，巴彦淖尔市坚持走"绿色发展、一二三深度融合、提质增效"的产业发展之路，补齐短板、延长链条、培育品牌、开拓市场，完善联农带贫利益联结机制，着力做强"辣"产业，做好"辣"文章，推动朝天椒优势集群建设高质量发展，将"小辣椒"打造成带动本地农民增收和县域经济发展的"大产业"，为乡村振兴提供支撑和保障。

2. 主要做法

为推动辣椒产业高质量发展，巴彦淖尔市制定发布了大力发展辣椒产业10条意见。

（1）抓品种引育。

加强与国家特色蔬菜产业技术体系及国内科研院校、育种龙头企业合作，依托黄河流域西北地区种质基因库和现代种业产业园，加快适宜本市种植的优良品种引进及具有自主知识产权的新品种培育。

(2) 抓基地建设。

发展壮大育苗专业合作社，积极引进国内大型龙头企业，建立一批标准化育苗基地；全面推行水肥一体化灌溉、有机肥替代化肥、统防统治绿色防控、使用国标地膜等绿色生产标准和技术，建立一批标准化种植示范基地。

(3) 抓生产机械。

推动辣椒产业发展所需的八种农机列入农机补贴范围；鼓励企业（合作社）引进、购置、研发先进的生产、加工机械设备或生产线，开展社会化服务。

(4) 抓订单种植。

引导和支持辣椒收购和加工企业（合作社）与农户签订种植订单，调动农民生产积极性；鼓励企业（合作社）通过土地流转、股份合作等多种方式自建基地；推广"企业（合作社）+村集体+农户"的产业发展模式，形成稳定的优质原料生产基地，提高种植效益。

(5) 抓精深加工。

合理规划建设辣椒加工产业园，完善物流、仓储、加工、检测、交易集散等功能，延伸产业链条；加大精深加工企业引育，对于新引育的精深加工龙头企业，给予优惠政策扶持；支持企业申报仓储、包装及冷链物流等方面项目资金，鼓励开展干辣椒面、辣椒丝和辣椒酱等初加工产品及辣椒素、辣椒红素、辣椒油树脂等精深加工产品研发。

(6) 抓市场管理。

充分发挥产业协会、经纪人的作用，加强信息共享，防范市场风险；鼓励辣椒生产、加工等经营主体建立产业网络营销平台，发展线上线下交易，形成畅销的产品流通格局；加快辣椒生产、加工、销售等环节标准化规程制定，全面加强辣椒产品质量认证及质量追溯体系建设，逐步将辣椒加工企业（合作社）、基地纳入国家农产品质量安全追溯管理信息平台，切实保障食品安全；加强种子执法和监管，严禁推广销售未经登记的辣椒品种，依法惩处侵害农民权益的种子违法行为。

(7) 抓品牌培育。

鼓励企业（合作社）开展绿色、有机食品认证、注册商标和创建特色名牌产品；各旗县区要积极申报全国名特优新农产品及农产品地理标志；对符合"天赋河套"区域公用品牌授权标准的辣椒产品给予授权，实现以品牌引领辣椒产业高质量发展。

(8) 抓科技服务。

完善科技服务体系建设，推动科技资源和人才下沉，统筹协调市、旗县区、乡镇（苏木）三级科技人员组建科技服务队伍，为辣椒产业提供科技保障；采取引进来、走出去、线上学、实践学、观摩学、交流学等模式，不断提升科技人员、合作社负责人、种植大户、农民土专家的科技素质，着力培育一批懂技术、善经营、会服务的辣椒产业化队伍；形成辣椒主推品种及主推技术名录，并做好推广服务工作，不断提高新品种和先进适用技术的普及率和使用率。

（9）抓社会化服务。

着力培育一批专业化社会化服务组织及经纪人队伍，完善提升"保姆式托管""菜单式托管"为代表的土地托管社会化服务模式，建成一批原料基地优、仓储能力好、加工能力强、品牌效应大的示范联合体，实现小农户与现代农业的有机衔接。

（10）抓政策扶持。

统筹整合各类涉农项目资金，用于扶持辣椒产业发展。对辣椒精深加工企业给予政策倾斜，优先给予辣椒基地高标准农田、耕地轮作、社会化服务补贴等各类涉农项目倾斜；每年安排一定专项经费用于辣椒新品种、新技术的引进筛选、试验示范、宣传培训及技术推广等工作；采取多种方式，进一步扩大辣椒价格保险面积；鼓励引导金融机构创新金融产品和服务模式，通过保单质押、土地承包经营权抵押等方式，对辣椒种植、加工、产业化给予金融支持，扩大贷款覆盖面。

3. 辣椒产业示范园区建设

巴彦淖尔市以辣椒产业为重点，全面发展特色产业，着力提升村集体经济水平，实现"一村一品""一镇一业"，为乡村振兴打好产业基础。着力建设一批辣椒产业示范园区，引进100多个辣椒新品种，推广标准化、规模化、智能化种植，并按照产品等级分级初加工销售，延伸产业链，带动种植业结构调整优化，实现种植效益最大化。

（1）打造双河镇万亩辣椒产业示范园。

双河镇积极探索"支部+龙头企业+合作社+基地+低收入户"模式，依托四川郫都区豆瓣生产企业，签订保护价订单，并由企业、合作社集中流转土地。园区统一利用"5G+引黄河水滴灌"智慧种植系统，采用北斗卫星导航技术精准播种，采用智能操控技术精准滴灌、施肥，进一步提高辣椒的坐果率。在园区核心区投资238.8万元引进智能化种植技术，利用手机App进行远程操控，做到精准播种、灌溉、施肥，进一步降低投入成本、增加种植效益，促进农业生产方式从粗放型向集约型转变。用智慧农业技术种植辣椒，比传统种植方式节水30%~40%、节肥30%、节省农药20%，田间管理成本减少50%以上，品质提高1~2个档次。双河镇共带动8个村500多户农民种植辣椒，根据订单实行标准化、规模化、机械化、智能化种植。根据测产结果计算，亩均纯收入达到3500元以上。

（2）打造白脑包镇辣椒产业示范园。

白脑包镇依托辣椒产业园区，推广使用现代化种植技术，引进全产业链加工企业，带动 21 个村 3200 多户农民种植辣椒，总面积达 3.1 万亩。白脑包镇于 2021 年引进自治区农业科学院和内蒙古巴美优鲜蔬果公司，打造了"院市共建"辣椒特色产业小镇示范项目。项目集中流转土地 1500 亩，集中连片种植鲜食椒、酱用椒 1500 亩，辐射带动周边农户参与种植 5000 亩。集中试验新品种 107 个，示范种植新品种 2 个，同时开展辣椒套番茄、辣椒套蜜瓜示范种植 70 亩。辣椒亩均产量 3500 千克左右，亩均预计收入 7000 元左右。该镇同时重视辣椒深加工企业的培育和引进，已经新建成辣椒酱深加工企业 3 家，培育壮大脱水蔬菜深加工企业 33 家，年加工辣椒酱 9000 吨、脱水蔬菜 4000 吨，产能占到全市的 30%。天一工贸、华盛商贸等已成长为行业龙头企业，并取得脱水菜出口资质。2022 年，白脑包镇引进了安徽瑞国贸易公司，计划在丹达集镇投资 3500 万元，建设年产能 1500 吨的脱水蔬菜生产线，以大带小、以强扶弱，推动全镇辣椒产品深加工集约化、规模化发展。

巴彦淖尔市将继续推动辣椒产业发展，坚持全产业链谋篇布局、全方位精准推进、全要素强化保障，努力构建集区域化布局、规模化种植、标准化生产、市场化经营为一体的辣椒产业发展格局，不断提升辣椒产业的知名度、美誉度和影响力。

（供稿人：包头综合试验站；白静、樊荣、高振江、王亮明、高娃、姚慧静、张冬梅、潘子旺、袁鹤）

（二）土默特右旗盐碱地种出朝天椒

2022 年，土默特右旗选择盐碱地种植辣椒规模在 0.35 万亩，鲜椒总产量 0.7 万吨。品种以艳椒 1 号、千斤红 2 号、辣椒王为主，技术模式支撑运行良好，成为助推乡村振兴增加农民收入的一条重要渠道。以经纪人队伍为抓手，力图探索建好产地，做好产地市场，实现种得好、卖得好，保障产业经济效益的有效途径。

1. 土默特右旗辣椒生产现状

土默特右旗具备辣椒产业发展优势：良好的农业基础，优越的自然条件，雄厚的科技力量。但由于各种原因，该产业长久以来都停留在"为食而种"的阶段，没有充分挖掘潜力，变"菜篮子"为"钱袋子"。2022 年，在龙头企业的带动下，土默特右旗把辣椒作为特色产业之一，坚持以市场为导向，开始集中连片、规模生产。2022 年土默特右旗积极引进内蒙古金粮安农业科技有限公司，发展订单红辣椒。把辣椒产业作为产业结构调整的"重头戏"来抓实抓好。在政策扶持、种植技术、交易平台、仓储加工、延伸链条、环境优化等支撑要素方面加以支持、引导和培育。在苏波盖乡庙营村建成集中连片引黄滴灌水肥一体化红辣椒示范种植基地 3500 亩，发展订单农业。

红辣椒鲜重平均亩产2000千克，市场单价2元/千克，亩收入4000元，亩成本1500元，亩纯收入2500元。充分发挥种椒大户的示范带动作用，实现产值1400万元，初步形成了市场牵龙头、龙头联基地、基地带农户的产业发展体系。苏波盖乡庙营村引进辣椒种植后，集体收入增加了2万余元，直接带动周边村民在辣椒种植、采摘就业100余人，在辣椒的种植过程中，如插秧、收割等，都需纯人工操作，继而带动周边农民的就业率，增加农民的经济收入。农民帮助种植大户栽种辣椒每天可获得140元左右的收入，摘一天辣椒可获得100多元收入，辣椒产业已经成为一个藏富于民、引领土默特右旗特色农业突破发展的产业。

2. 科学遴选辣椒示范基地

苏波盖乡庙营村分布在土默特右旗境内黄河冲击平原，属黄灌区土壤盐碱化典型区域，大部分土壤类型为草甸土；局部土壤类型为盐土。为中度—重度盐碱地，土壤质地为黏壤土。为着力解决好土默特右旗"盐碱化耕地"这个要害，结合苏波盖乡庙营实际，针对沿黄灌区盐碱地灌排管理技术、土壤管理技术、耐抗盐植物与品种应用、配套栽培管理等技术不能有机结合，治理技术较为单一等问题，开展沿黄灌区盐碱地农业高效利用技术集成与推广应用。计划盐碱地示范项目投资720万元；高标准农田项目投资807万元。在改良项目区5500亩耕地中，中度盐碱地面积4100亩，重度盐碱地面积1400亩。充分发挥高标准农田建设对种植产业发展的支撑作用，将高标准农田建设与招商引资、耐盐碱新品种引进、"四控"技术推广应用等工作精密结合，将高标准农田项目区打造成促进农业增效、农民增收、农村增绿的"标杆"。

2022年，由包头市农牧科学技术研究所组织旗县开展示范推广工作，以内蒙古农牧业技术推广中心、内蒙古农牧业科学研究院为技术支撑。继续按照"调减大路菜、发展优质菜、拓展特色菜"的思路，优化蔬菜产业区域布局，重点在苏波盖乡庙营村依托包头市旺企农民专业合作社、内蒙古金粮安农业科技有限公司，在土默特右旗苏波盖乡庙营村示范推广"引黄滴灌+水肥一体化技术"朝天椒种植3500亩。

3. 推进土右旗辣椒产业发展的主要措施

（1）构建协同推广服务机制。

成立由自治区和包头市、土默特右旗农业技术推广、科研等部门组成的示范推进小组，负责组织领导、部门协调、资金整合、人员调配等工作，充分利用科技小分队和专家团队等力量，开展技术指导、宣传培训，构建上下贯通、分工合理的服务模式，构建"首席专家+科技骨干+技术指导员+科技示范主体+企业/农户"的科技服务格局，逐步构建左右衔接、优势互补的农技推广协同服务新机制，切实保障各项示范任务落实到位。推广示范基地新技术到位率100%以上，农民满意率100%。

（2）高标准农田+招商引资。

苏波盖乡采用"农户+村委会+企业"模式吸引企业落地，庙营村村委会将3000亩高标准农田整合，由村委会统一流转服务企业。2022年，成功吸引包头市旺企农民专业合作社、内蒙古金粮安农业科技有限公司，共计投入300万元建设冷凉地区辣椒生产基地。

（3）高标准农田+耐盐碱新品种引进。

经过旗乡村农业干部的多方考察，朝天椒属于耐盐碱品种，因营养成分全，风味鲜美，颇受市场欢迎。盐碱土的改良有工程措施、化学措施、物理措施和生物措施，种植耐盐碱植物是改良盐碱地的最佳措施之一。苏波盖乡庙营村种植的辣椒是朝天椒，主要品种有艳椒1号、千斤红2号、辣椒王。朝天椒对土壤的适应性强，耐盐性强，其抗逆性为土右旗盐碱化耕地改良提供新的栽培措施。2022年苏波盖乡首次引入种植即获丰收，为调整包头市种植结构，保障"菜篮子"农产品供应做出了贡献，也为盐碱地种植探索出一种新模式。

（4）整合农业项目资金示范推动。

为了将整个庙营村耕地全部建成高产、稳产的高标准良田，按照自治区政府要求，整合了高标准农田建设和盐碱化耕地改良试点项目资金进行集中投入。2022年引进企业集中流转耕地种植朝天椒，长势良好，现已建设成为自治区高标准农田建设的典型示范样板区。

（5）坚持绿色发展为先导。

继续按照"一控两减三基本"要求，支持新型经营主体、社会化服务组织开展肥料统配统施、病虫统防统治等服务，推进绿色化生产与专业化服务。全部采取绿色防控、统防统治措施，且辣椒病虫害少，施药共1次，亩减少农药10克，减少化学农药用量18%以上。同时，引领加快旗级蔬菜绿色生产示范基地建设，加强绿色防控装备配套完善，提升蔬菜病虫绿色防控能力，推进放心菜园建设。为降低流通、存贮损耗，支持引导蔬菜基地配套建设分级包装、冷链运输系统，使用节能环保包装材料，提高产品保鲜能力，扩大销售半径，延伸产业链，提高附加值。

（6）应用"四控"技术示范推广。

在沿黄灌区苏波盖乡庙营村高标准农田建设完善了灌排体系，安装了黄灌区黄河水滴灌及水肥一体化设备，为"四控"技术推广应用提供了设施保障。干渠里的黄河水，经由地头的旋流器、沉沙罐过滤后，通过管道输送到农田的各个角落。采取"滴灌+水肥"一体化技术，极大地提高了水资源的利用效率，与传统大水漫灌相比，水肥一体化的滴灌模式节水达30%~50%。

盐碱地引黄滴灌水肥一体种植辣椒技术成为包头市高标准农田、盐碱地改良技术应用成功的标志。辣椒种植已成为庙营村的支柱型产业，为周边村民保产增产、保收增收，起到了积极的推动作用。还为周边村民提供大量就业机会，进一步促进集体经济发展壮大，助力乡村振兴。作为农业技术人员积极为蔬菜产业兴旺、乡村振兴、农业强旗建设做出新的贡献。

（供稿人：包头综合实验站；田丰、贺瑞文、高振江、樊荣、王亮明、高娃、姚慧静、张冬梅、潘子旺）

（三）扬名海岱蒜 助力乡村振兴

海岱蒜产自北纬40°的包头市蔬菜生产核心区沙尔沁镇中部——海岱村。沙尔沁蔬菜生产核心区北依大青山，南邻黄河畔，黄河一级支流五当沟从沙尔沁镇中心地域穿过，为山前洪冲积扇平原，土壤肥沃，地下赋存优质天然矿泉水。核心区因大青山主峰莲花山屹立于北部，遮挡缓解北部寒流的侵袭，形成独特的蔬菜生产小气候，加之光照时间长，昼夜温差大，生产出的蔬菜具有独特的地域风味。海岱村位于该区域的中心，独特的区位优势造就了海岱紫皮蒜辛辣味浓、外皮松而内瓣衣紧、鳞茎皮紫易剥、洁白有光泽、个体肥大肉质紧实的特点。具有祛寒湿的功效，具有独特的风味和品质[①]。

海岱人种植大蒜有一百多年的历史，特殊的地理环境和品种造就了海岱大蒜独特的品质风味，具有抗癌、杀菌消炎、促进食欲等作用。在当地一直流传着"沙尔沁的辣椒，海岱的蒜"之美誉，在包头地区颇具影响，家喻户晓。

1. 发掘大蒜发展潜力，开创"老海岱"名优品牌

（1）种植大户发挥示范带头作用。

2012年，在郭贵生和尚全明的倡导下成立了利丰合作社。已任海岱村长的尚全明看到海岱人除种大棚外，有很大一部分露地种了玉米。而玉米价格较低，最高时0.8~0.9元，年收入500~600元/亩。经过深思熟虑，他把种植目标定在大蒜上，当年种了8亩大蒜，一辫大蒜卖到了25元，获得了很好的经济效益，为调整种植结构带了个好头。

2014年利丰合作社承包了几十亩土地准备种植大蒜，由于事先没有及时打好冻水，加之当年春季气候很冷等诸多原因，大蒜只长苗不长根，大部分大蒜不成型。2014年损失30多万元。但利丰人并没有因此放弃，而是知难而上。接下来查找原因，总结经验，不断积累种植经验，从一开始的8亩增加到了30亩、60亩、100亩、300亩、1000亩的大蒜种植，经济效益逐年增加。

---

① 含有大蒜素361毫克/千克、维生素C14.2毫克/100克、铁2.59毫克/100克、锌1.83毫克/100克和硒1.19微克/100克。

（2）探索创新种植技术。

海岱蒜种植传统是在清明节前后种蒜，进入伏天开始收获。但是存在一些问题，首先在种植过程中容易出现死苗，其次在收获的时节常常因为雨水较多影响收获，还会造成蒜头开裂影响品质和美观。为此合作社将播种时间提前5天进行试种。为解决春季低温造成死苗、人工除草成本高、劳动强度大的问题，创造性地使用地膜。经过多年试验得出在惊蛰播种且地膜覆盖的大蒜最适合当地气候，幼苗长势喜人、蒜薹长且粗壮、大蒜分瓣早、蒜头大、色质优，有效地扼制杂草的生长、减少了大量的劳动力，能使大蒜早熟，增加了产量，每亩达到2200斤（合1000多辫）。

（3）政府加大引导和支持力度。

得益于政府对农机补贴政策，海岱蒜的种植也迈向了机械化和现代化。过去人头攒动、热火朝天的景象现已被加装北斗导航的拖拉机所取代，这项技术实现了自动定位、自动导航、自动校准。所开沟槽整齐笔直，在收货时输入春播数据，就可以准确无误地由起蒜机收获，大大提高了效率。此外，由于海岱村干旱少雨，灌溉节水也变成了近些年探索的目标，经过不断尝试，由大水漫灌到管灌，最终发展为滴灌（微灌）方式，实现了节水的同时精准施肥。这些新技术、新机械的应用节省了人工成本，推动大蒜产业向自动化、产业化、规模化转变。

大蒜产业受到了包头市和东河区两级政府的高度重视，并给予了大力支持。于2015年建设冷库、购进了高温加工大蒜制品设备，并建立了自己的网站。除销售生蒜外，还把大蒜进行了深加工、制成大蒜系列产品：黑蒜、蒜片、醋腌蒜、蒜泥、黑蒜酒、腊八蒜、黑蒜醋酱油。黑蒜是鲜蒜带皮在发酵箱发酵90~120天制成的，口感柔软，偏甜酸无刺激。为了让蒜粒保持很多的水分，全部制作过程中保持着潮湿的状态，它的外观近似果脯。这是因为经过长时间的发酵使大蒜中所含的蛋白质被分解为氨基酸，碳水化合物被分解为果糖，并完整保留大蒜所含的蒜氨酸。黑蒜吃到口中后就像果冻一样柔软，且食后没有吃过生大蒜后所特有的气味，同时也不会对肠胃产生不良刺激。

（4）包头综合试验站品种引进更新。

随着餐饮业的不断发展，人们对大蒜的需求体现出差异化，为了迎合市场需求，海岱蒜在发展过程中不断探索新品种、新产品。自2017年起，利丰合作社从云南、山东、甘肃等地引入独头蒜品种，并与包头市农业科学院合作，引进试种中科院十几种新蒜种，筛选培育出适应海岱气候条件的海岱独头紫皮蒜2号，独头率达80%。在培育独头蒜的经验基础上，培育出海岱多瓣紫皮蒜1号。

2. 品牌创建成效

合作社荣获"2018年连锁品牌最佳服务商""创建放心消费示范单位""国家级农民专业合作社示范合作社"，老海岱牌大蒜被内蒙古自治区消费者协会评为

"2020年度消费者信得过产品",取得"无公害农产品证书""国家地理标识"等多项荣誉。多次登上《包头日报》、包头电视台、内蒙古电视台等媒体。

海岱蒜大力发展订单农业,拓宽销售渠道。目前,销往自治区外占比为10%,最远销售至广东深圳等地。而自治区内则以呼、包、鄂为主,占比为60%。2022年推出多种组合质优价廉的蔬菜包,送货上门,拓宽了销售渠道。未来海岱蒜将继续不断挖掘探索发展潜力,继续深耕农产品种植培育及深加工,在"十四五"期间创造新的进程。

(供稿人:石忠彪、刘锋、高振江、王亮明、高娃、姚慧静、张冬梅、潘子旺)

二、陕西省助力乡村振兴典型案例

(一)用好"互联网+",宝鸡德有邻加快辣椒产业创新融合

秦椒素有"辣椒"的称誉,以宝鸡地区能产的秦椒品质,久负盛名。宝鸡辣椒具有皮薄、肉厚、籽小、色泽红亮、辣味适中、香味浓郁的特点,并富含多种维生素、芳香油、脂肪、蛋白质和钙、磷、铁等各种营养成分,在一些国家有"红色药材"之称。岐山县位于陕西宝鸡,当地所产的秦椒在味道与营养功能方面都有着独特的优势,由此衍生的辣椒加工制品也广受青睐,远销国内各个地区以及国外,成为岐山县重要的支柱型产业之一。随着"互联网+"时代的来临,岐山县加工企业要探寻新的发展出路,依靠原有的结构体系已不能适应市场需求,需充分借力于互联网环境,发挥产业优势,全方位推进发展路径的优化转型,实现当地辣椒加工产业的可持续发展。本文首先针对岐山县辣椒加工企业的主要经营类型进行研究,讨论了其发展过程中存在的品牌开发规划不足、市场开拓进度缓慢、产品经营理念保守、长远发展意识匮乏等问题,针对上述问题从细化产品体系类别、制定网络营销战略、拓宽现有销售渠道、构建完整人才梯队四个方面,研究了"互联网+"背景下岐山县辣椒加工企业的创新融合案例。

1. 岐山县辣椒加工企业的主要经营类型

(1)辣椒食品加工。

我国喜好食辣的人群众多,辣椒产业也因此一再扩展,在传统鲜食辣椒的经营基础上,经过再加工的辣椒食品也应运而生,这类食品因易保存、易流通而在市场上广为流传,这也是岐山县辣椒加工企业主要经营的业务方向之一。从辣椒食品品类来看,主要可分为以下四类:

1)干制辣椒。

干制辣椒是采用自然风干或热风干燥处理后的传统辣椒产品,由于自然风干

法容易受天气、气候限制,一般通过现代化设备进行微波干燥处理、真空冷冻干燥处理或远红外线干燥处理。岐山县辣椒经过微波干制或远红外干制后,能够较高地保留辣椒原有的口感,营养素也相对保存得更为完整。

2)油辣椒。

油辣椒是将辣椒产品进行油炸、调味、熬制后生产的辣椒加工食品,特征在于含油量高、便于携带等。油辣椒中所含的水分与油分均相对较高,生产与运输中如何抑制油脂酸败与微生物污染是主要问题。研究表明,通过控制油辣椒的油炸时间、温度、水分等因素,能够有效保留辣椒风味,通过微波处理或添加山梨酸钾则能够有效抑制微生物的生长。

3)剁辣椒。

剁辣椒是一种加工步骤简单、易于操作的辣椒调味品,仍基本沿用高盐腌制、高油泡制等传统加工工艺进行处理,味鲜但不易运输、保存,在护色、保鲜、保脆等方面也存在较多技术难题,一般仅在产地周边区域销售。

4)辣酱油。

辣酱油区别于传统酱油,主要是采用植物性原料对辣椒产品进行加工制成,兼具酸、辣、鲜、辛、香等多种风味,且加工工艺、配料较为复杂,对配料的加热时间、温度的控制准度要求较精确,在覆盖广度上稍弱于其他辣椒加工食品。

(2)其他深加工。

除去辣椒加工食品之外,辣椒中所含的辣椒红色素、辣椒碱也常用于其他品类的生产制作中,因营养价值与利用价值高,在化妆品、医药、保健等行业中也相对常见。

1)辣椒红色素提取。

辣椒红色素在国内属于天然食品添加剂,在食品、药物、化妆品中起到着色、添加营养剂等作用,因此有着广阔的市场空间。岐山县辣椒加工企业常采用油溶法、溶剂法、超临界流体萃取法来提取辣椒红色素。总体来看,由于大部分企业规模较小,技术力量相对薄弱,拥有辣椒红色素提取技术的企业数量不多,相关部门已加大针对这一方向的研究力度,致力于缩减提取步骤、降低环境污染。

2)辣椒碱提取。

由于辣椒碱具有抑菌作用,常被用作天然防腐剂。受气候条件、成熟度、栽培环境等客观因素影响,辣椒干果果实中,辣椒碱含量在0.1%~0.4%。在岐山县一般通过乙醇、乙腈进行辅助提取,仍有待采用更先进的现代分离方法来满足产业化生产要求。

2. "互联网+"背景下岐山县辣椒加工企业的转型优化路径

(1)紧跟消费市场需求,细化产品体系类别。

企业提高市场占有率，关键是满足消费者新需求，不断开发、完善新的产品技术及种类，将信息导向优势充分利用到位。一方面，岐山县辣椒加工企业结合自身产业特征，借助大数据技术，搭建起关于产品投入产出、销售情况分析、消费者喜好调查等数据信息集成的内部网络平台，整合成阶段性的消费市场需求预测报表，用作后续调整产品结构的依据。另一方面，在现有产品体系基础上，根据产品类型、档次的差异，通过包装的设计与调整来加以区分，逐渐形成具有指向性的视觉符号，无形中增强消费者认知，刺激针对消费人群的购买欲望。在此基础上，从宏观视角出发，规划区域品牌战略，将"秦椒"作为品牌市场中的标志性符号，围绕区域品牌推行一系列市场覆盖策略，争创驰名商标。

（2）制定网络营销战略，实行分类定价举措。

考虑到岐山县辣椒加工企业线上市场开辟不足的现状，在未来发展中尝试将重点放在网络营销层面，通过拓宽线上市场来获取更大经济效益，助推企业转型升级。首先，参考其他产业的互联网运营战略可知，科学合理的定价策略是保证客源稳定、市场占有率提升的关键要素，因此可结合岐山县辣椒加工产品的市场定位、日常销售价格、线上与线下的成本差异等因素进行具体分析，并按照产品层级、购买人数、生产季节、新老顾客等其他因素做出细化调整。例如，企业可根据辣椒加工产品的高、中、低各个等级，依次制定对应价格，分别满足具有送礼需求、自用需求、口感需求的消费群体。同时，针对团购或企业购形式的消费群体，可采用线上团购定位策略，力求薄利多销、提升产品知名度。另外，根据辣椒生产淡季、旺季的不同，加工制品成本也会出现一定波动，企业可依照原料成本的实际波动情况来适当调整价格，实施灵活定价策略。

（3）拓宽现有销售渠道，打造网络营销矩阵。

"互联网+"背景能否拓宽网络营销阵地对企业而言有着决定性影响，岐山县辣椒加工企业要在现有销售渠道基础上进行拓展，就必须依托于大数据与网络，集中力量开辟网络营销空间，占领线上销售份额。结合当下消费者的购买习惯，主要在线上购物平台搭建网络营销阵地，借力电商平台，根据各个平台不同消费群体的喜好与倾向，来制定对应的营销创新方案。同时，对线上销售数据进行阶段性整合，负责人员应通过建立月度、季度销售档案，来将销售信息、客户意见反馈、产品更新建议等资料纳入其中，反推后续销量的增长。另外，企业还可通过各种现代化的信息传媒渠道，与消费者建立起更为紧密的联系，如以自媒体公众号等线上交流渠道与消费者进行实时互动，收集消费者意见反馈，讲述产品发展史，使消费者能够更直观地感受岐山县辣椒中的人文要素，对岐山县辣椒产品形成良好的稳定印象。

（4）构建完整人才梯队，夯实网络运营根基。

岐山县辣椒加工企业要在网络运营阵地进行深耕，就必须以完整、专业的人才梯队作为支撑，除辣椒加工制作方面的人才之外，负责网络宣传、运营的现代化人才也不可或缺。一方面，可从当地或周边高校引入计算机、市场营销等专业的技能型人才，通过建立校企合作平台等方式，保证人才传输链条的稳定性。另一方面，在现有的人力结构基础上进行关于网络营销内容的针对性培训，打破线上线下之间的销售壁垒，引领全员共同进驻新的市场，主动革新技术方法，全方位夯实网络运营根基。

3. 现实案例

宝鸡德有邻食品有限公司是集研发、生产、销售于一体的现代化调味品企业。采用原生态的传统工艺，专业深加工陕西特产秦椒。

德有邻食品有限公司立足万亩宝鸡辣椒的种植基地，挖掘岐山悠久丰厚的周秦饮食文化积淀，整理出一套原生态的传统生产工艺，配以自行研发的渗香工艺，采用科学的质量检测和标准化管理体系，先后研发生产的"德有邻"牌辣椒粉、油炒秦椒、辣椒碎、辣椒丝、油泼辣子、剁椒、辣椒酱、香辣酱等系列10余个品种，产品具有工艺传统、质量上乘、原生态的特点，把宝鸡辣椒的固有品质发挥并保留其营养成分不流失，绵辣而醇香、辣不过喉、香伴辣生、红油色亮纯正是餐饮业的上乘原料。

德有邻公司采用"3+1"利益质量共同体的模式，确保原料的品质和质量。辣椒品种委托优选繁育，农户保价种植扩面积，定点供应商收购去梗脱蒂初级分选，公司在各环节质量培训，按公司质量验收标准检验验收，做到每批原料合格。生产流程中从精选、清洗、熏蒸炒香、烘焙、石碾精制、混料包装全程采用ISO9000管理体系质量严控，产品质量注重一个"德"字，把行业职业道德提升到用科学的管理体系来规范，依靠传统的工艺、上乘的质量、诚实的信誉立足市场。

德有邻公司的销售模式是以做精品辣椒占据流通渠道的中、高端消费市场和全国范围的西府餐饮市场。以高质量、高食品安全信誉等做集团、公司的供应商。公司精英营销团队在努力拓展本土市场外，产品已远销北京、上海、大连、深圳等地。集团采购强强联系，已合作单位有白象集团湖南、南京、四川、陕西分公司，华丰集团，锦丰集团西北公司，河南云鹤食品，宝鸡建忠集团等企业。

综上所述，岐山县辣椒加工企业发展中虽具有独特的产品优势，但同时也面临着因与新兴市场接轨不足而生成的一系列发展困境，应通过对"互联网+"技术的深度应用，进一步深挖消费者需求动向，并制定有效的网络营销战略，在现有销售渠道基础上完成纵深推进，打造新的网络营销矩阵，以专业的人才梯队作为支撑，以完整的结构带动企业的均衡化发展。

（供稿人：宝鸡综合试验站；辛鑫、邢泽农、刘亚忠、张嘉园、李秋孝）

（二）宝鸡市凤翔区大葱产业减贫与助农增收

1. 职业农民带动大葱产业发展

宝鸡市职业农民张红娟2013年在寺头村流转土地50多亩，成立了家园果蔬专业合作社，开始了自己的"种地"生涯。合作社以种植大葱为主，2013年起步阶段遭遇市场低迷，合作伙伴纷纷退出，在资金紧张的情况下张红娟带领合作社维持运营。作为合作社负责人，张红娟带着工人们在地里干活，施肥、除草、田间管理。经过8年不懈的努力，成功完成了由大田人工栽植转向大棚育苗、周年生产、每年可定期多次育苗、机械化种植的现代化转型。在凤翔区田家庄镇寺头村建成年栽植面积300多亩、年产值150多万元的钢葱基地。

2. 大葱种植方式转变

传统的种葱方式需要人工开沟、插秧、培土，耗时耗力。家园果蔬专业合作社引进了穴盘机械化播种育苗机、切苗机、农田开沟机、自动移栽机、起垄培土机等智能化农业设备，实现大葱播种、起苗、开沟、插秧、培土、收获全程机械化、智能化作业。在种植现场看到，与以往众多农户一起忙碌的场景不同，田地里仅有几台大葱移栽机同时作业，各农机手一个人既操纵机器行走又往操作台上放置秧盘，驶过之处，田垄间便"插种"上了整齐笔直的葱苗。

3. 订单式工厂化育苗

凤翔区寺头家园果蔬专业合作社也是订单式工厂化育苗的先行者。近年来，订单农业多次被写入中央一号文件。随着订单式种植模式逐渐得到推广，越来越多的农户参与进来，干劲十足。凤翔区的1100多个种植户中，绝大多数目前已经签下订单。果蔬专业合作社与农户签订单，可以有针对性地生产更有市场前景的大葱品种，实现合作社、农户、消费者的多赢。时下，更好推动了凤翔区大葱品牌，推广了标准化、绿色化生产。农户与农业也学习了先进的生产技术和管理经验，从而提升技能水平，获得更多收益。产业振兴不能靠"单打独斗"，凤翔区大葱产业"合作社+村镇+农户"的模式，为长期深入合作提供可能，有助于推动一些地方形成"一村一品"的产业优势。立足特色资源，关注市场需求，发展优势产业，凤翔区大葱订单农业一定能走得更远，为乡村振兴做出更大贡献。

凤翔区寺头家园果蔬专业合作社全面辐射凤翔区陈村镇、长青镇、横水镇、虢王镇、彪角镇、田家庄镇、糜杆桥镇、南指挥镇、柳林镇、姚家沟镇、范家寨镇，开展订单式工厂化育苗，包括种子、基质、育苗、苗期管理、直到移栽定农户大田，机械化栽植每亩地大葱收取2400元左右费用，全年栽植面积5000亩地，实现了大葱生产的规模化、专业化、区域化。

4. 带动周边农民增收，促进集体经济发展

通过扩大钢葱种植面积，建立钢葱种植基地，进一步拓宽了村民的增收渠道，

激发了乡村振兴活力。农民获得土地流转收入的同时增加了打工收入。基地用工最多的时候，每天需要 70 余人。为学历不高、年龄较大，在城市劳动就业机会较低的农民提供了稳定的收入来源，增加这一群体的务工收入。

河南屯村与合作社订单合作种植的钢葱，葱白长、秆瓷实、甜而脆、辣味足、口感好，既能生食又能代替本地香葱，深受全国各地客商青睐。2022 年，河南屯村种了 130 亩，亩产量估计在 7500 斤左右，地头价 1.5 元/斤，亩产值超过 8000 元，为村集体带来收益 90 余万元。河南屯村发挥地理优势，整合土地资源，大力发展"短平快"蔬菜产业，加快蔬菜产业全链条发展，实现土地利用最大化，拓宽群众增收渠道，为乡村振兴提供重要支撑，逐步走出一条"小蔬菜"变"大产业"的致富路。

近年来，凤翔区大力实施乡村振兴战略，以"农业增效、农民增收"为目标，积极发展特色产业，不断延伸农业产业链、价值链，以产业助力乡村振兴，有效带动农民增收致富。全区发展钢葱种植 10647 亩，如今，在凤翔区，钢葱增收势头正劲，它不但鼓起了村民的"钱袋子"，而且已逐步走上规模化、标准化、产业化的发展道路，成为群众增收致富的好产业。

（供稿人：宝鸡市农业科学研究院；辛鑫、邢泽农、刘亚忠、张嘉园、李秋孝）

（三）兴平市辣椒产业助力乡村振兴

兴平辣椒是陕西省兴平市特产、中国国家地理标志产品。兴平种椒始于初唐（618~712 年），兴于明朝，以颜色鲜红、辣香浓郁、味道鲜美、营养丰富著称。兴平市素有"辣蒜之乡"的美称，辣椒和大蒜属于传统农产品，素有"唐蒜明椒"之称。兴平辣椒生产基地属典型的温带半湿润的大陆性季风气候，在漫长的栽种过程中，经不断选择培育，兴平辣椒形成了色泽鲜红、椒身细长、肉厚籽多、皱纹均匀的鲜明特征。成熟后的兴平辣椒，颜色鲜红亮泽，椒肉肥厚，干椒皱纹密而均匀，辣香浓郁，品质优良，富含多种维生素、蛋白质和氨基酸。2010 年 9 月 3 日，国家质检总局批准对"兴平辣椒"实施地理标志产品保护。

1. 产地环境

兴平肥沃的土壤、适宜的气候、优质的地下水资源及悠久的栽种历史和椒农纯熟的栽种技术造就了兴平辣椒独特的风味。长期以来，兴平实行大蒜、辣椒连作倒茬种植，逐年施入一定的农家肥，土壤有机质不断提高，大蒜分泌的大蒜素还是天然的土壤杀虫杀菌剂。兴平光照充足，全年日照率达 50%，成熟期白天光照强，光合作用强，易于辣椒膨大和转红；夜温低，温差大，有利于养分积累。同时，兴平历代椒农长期以来总结积累了丰富的辣椒种植经验，保证了辣椒品质的纯正。另外，兴平椒农习惯于辣椒整株收获搭架自然风干，保持了辣椒原有的品质特色和外观特点，颜色鲜红，味道鲜美。

2. 生产情况

截至2012年，兴平年产兴平辣椒干15000吨，加工辣椒粉和辣椒油20000吨。全市拥有各类辣椒加工企业50余家，年加工辣椒产品4000多吨。兴平辣椒出口到新加坡、泰国、美国等10多个国家和地区，年出口量1000吨以上，创汇100万美元。兴平辣椒还成为康师傅、锦丰方便面和阿香婆辣椒酱等著名食品企业的重要原料。

3. 地域保护范围

兴平辣椒地理标志产品保护范围为陕西省兴平市桑镇、汤坊乡、丰仪乡、庄头镇、赵村镇、马嵬镇、阜寨乡、田阜乡、西吴镇9个乡镇现辖行政区域。

4. 质量技术要求

（1）品种。

8819线椒及地方传统线椒品种。

（2）立地条件。

土壤质地为轻砂壤至中壤，土壤有机质含量≥1.4%，土壤pH为6.5~7.2。

（3）栽培管理。

①播种、育苗与移栽：露地直播一般在谷雨前后（4月上旬）。育苗一般3月上旬开始，平均苗龄50~60天。定植期在5月上旬。②肥料管理：每公顷施入有机肥≥60000千克。收获时间：9月下旬至10月上旬。收获标准：果实全红后收获，自然干燥，含水量8%~10%。

（4）质量特色。

①感官特色：椒身细长、皱纹均匀、色泽鲜红、制成油泼辣椒油分易漂起，香味浓郁。②理化指标：每百克干辣椒中含水量8%~10%，不挥发乙醚提取物（干态）>14%，辣椒素>0.9%，脂肪含量11%~13%。

5. 辣椒产业链贷

2022年，围绕兴平市地方特色产业，邮储银行兴平支行推出了"辣椒产业链贷"特色贷款，扩宽准入范围，优惠贷款利率，贴合农副产品周期设置资金期限，优化支用和还款方式方便客户使用。截至2022年10月，全年共投放"辣椒贷"特色贷款53户2600余万元，有力支持了农业产业的发展，为乡村振兴注入了金融"活水"。

6. 新型经营主体带动农民增收

兴平市涉及辣椒种植的农村合作社有93家，为兴平市辣椒产业提供了发展基础。在当地加工厂及家庭农场等龙头企业带动下，兴平市辣椒专业合作社及辣椒种植农户对辣椒生产种植的积极性进一步提高，兴平市辣椒产业不断发展。合作社现主要产品有辣椒面、辣椒段、辣椒酱,辣椒酱有微辣、香辣、麻辣等不同辣度,下一步打算研发生产辣椒粉、辣椒碎、辣椒丝以及更多新口味的辣椒酱(如微辣、中辣、特辣等)等系列产品。

兴平市参与辣椒种植农户达4530多户,其中加入辣椒专业合作社的农户共2159户。辣椒种植农户可以通过土地流转等形式加入辣椒专业合作社,参与辣椒产业的融合发展。除了种植辣椒,椒农每年还会将辣椒采摘之后的辣椒秧拉到合作社进行出售获取收入,并且在辣椒收购完成之后的农闲时节,辣椒种植农户还可以通过到合作社择辣椒帽、进入辣椒加工企业贴标签等途径来获取相应报酬。

兴平市现阶段的加工企业中,涉及辣椒加工的有两家,分别是兴平市王堡辣椒有限责任公司及兴平市秦一辣椒制品有限公司,两者均以辣椒等农副产品的加工、销售为主要经营内容,主要加工产品类型包括辣椒面、辣椒段以及辣椒烘干。

产业兴旺是"辣椒"工作的总体要求,也是乡村振兴的重中之重。伴随辣椒产业的做大做强、做优做精,促进了兴平市二三产业的健康发展,取得良好的经济效益和社会效益。每年有1.3万余名农业富余劳动力相继投入到辣椒种植、田间管理及采收销售过程中。一方面增加了农民收入,加快了农村经济发展;另一方面在全社会形成"依靠聪明才智和辛勤劳动发家致富"的浓厚氛围,助力人才、生态、组织振兴,形成良性循环,落实了新发展理念,走出了一条务实管用、着眼长远、造福百姓的高质量发展路径。

(供稿人:宝鸡综合试验站;辛鑫、邢泽农、刘亚忠、张嘉园、李秋孝)

三、甘肃省助力乡村振兴典型案例

·甘肃省特色蔬菜产业助力乡村振兴

1. 甘肃省特色蔬菜产业发展现状

甘肃省特色蔬菜主要有洋葱、加工型辣椒、大蒜、韭菜、大葱五类。2021年甘肃省特色蔬菜种植面积107.5万亩、产量340万吨,面积和产量分别占全省蔬菜种植面积和产量的16.5%和21.5%。

甘肃是全国重要的洋葱生产基地。2021年甘肃洋葱种植面积25万亩,总产量130万吨。红葱种植比例60%,黄葱为35%,白葱为5%。甘肃洋葱面积占全国洋葱总面积的30%左右。生产基地主要分布在酒泉市的肃州区、金塔县、玉门市、嘉峪关市,金昌市的金川区和永昌县,张掖市的高台县、甘州区、山丹县、临泽县,白银市的景泰县、靖远县等县(区);甘肃省洋葱收获时间在7~9月,主要供应市场时间在7月至次年2月,供应周期长。产品畅销国内各大市场,主要出口日本、韩国、俄罗斯、尼泊尔、越南、美国等国家。

甘肃省加工型辣椒种植面积26万亩，产量60万吨。主要分布在河西走廊的酒泉市、金昌市、张掖市、武威市、天水市以及陇南市。栽培方式以露地栽培为主，主要采用平畦、高垄及垄沟旱作栽培的方式。河西地区以羊角椒类型为主，面积约18万亩，产品主要销往四川、重庆、山东等省份，用于加工制酱和提取辣椒红色素。天水和陇南以线辣椒为主，面积约8万亩，产品主要是辣椒面、辣椒丝、辣椒丁、辣椒片、辣椒油等。

甘肃省种植蒜头面积10万亩、产量13.5万吨；蒜苗面积8.3万亩、产量19.8万吨；蒜薹面积3.5万亩、产量4.1万吨。甘肃大蒜生产主要有秋播大蒜、春秋混播大蒜和春播大蒜3种模式。秋播大蒜种植区域主要陇南市的徽县、成县、礼县，天水市秦州区等地。春、秋混播大蒜种植区域在定西市的临洮县、通渭县，平凉市的静宁县等地区。春播大蒜主要在河西地区的民乐县、凉州区、甘州区和肃州区。甘肃大蒜主要在国内新疆、青海等省份销售。由于缺乏加工企业，生产的蒜苗80%、蒜薹60%、蒜头90%鲜销。

甘肃省韭菜种植面积16.5万亩，产量近38万吨。天水市是甘肃省韭菜主产区，2021年韭菜种植面积6.8万亩、产量18.2万吨，其中武山县面积2.6万亩、产量9万吨，甘谷县面积2.6万亩、产量6.6万吨；塑料大棚种植5.5万亩（在元月上旬至3月下旬上市），露地种植1.3万亩（在4下旬至10月下旬上市）。2021年玉门市韭菜种植面积1.88万亩、产量1.6万吨，玉门市韭菜种植主要以日光温室为主。产品以鲜销为主，主要销售在陕西、青海、宁夏、新疆、广东、武汉、上海等省份。

甘肃省大葱种植面积20万亩，产量45万吨。种植区域主要在正宁县、甘谷县、会宁县、临洮县、甘州区、肃州区、榆中县等。"正宁大葱""甘谷大葱"获得国家地理标志产品保护。产品以鲜销为主，主要销往陕西、青海、宁夏、新疆、广东、湖北、上海等省份。

2. 甘肃省特色蔬菜产业助农增收效果显著

甘肃成为全国"北菜南运""西菜东调"主要基地之一，特色蔬菜产业具有高价值、高产出的特征，带动农民增收作用增强，在乡村振兴中发挥着重要支撑作用。2021年，甘肃蔬菜种植面积651万亩，产量达1655.3万吨，产值600亿元，是甘肃种植面积、产量、效益增长最快的产业之一。甘肃省特色蔬菜种植面积、产量和产值分别占全省蔬菜种植面积的16.5%、21.5%和16.3%。

洋葱产业对产地经济带动作用明显。仅土地流转费一项，农民增收1.8亿元；创造移栽、采收、转运劳务收入4.5亿元，年收入超20万元的经纪人（代办）500多人，带动交通运输业6亿元市场价值。如肃州区种植洋葱7万亩，亩均收入达8000余元；金塔县洋葱种植面积达3.67万亩，总产量超过29万吨，实现产值2.9亿元。

发展绿色有机韭菜产业，促进产业转型升级，增加产业利润。玉门市赤金镇坚持把发展韭菜产业作为农业增效、农民增收的重要途径。2018年"赤金韭菜"被农业农村部评为"地理标志产品"，2019年赤金镇被中国蔬菜流通协会誉为"中国韭菜之乡"。全镇有2581户9687人致力于发展日光温室韭菜产业，日光温室面积累计7742座1.6万亩，年销售韭菜1.65万吨，总产值达5810万元，带动全镇农业增加值达到1.18亿元，日光温室收入占人均纯收入的38%。

加工辣椒产业带动低收入地区农民收入显著增长。加工辣椒价格持续上涨，多地调整农业种植结构，引导农民大力发展投资少、见效快、收益高的辣椒种植业。甘谷县线辣椒种植面积3万亩，示范带动了磐安、安远、金山、八里湾、西坪等13个乡镇53个村3210户农户发展起了线辣椒产业，线辣椒真正成了农民增收致富的"钱袋子"。高台县大力发展"订单辣椒"种植，种植面积达1.5万亩，总产量达5800吨，实现产值6900多万元，辣椒种植成为当地农民增收致富的主导农产品。武都区完成种植订单辣椒1.9万亩，涉及27个乡镇309个村15274户。民乐县种植面紫皮大蒜在3万亩左右。1亩地可产蒜1吨左右，地头收购价每斤5元，纯利润至少4000元。

3. 兰州试验站科技服务促进产业转型升级

兰州试验站对接到2个省份、6个市县、8个低收入村、32个低收入户开展帮扶工作，共举办培训班65期，提供技术咨询660次，发放技术资料2360份，通过科技服务培育高素质农民，助力平安县、古浪县、镇原县、武都区等地蔬菜产业发展。依托试验站，8名地方"三区"科技人员和3名"陇原之光"人员为期1年的培训，为特色蔬菜产业发展提供了技术人才。兰州试验站立足甘肃区域产业发展需求，开展新品种新技术研发与示范推广，促进地方产业转型升级和高质量发展。

第一，研发新技术、新品种。研发了加工辣椒机械化育苗技术、成县迟蒜气生鳞茎繁殖良种技术、加工辣椒病害分子标记辅助筛选技术等关键繁育技术3套，研发加工辣椒育苗基质配方、加工辣椒膜下滴灌节水技术、加工辣椒机械化生产技术、洋葱膜下滴灌水肥一体化高效生产技术、洋葱化肥减施技术、洋葱一次性轻简高效施肥技术等产业升级关键栽培技术10套。收集加工辣椒等特色蔬菜种质资源400余份、创制种质18份、选育优异组合5个。引进特色蔬菜新品种210个，筛选出适宜区域种植的新品种30个。

第二，在主产区建立新品种示范基地10个，示范新品种30个，面积20500亩，新品种较当地主栽品种亩增产5%以上，示范田新增经济效益1978余万元，新品种的示范为区域品种更新提供了支撑。示范推广新技术10项,累计示范推广新技术36.7万亩,新增经济效益15700余万元。新品种新技术的应用有效地促进了农业经济发展。针对永昌县品种老化、水资源紧缺的现状,建立示范基地,大力推广新品种和节水技术的应用;累计推广加工辣椒水肥一体化技术3.6万亩、洋葱水肥一体化技术2.7万亩,新技术应用率分别达65.0%和79.8%,分别新增经济效益4320万元和1620万元,节约水资源789万立方米和607万立方米;累计节约水资源1396万立方米,新增经济效益5940万元;新技术的推广应用极大地提高水资源利用率,保护环境,实现节本增效,促进产业发展。针对成县大蒜种质退化的问题,开展了生鳞茎大蒜繁殖技术研究和脱毒大蒜示范,在全县种植气生鳞茎繁殖大蒜1000余亩,蒜薹亩产量300千克,蒜头亩产量1370千克,亩收入10620元,较普通大田蒜亩增产19%,病害发生率降低71%。

4. 特色蔬菜三产融合延伸产业链

甘肃特色蔬菜以种植为主,为其他省份提供原材料,加工企业、出口企业凤毛麟角。洋葱种植主要以合作社或家庭农场为主,合作社种植规模在500~3000亩,家庭农场种植规模在20~50亩。种植品种多是进口的杂交种为主,国内的常规种也有一定的面积。加工辣椒种植以"公司+合作社+基地+农户(贫困户)"生产模式,公司或合作社采取订单方式;产品以鲜销、腌渍品、干辣椒粉为主,主要为四川、山东、重庆等地企业提供原料。大蒜、韭菜、大葱主要以农户种植为主,品种以当地常规种为主,产品以鲜销为主,加工企业很少。

兰州试验站积极对接新型经营主体,提供技术服务,促进三产融合。试验站与甘肃德源农业科技发展有限公司对接,在该公司建立了成果转化示范基地,为企业提供技术服务。协助公司申请了"蔬菜工厂化育苗基地建设"项目,获得政府资金50万元。为企业提供育苗大棚建造图纸与建设方案,新建大跨度外保温型塑料大棚40座。引进购置蔬菜播种机6台,进行加工辣椒机械化播种育苗技术示范,年生产辣椒种苗11000余万株。引进示范高辣3号、天椒24号、艳椒607、吉祥818等新品种10余种,推广新品种10000余亩。引进辣椒移栽机、采收机,开展机械化生产示范,节约成本30%以上。建立了标准化生产示范基地5000亩,示范了新品种,育苗移栽、膜下滴灌水肥一体化、病虫害绿色防治等加工辣椒绿色高效生产技术,亩产达3500千克以上,亩收入6000~8000元。每年协助企业在永昌、凉州、景泰、甘州等地落实订单种植面积2.5余万亩。企业每年鲜椒储运量达到12万吨,晾晒干辣椒1万吨,销售红辣椒8万吨,年销售额达2亿元;公司打造"德源辣椒"品牌,生产的绿色食品A级红辣椒产品,畅销四川、山东、北京等省份,成为四川郫县豆瓣产业链的原料供应商。

5. 特色蔬菜品牌创建提升价值链

甘肃省登记蔬菜国家农产品地理标志23个,其中特色蔬菜作物11个,占比为 47.8%。11 个特色蔬菜地理标志产品有辣椒 4 个（甘谷辣椒、金塔辣椒、高台辣椒、金川红辣椒），洋葱 2 个（酒泉洋葱、嘉峪关洋葱），大蒜 2 个（民乐紫皮大蒜、徽县紫皮大蒜），大葱 2 个（正宁大葱、甘谷大葱），韭菜 1 个（赤金韭菜）。

2020 年 6 月，甘肃省委、省政府首次向社会各界发布《"甘味"农产品品牌目录》，包含了 50 个区域公用品牌和 150 个企业商标品牌，涵盖了甘肃"牛羊菜果薯药"六大特色产业及主要地方特色农产品。其中，区域公用品牌有"独一份"的 5 个，"特别特"的 10 个，"好中优"的 26 个，"错峰头"的 9 个。涉及特色蔬菜主要为"错峰头"的河西洋葱、甘谷辣椒、武山韭菜、民乐紫皮大蒜 4 个。甘肃省农业农村厅列支专项经费开展了甘谷辣椒、戈壁陇椒、河西洋葱评价。

试验协助完成了甘味农产品"甘谷辣椒""戈壁陇椒"等评价。"甘谷辣椒"形似牛角，素以"椒条顺长、色泽红亮、富含维生素 C 和铁、性辣而平和、味道浓郁鲜香"而居同类产品之首。己醛、（E）-2-庚烯醛、壬醛、反-2-辛烯醛、庚二烯醛 5 种醛类含量高，使得甘谷辣椒具有脂香和果香味，使得甘谷辣椒红而微甜、尖锐的蜜蜡花香气息及烤坚果和咖啡烤香型气味。"陇椒"果实呈羊角形，果面有皱褶，果实长、皮薄、辣味适中，有青香味，没有草腥味，口感极佳；其角质层厚度较同类鲜食辣椒薄 13.3%，维生素 C 含量 43.2 毫克/100 克，较同类鲜食辣椒高 19.7%，有调节免疫力、抗氧化、美白、祛斑的功效；钾含量 392.3 毫克/千克，较同类鲜食辣椒高 10.6%，有助于维持神经健康、心跳规律正常。"河西洋葱"的干物质和可溶性蛋白含量高，平均干物质含量 12.2%，高出同类产品 28.3%；可溶性蛋白含量 0.60 毫克/克，高出同类产品 46.3%；富含维生素和生物活性成分，平均维生素 C 含量 9.5 毫克/100 克，高出同类产品 7.3%，类黄酮含量 652.9 毫克/千克，高出同类产品 13.9%，抗氧化、抗衰老和增强免疫力能力强；富含葱蒜类蔬菜独特的硫化物，二烯丙基二硫醚含量为 3.256 毫克/千克，高出同类产品 39.2%，辣味浓，香气浓郁；富含硒元素，硒含量达到 38.97 微克/千克，高出同类产品 387.1%。优质高产不但激发广大农户种植洋葱的热情，也增强了洋葱的市场竞争力。

（供稿人：甘肃省农业科学院蔬菜研究所；张玉鑫、蒯佳琳、于庆文、朱惠霞、陶兴林、张俊峰）

四、新疆维吾尔自治区助力乡村振兴典型案例

（一）发展大蒜与辣椒产业，推进喀什地区乡村振兴

1. 莎车县大蒜、辣椒产业基本情况

新疆喀什地区莎车县巴格阿瓦提乡喀拉墩 9 村位于莎车县巴格阿瓦提乡北偏

西，距离乡政府 8 千米。有 4 个村民小组，户籍 225 户，999 人。耕地面积 4086 亩，人均 4.1 亩。该村 2018 年以前主要种植作物以棉花、小麦、玉米为主，蔬菜主要是自给自足，种植水平低。

2018 年基于该村以上的基本特点，乌鲁木齐试验站与喀什地区疏附示范县联合研判分析，制定了基本的脱贫方案，主要的突破口是重点考虑大蒜和辣椒，理由是这两种特色作物是南北疆老百姓餐桌的主要蔬菜，吃不完耐贮藏性强且可晾干。通过一系列种植技术示范、培训和现场观摩，方案的实施达到了促进农民增收的预期效果，最终顺利完成莎车县的脱贫攻坚任务要求。

2. 大蒜、辣椒产业是新疆喀什地区莎车县成为助农增收重要支撑

通过乌鲁木齐试验站和喀什疏附示范县负责人买合木提商议，于 2019 年底在喀什地区莎车县巴格阿瓦提乡喀拉墩 9 村建立了秋种大蒜核心示范田 83 亩，于 2020 年 3 月底进行了秋蒜蒜薹收获，通过实地测算蒜薹亩产可达 320 千克，每千克 8 元，农民可累计亩增加收入 2560 元。与此同时，于 2020 年 5 月进行了蒜头收获，12 元每 50 头，（每亩蒜苗保苗率 2.5 万株算）合计每亩增加收入 6000 元，两项合计每亩增收可达 8560 元。基于显著的增收效益，在 2020 脱贫攻坚年，进一步在喀拉墩 9 村安排种植大蒜 100 亩左右，此后该村每年的大蒜种植面积在不断增加，成为该村农民增收的亮点。

3. 建立示范基地发挥示范推广作用

乌鲁木齐试验站积极沟通，于 2019 年在喀拉墩 9 村安排示范了 45 亩螺丝椒（园椒 27 号）。该品种为乌鲁木齐试验站选育品种，平均单果重 60 克，未成熟果浅绿、微辣，单株结果数 25 个，且连续坐果性强，上下部果实差异小，耐贮运。其属于中熟品种，从定植到采收共 50 天左右。园椒 27 号在喀拉墩村表现出了非常优异的丰产性，当年青椒价格高，当年即获得了较高的种植收益，平均每亩收入可达 4500 元。2020 年度，该村进一步扩大了螺丝椒种植面积，达到了 54 座大棚和 32 亩露地面积。根据调查测算，亩产鲜椒 3500 千克，平均每千克 1.2 元，农民累计亩收入 4200 元。此后园椒 27 号迅速在喀什的叶城县得到了大面积推广，合计超过 100 余亩。

4. 发挥技术优势，助力产业高质量发展

乌鲁木齐试验站积极发挥技术优势，作为国家"三区三州"莎车县的技术顾问，在自治区统一调配下前往莎车县进行辣椒的技术培训，合计现场培训人数达 100 人。依托疏附示范县买合木提村第一书记的懂技术和维语优势，2019 年以来累计在该村举办 13 期特色蔬菜培训会和现场观摩会，内容涉及辣椒和大蒜的栽培管理。针对库车县辣椒种植水平差的问题开展技术培训，针对移栽后博湖和焉耆县田间病虫害易发频发问题组织了多场现场技术培训会。培训会和观摩会累计培

训人次合计达4218人次。为莎车县大蒜、辣椒产业发展奠定人才基础，促进产业规模扩大（见图4-1）。

图4-1　杨生保在喀什莎车县辣椒种植田开展技术培训

为了进一步促进整个喀什地区特色蔬菜种植技术水平的提升，乌鲁木齐试验站会同各岗位科学家和疏附示范县，提出了特色蔬菜栽培种植管理技术规程四项，分别为《喀什地区大葱生产技术规程》《喀什地区大蒜生产技术规程》《喀什地区大蒜主要病虫防控技术规程》《喀什地区膜下滴灌辣椒水肥管理技术规程》，涉及大蒜、大葱和辣椒等特菜作物，这些技术规程均已发布。

（二）科技服务"十四五"新疆辣椒全产业链，助力乡村振兴

1. 及时建言献策谋划新疆辣椒产业的发展大计

针对"十四五"新疆辣椒产业的发展方向，通过总结"十三五"产业发展取得的成绩和不足，乌鲁木齐试验站相继撰写并向不同主管部门提交了"新疆辣椒育种工作情况""新疆辣椒产业发展政策意见""新疆农业科技创新工程——辣椒"等建议书。针对辣椒全生育期可能发生的自然灾害，及时撰写并提交了"新疆特色蔬菜防灾减灾技术手册的报告"建议。

2. 及时提供技术培训、技术服务、召开观摩会和科企对接

每年生产季乌鲁木齐试验站及时前往产区进行调研，了解吉木萨尔、叶城、和硕、和静、昌吉、疏勒、沙湾、博湖、二十四团等地辣椒种植过程中出现的病虫害和新品种需求问题，并及时给予了技术指导。同时，在采收季组织了焉耆辣椒机械化采收现场观摩会（小型），及时前往产区主要加工企业，调研晨光公司焉耆分公司、天椒红安公司、伟宁食品公司、阳光食品公司和中亚食品等加工企业，了解企业对品种类型的需求，并帮助阳光食品公司制定"辣椒事业发展规划"。

3. 加强体系优异新品种的引进展示和高品质辣椒新品种选育

从体系引进辣椒新品种120余个,并借助丝绸之路种交会进行新品种展示和推介。乌鲁木齐试验站加大高品质辣椒新品种选育力度,筛选到的高色价新品系LC218两年色价均比主流品种"红龙23号"高9.9%,筛选到高辣新品系LC126鲜椒辣度比主流品种"红龙12号"高44%;试验站还创制了一批高辣和高色价种质,最高的色价达25以上,辣度达10万SHU以上,为后续突破性新品种选育奠定了材料基础。此外,通过与公司和合作社联动,安排加工辣椒新品种(系)示范1000余亩,起到了很好的示范效应。

(供稿人:乌鲁木齐综合试验站;杨生保)

(三)以种业创新带动辣椒产业,天椒红安与农户合作共赢

新疆是典型的内陆干旱性气候区,日照时间长,光照充足,昼夜温差大,干旱少雨,地域广阔,人烟稀少,农田平整,戈壁广布,远离工业污染源。新疆天椒红安农业科技有限责任公司(以下简称天椒红安公司),经过大量的市场信息收集和详细分析认为,新疆独特的自然环境,极适合种植加工型辣椒,十余年以种业创新为基础,一二三产业融合发展为推动力,以合作共赢模式带动当地边穷地区村民增收致富,始终站在农户的角度探索乡村振兴的动力,在天山南北坡广袤的土地上谱写了一篇篇壮丽的乡村振兴之歌。"勤勤恳恳搞创新,兢兢业业谋发展",把"小辣椒"做成了"大产业",每年带动十多万村民群众依靠辣椒产业增产增收和就业致富。与农户心连心,把农民真正变成了"乡村振兴大剧"的主演者。

1. 天椒红安集团种业创新,带动辣椒增产,农民增收

20世纪90年代至21世纪初,辣椒对比当地棉花种植效益并不突出,当地品种以墨西哥甜椒为主栽品种,干辣椒亩产300~400千克,部分年份有的农户还要赔本。因此,开发适合新疆种植的高产、优质、大果形干椒品种,是增收致富的关键。为了开展新品种创新,天椒红安公司以一个人为起点,逐步聚集人才并组建了30余人(其中高职职称4人,硕士9人,国务院津贴专家1人)的全职专业辣椒育种创新团队,先后投资3000多万元,在疆内外建设了多个辣椒育种科研试验地300多亩,建设温室大棚100多座,建设单倍体实验室、分子实验室、品质化验室、种子检验室等综合实验楼1600平方米,购置了PCR仪、质谱—色谱联用仪等先进仪器设备150多台套,设备原值400万元,引进了数粒仪、自动称量包装生产线等种子加工设备。以"单倍体技术+分子技术+杂交育种技术"为核心技术,并成功运用了"互联网+育种"育种家管理系统。先后育成了30多个干椒品种,其中7个国家知识产权保护品种。"红龙13号""红龙23号"等品种已成为

当地主栽品种，其农产品也成为山东胶州大椒市场知名标杆产品。代表性品种"红龙23号"带动当地平均干椒亩产由不足400千克提升到600~800千克，高产田可达900千克以上，年产销量达60多吨，平均每亩效益1500元以上，红龙系列杂交种已经彻底取代了墨西哥甜椒的主体地位，在新疆干椒杂交种市场占有率达90%以上，真正成为了农民致富的"法宝"。

为了转变农户观念，做好种植辣椒可以致富的示范，为农户提供致富样板，天椒红安公司组建专业种植管理团队（注册成立天椒红农公司），在南北疆大量流转土地，开展"自主种植""合作种植""协作种植"等多种合作经营模式，与农户形成"风险共担、利益共享"的利益联结机制。打造了乡村振兴的样板。以基地引领，带动了全疆上万名群众走上了乡村振兴之路。

天椒红安公司每年派出20余人的科技服务团队，分布到全疆所有加工辣椒种植区"蹲点服务"，从育苗移栽到田间管理和采收晾晒全程跟踪指导，组织农民集中培训，观摩学习和交流。关键时节向农民发布管理要点提醒、天气预警信息、市场信息，向农户发放栽培技术手册。在新种植区真正做到手把手教授农民种植辣椒，与农民心连心。每发展一片，就成功一片，带动新疆加工辣椒由不足10万亩扩大到100多万亩。

为了促进更多农民就业增收，也为了保障农民增收的稳定性、持续性，仅仅依靠农产品外销是不够的。天椒红安先后投资十几亿元，在南北疆建设6个辣椒加工厂（4个初加工、2个深加工），把工厂建到了"农民家门口"，实现农产品本地销售、本地加工，既方便了农民销售，也促进了乡村就业，还带动了农产品增值。

2. 品牌与高质量发展战略，助力乡村振兴再上台阶

天椒红安公司始终把农户当作"自家人"，时刻把农户的利益放在心上，在疆内率先制定了种子质量企业标准，把辣椒种子发芽率国标85%提升到93%，并增加了7天发芽势85%的先进指标。辣椒种子质量步入国内领先行列。优异的品种特性加高标准的种子质量，深得农户喜爱，天椒红安品牌深深地植入农户心中，已成为新疆辣椒产区家喻户晓的品牌，也是全国干椒行业知名品牌。以天椒红安品牌为基础，吸引了全国十余家科研院校和企业共同组建新疆辣椒产业技术创新研究院，打造上市公司，共同助力乡村振兴再上台阶。

2018年天椒红安公司在第一师阿拉尔市8团多个边队流转土地共7800多亩，农业生产性投资由天椒红安公司承担，聘请当地种植能手进行田间管理，当地部分农场职工成为企业的田间劳务工人，共同开展加工辣椒种植，利益共享，风险共担。2018年也是该团种植加工辣椒的第一年，天椒红安公司安排了"红安23号""红龙18号"等品种，开展了辣椒孜然套种试验和辣椒直播挂干种植技术试

验，并获得成功。天椒红安公司与种植户共担风险的做法深得民心，目前阿拉尔市各团辣椒种植规模已超过2万多亩。当地实现了从"未种过辣椒"到"以辣椒作为乡村振兴首要作物"大转变。

3. 和田县塔瓦库勒乡科技减贫，推进加工辣椒产业高速发展

新疆维吾尔自治区和田地区和田县一直没有种植加工辣椒的历史。2019年在兵团团委的协调下，天椒红安公司首次在和田肥塔瓦库勒乡巴克墩村安排种植3000亩加工辣椒。天椒红安公司免费将位于库尔勒博湖县的辣椒苗运送到该村，在开展首次直播点种试验时，育种家宋文胜到田间亲自手把手指导当地村民点种。原料由天椒红安公司收购，在晾晒季节，天椒红安公司技术人员成了当地免费晾场管理员，替村民翻晒辣椒。该村辣椒田当年获得了平均亩利润800元的收益突破，激起了当地县、乡、村三级领导依靠辣椒帮扶的兴趣。2020年种植面积扩大到16000亩，种植区域由巴克墩村扩大到塔瓦库勒乡。天椒红安公司协助当地建设育苗温室，并继续派人蹲点服务，多次组织培训会、交流会，为了鼓励村民提升种植技术，天椒红安公司出资10万元设立了"种植能手鼓励奖"，置换成冰箱彩电等奖品发放到产量较高的村民手中，天椒红安集团总部领导多次到田间地头调研指导，该地区当年获得了平均亩利润1000元的突破。2021年在天椒红安公司的协助下，塔瓦库勒乡建起了辣椒加工厂，对该地区的辣椒进行初加工，天椒红安公司协助销售。几年来天椒红安公司一直派人蹲守和田县塔瓦库勒乡，以乡为点向四周扩展种植区。和田县年加工辣椒种植面积扩大到3万多亩。天椒红安以辣椒产业帮助和田县塔瓦库勒乡致富成为和田县脱贫攻坚战的典范之作。

（供稿人：新疆天椒红安农业科技有限责任公司）

第五章　西南片区

一、四川省助力乡村振兴典型案例

（一）五通桥区：以稻姜现代农业园区建设为抓手，助力乡村振兴

乐山市五通桥区生姜种植历史悠久，距今已有1700多年。《名医别录》《千金翼方》《本草纲目》等8部古籍书中都有乐山生姜种植记载。经过千年积累和沉淀，五通桥生姜种植已经逐步形成了独特的早春棚架栽培和稻姜水旱轮作模式，既可保障"米袋子"，又可通过生姜种植获得很好的经济效益，充实农民的"钱袋子"。目前，稻姜水旱轮作模式推广以冠英镇、西坝镇为核心区域展开，生姜种植面积1.5万余亩，总产量3万余吨，年产值5亿元以上。

自2021年以来，按照中央、省、市各级政府关于乡村振兴和农业农村发展政策要求，结合五通桥区产业优势，区委、区政府稳步推进五通桥区稻姜现代农业园区培育创建，主要内容包括基地建设、加工物流、新业态培育、品牌培育、科技创新五个方面，极大改善了稻姜产业基地条件，提高了设施装备水平、采后加工能力、科技支撑能力以及机械化率，提升了品牌知名度，培育了一批种植专业合作社、种植大户，促进了稻姜产业高质量、可持续发展。

1. 背景

"十四五"时期是我国乘势而上开启全面建设社会主义现代化国家新征程、向第二个百年奋斗目标进军的第一个五年。建设现代农业产业园是党中央、国务院做出的重要决策。现代农业园区建设，是推动农业供给侧结构性改革的重要举措，是推进现代农业高质量发展的重要抓手，是农民增收农业增效的重要途径，是实施乡村振兴战略的重要载体。

2018年，四川省明确把发展现代农业园区作为推动四川省农业高质量发展的重要抓手，连续3年遴选一批省级现代农业园区培育对象，构建了国家级、省级、市

级、县级梯次建设体系。2021年，省委、省政府持续部署加快推进现代农业园区建设，着力构建现代农业"10+3"产业体系，推进四川省由农业大省向农业强省跨越。

乐山市深入贯彻落实四川省现代农业园区建设工作部署，制定了《乐山市现代农业园区建设考评激励方案》（乐委办〔2019〕54号）、《乐山市现代农业园区认定评分标准（修订稿）》（乐委农领办〔2020〕27号），成功认定为市级现代农业园区，按150万元标准给予一次性补助。截至2021年，乐山市建成国家级现代农业园区1个，省级现代农业园区7个，市级现代农业园区22个，县级现代农业园区50个，现代农业园区已成为推动乐山由农业大市向都市现代绿色农业强市跨越的核心载体。其中，五通桥区稻姜现代农业园区2021年被列为省级现代农业园区进行重点支持，这为五通桥区现代农业发展带来机遇。

2. 建设意义

（1）为构建新阶段五通桥区农业现代化发展新格局提供支撑。

五通桥区农业发展必须立足新发展阶段，遵循新发展理念，对标农业现代化的目标要求，准确识变、科学应变、主动求变，顶层规划设计实施现代农业园区建设，有益于筑牢五通桥区农业现代化发展根基，为进一步塑造五通桥区农业现代化发展新格局提供支撑。

（2）为做大做强五通桥区稻姜产业注入新动能。

五通桥区稻姜产业在产地加工能力方面存在短板，缺乏对农产品进行深度加工的企业，使稻姜产业的抗风险能力还需增强。鉴于此，借助五通桥区稻姜现代农业园区的建设，关注科技创新、数字技术应用及产业服务体系的构建，将成为推动稻姜产业由以增产为目标向提质为目标转变的关键。首先，科技创新是实现五通桥区稻姜现代化的主要推动力。围绕品种优化、品质提升及生产标准化，充分利用现有科技成果，持续完善多元化的技术推广体系和产学研协同体系，将为五通桥区稻姜的绿色化、优质化和特色化的持续提升提供强大的科技动力。其次，数字农业是现代农业发展的制高点。通过充分利用数字技术在稻姜生产、经营、管理和服务等环节的应用，构建覆盖全产业链的"数字技术+稻姜"融合体系，可以实现数字技术对稻姜产业赋能。最后，健全的农业社会化服务体系将实现小农户与现代农业发展的有机衔接。

3. 基本情况

（1）五通桥区基本概况。

五通桥区位于四川盆地西南部，是乐山市属县级区，距乐山城区20千米，东与井研县相邻，南与犍为县毗邻，西与沙湾区相邻，北与乐山市中区接壤。全区面积474平方千米，下辖8镇，常住人口约23.7万人。2021年，全区地区生产总值267.67亿元，第一产业增加值28.22亿元，城镇居民人均可支配收入42750

元,农村居民人均可支配收入 19514 元。全区耕地面积 24.53 万亩(含园地、林地),划定永久基本农田 18.9 万亩,人均耕地面积约 1.56 亩。

(2)园区发展基本情况。

园区拥有 4.32 万亩耕地,其中包括 3.50 万亩水田和 0.82 万亩旱地。园区以冠英镇的挖断山村、许村、尚村为核心,辐射到冠英、西坝、蔡金、牛华 4 个镇的 20 个村。

1)园区主导产业特色明显。

园区内水稻播种面积 3.50 万亩,产量 1.75 万吨;生姜播种面积 1.50 万亩,产量 3.00 万吨。园区内以水稻和生姜种植为主,强力推动"稻—姜"和"稻—药"的轮作模式,实现了产业间的互联互动。

2)园区设施装备在区域内领先。

园区内水、电、路、讯等基础设施配套齐全。通过实施农业综合开发、高标准农田建设、土地整治、土壤改良、农田水利、小流域治理、养殖小区改造等项目,建成了 3.1 万亩的高标准农田。园区配备了收割机等大型农机设备,主要农作物的机械化率达 80% 以上。同时,园区建有冷冻仓储设施、运输通道等冷链物流基础设施。

3)农业新业态多样化并实现融合。

美丽的环境孕育了"西坝三绝":西坝豆腐、西坝生姜和西坝米酒。园区内信息进村入户项目快速推进,益农信息社实现全覆盖。商贸、供销、银行、物流与电商已基本实现互联互通。园区内积极发展农村电商服务,电商销售额占比达 30% 以上。园区还搭建了公益性和经营性服务相结合的平台,社会化服务的覆盖面达 50% 以上。

4)品牌发展有成。

园区范围内已建立西坝生姜、水稻等系列产品优质品牌示范基地,形成了四川省生姜、水稻种植的知名品牌,西坝生姜在 2014 年被农业部列为地理标志保护农产品。园区内生姜主导产业品牌文化内涵丰富,积极开展宣传推介活动,推动园区农产品(食品)进展会、进商圈、进超市、进市场、进餐企、进服务区,并每年参加市级以上农产品展示展销活动 3 次以上。

5)科技支撑持续发力。

园区与四川省农业科学院、四川农业大学等科研机构签订了战略合作协议,引进专家人才为园区生产提供技术指导。推广了测土配方施肥等 4 项新技术,姜稻轮作、稻姜轮作等实用配套技术的推广应用率达 100%。

6)新型农业经营主体发展迅速。

园区内有德昌源、牛华芽菜等省级以上农业产业化重点龙头企业 2 家、水乡食品、兴泉馨食品、惠农米业、恒兴牧业、星火种猪等市级以上农业产业化重点龙头企业5家，恒兴牧业、星火种猪等11个养殖场，以及同友家庭农场等各类新型经营主体100余家，其中合作社58个，家庭农场167家。农户加入农民合作社的比例超过30%，县级及以上示范家庭农场占比超过40%。

4. 发展战略

（1）总体思路。

以五通桥区稻姜现代农业产业园区为载体，以科技为支撑，突出粮经统筹、绿色发展和种养循环，落实部署"三基地、两中心、两平台"的园区总体规划和产业空间布局，着力构建"稻+姜"功能农业示范基地、"两个替代"绿色农业示范基地、"稻+姜"数字农业示范基地，补齐产业发展短板，完善五通桥区"稻+现代农业"生产体系；着力构建五通桥现代农业产业园社会化服务平台和五通桥区数字农业管理平台，提升产业经营能力，完善五通桥区稻姜现代农业经营体系；着力构建优质农产品加工中心和稻米文化博览中心，强化产业发展链条，完善五通桥区稻姜现代农业产业体系。

（2）目标任务。

按照"目标明确、突出重点、要素聚集、聚力攻坚"的建设原则，围绕"两主体四中心"的园区总体规划和产业空间布局，集聚土地、资本、科技、人才、信息等要素，稳步提升五通桥区农业规模化、产业化、绿色化、标准化、科技化和信息化水平，主导稻姜产业实现"特色产品、致富产业、响亮品牌"的发展目标，成为四川省内具有强大影响力的高品质、高科技、高效益的现代农业示范园区。具体目标如下：

一是基础支撑有力，现代要素高度集聚。水、电、路、讯、网络等基础条件以及收割后处理、加工、储运、运输等设施配套完善，机械化耕作水平达85%。优良品种覆盖率达100%，实用配套技术推广应用率达98%以上。

二是生产能力增强，产业融合水平提升。园内稻姜标准化种植示范面积3万余亩，新型农业经营主体主要从业人员培训覆盖率达90%以上，多层级创新人才队伍逐步扩大，技术服务体系健全，信息化、物联网技术覆盖率达50%，稻姜产地初加工率达80%以上。

三是农业经营体系健全，规模经营水平提升。培育市级及以上农业产业化龙头企业1家以上，培育省级示范社及示范场1家以上；农产品加工率80%以上，各类社会化服务组织健全，覆盖面达75%以上。

四是绿色发展有效，质量效益水平提升。全面推行生物技术、绿色防控等技术，化肥农药用量比当地平均水平低15%以上，"三品一标"产品产地认证全覆盖。

五是辐射带动有力,农民增收效果明显。以龙头企业和新型经营主体为纽带的联农带农利益联结机制更加完善,企业、专业合作组织、农户等主体之间形成紧密的利益共同体,农民分享更多涉农二三产业增值收益,农民收入实现持续稳定增长,园区内农民可支配收入突破2.5万元。

5. 建设内容

(1) 基地建设。

在高标准农田的框架内,在尚村加油站至许村路口道路两侧修建农田排灌沟渠1000米,对园区内零星灌溉渠整治排淤,沟渠优化提升长度2000米,并新建许村桥梁。针对绿色和现代化的需求,在冠英镇许村与车福路交接路口建设一个14亩的生姜智能化大棚,配备先进的遮阳、降温、水肥一体化和病虫害监测等设备。此外,为生姜示范种植区域引入水肥一体化设施和反季节天然气地热系统。在交通方面,园区将重点提升机耕道路。计划拓宽许村生姜种植环线和挖断山村水稻种植环线道路,预计总覆盖面积将分别达6750平方米和7200平方米。在信息化建设方面,园区将建立5个数字农场和50个数字大棚,分别服务于1000亩的水稻示范基地和50亩的生姜示范基地。此外,建设五通桥区稻姜数字化管理平台、物联网预警系统等先进设施设备,更好地支持园区的发展。

(2) 农产品加工物流。

进行园区商品化处理和初加工中心提档升级。以许村生姜合作社现有的商品化处理中心为起点,计划进行深度改造和升级。改造升级的首要目标是建立一个集生姜仓储、加工、物流为一体的中心,这个中心将覆盖面积约1000平方米,设有先进的气调房设施。按照仓储、加工到物流的顺序逐步实施,旨在优化现有流程,提升生姜的商品化处理能力和初加工效率,以更好地满足市场需求,提升园区的经济效益。

(3) 农业新业态。

第一,采取措施鼓励新型经营实体以及农产品经营者将农产品推广至淘宝、拼多多、京东、天虎云商、i乐山平台以及数字乡村等知名电商平台上,以拓宽销售渠道,提高产品的市场影响力。第二,计划建设面积为1400平方米的社会化服务综合体,其中包括办公房间、数字农业控制与运营中心、专家工作站、电商服务中心,以及同时充当会议室功能的培训中心,用于推动农业生产的数字化和社会化。此外,为了加快农业生产的机械化,五通桥区西坝生姜专业合作社以及五通桥区科宇农机作业合作社将使用农机设备为农业生产提供社会化服务,预计进行的耕种、防护、收割等社会化服务作业面积不低于20000亩,以期达到提高生产效率、降低生产成本的目的。第三,全面提升改造园区内休闲农业基础设施。优化园区入口和重要节点,整治挖断山村、许村、尚村环线的人居环境、改善农房庭院、临街面、路边沟、墙体等地方的风貌、对道路进行改造提升、在许村环线入口处建设生态停车场、设计和安装系统化的园区标识标牌和宣传栏，以打造田间文化景观、调整园区内的管线布局。

（4）质量品牌。

第一，提升质量监管投入。计划建立农残定量检测实验室和农产品质量安全监督检验检测站，以落实和强化农产品质量安全追溯体系。此外，推动产品质量认证，对达到绿色食品、有机食品和农产品地理标志标准的园区内生产经营主体提供资金补助，进一步促进农产品质量的提升。

第二，注重品牌宣传。通过多元化的渠道，包括农业专题频道、参与国内外农业主题展会（如西博会、农博会、地标农产品展会）、线上平台、自办活动等进行品牌推介。同时，拍摄和制作一部专题片以深化品牌影响力，同时配合产业园宣传资料的印刷发放，形成线上线下联动的宣传效果，全方位展示品牌价值，提升园区的知名度和影响力。

（5）科技创新。

在全面推动五通桥区稻姜现代农业园区建设的过程中，将综合施策，从专家工作站建设、专家团队的组建、人才培养，到科技成果的示范推广等多个方向发力。首先，在冠英镇挖断山村设立专家工作站，并购置包含检验监测试验、教学培训、病虫测报等设施设备，为园区提供实时、专业的指导服务。其次，针对园区建设的技术需求，与四川省农业科学院、四川农业大学等科研机构建立紧密的合作联系，聘请10位副高级以上职称的专家，组建一支服务全产业链的专家服务团队。在人才培养方面，对新型农业经营主体的骨干人员、农技推广人员、种植农户进行技术培训，开展4期西坝生姜、水稻栽培技术以及销售等培训，培养出100名以上懂生产、会经营、善管理的农业人才。最后，在科技成果的示范推广环节，建立西坝生姜脱毒原种场和优质水稻种植示范点。在西坝镇建新村建设一个20亩的脱毒生姜原种繁育场，开展脱毒生姜原种、生产种的繁育及商品仔姜的种植以及西坝生姜错反季节栽培技术的集成示范推广。同时，在同一村庄建设一个20亩的水稻示范基地，种植"稻香杯"优质水稻品种宜香优2115、旌优781等，每个品种的示范面积约4亩，旨在全方位展示良种、良法、良制、良田、良机等的融合发展。

（6）金融创新。

为进一步推动园区内生姜与水稻相关行业的发展，特针对新型农业经营主体以及种植农户提供财政支持。鼓励相关经营主体和农户积极申请涉农贷款，以满足他们的生产与运营资金需求。设立农担贷风险补偿金机制，首批注入金额为100万元，该补偿金旨在降低金融机构贷款风险，从而进一步激发其贷款意愿。预计通过这一措施，能够撬动资金规模达 1000 万元，为园区内的生姜和水稻产业提供更为有力的资金支持。

（供稿人：四川省农业科学院园艺研究所；李志）

（二）朝天区：发展高山特色蔬菜，实现产业振兴与助农增收

近年来，朝天区通过大力发展主导产业和培育特色产业，把握"四个坚持"，即坚持园区、基地与主体同育，坚持延链与增效齐抓，坚持品牌与市场共建，坚持一产与三产互融，将高山特色蔬菜产业作为乡村振兴的主导产业，按照"扩量、提质、创牌、增效"的发展思路，着力建基地、创品牌、搞加工、重融合，加快促进高山特色蔬菜产业全产业链发展，持续助力农户增收。

1. 基本情况

朝天区坚定落实四川省建设现代农业"10+3"产业体系的决策部署，始终把高山特色蔬菜产业作为乡村振兴的主导产业，持续推进蔬菜全产业链稳定发展，成为全国蔬菜产业发展 580 个重点县区之一，列居全省 45 个重点县区行列。朝天区在 2020 年成功召开全省高山蔬菜产业发展现场会，"川东北山地蔬菜专家大院"落户曾家山两河口镇，这是对朝天区特色蔬菜产业发展的充分肯定。现已建成曾家山标准化蔬菜基地 10 万余亩，基地蔬菜复种面积 26 万亩，主要种植辣椒、甘蓝等高山露地蔬菜，配套设施大棚种植番茄、黄瓜、菜豆等蔬菜，2021 年基地蔬菜产量 70 万吨，年产值近 10 亿元，种菜农民人均蔬菜收入 1.5 万元以上。2022 年全区蔬菜种植面积将达 30.8 万亩，产量 97.3 万吨，产值近 15 亿元。已建成曾家山高山蔬菜冷链物流与商品化处理中心 1 处，高山蔬菜产地冷库、初加工设施 60 余处，蔬菜产地初加工率达 85%；先后引进蔬菜精深加工企业 7 家，累计研发脱水蔬菜、食用菌、山葵、酱腌菜、火锅底料等系列产品 100 余个，精深加工率达 15%。全区蔬菜"三品一标"认证达 47 个，"曾家山蔬菜"创建为中国驰名商标，打造了"曾家山·露地好菜"区域公用品牌，朝天区获得"中国高山生态蔬菜之乡""全国绿色农业示范区""全国蔬菜生产重点县""四川省供港澳蔬菜基地试点县（区）""中国生食蔬菜之乡""菜祖文化之乡"等多项荣誉。

2. 主要做法及成效

（1）坚持园区、基地与主体同育，推动产业规模化。

一是打造示范化产业园区。按照"一园一主业、园区有特色、大园套小园"的思路，整合投入资金 7.2 亿元，先后建成 3 个万亩蔬菜现代农业园区，平曾蔬菜现代农业园区已创建为省五星级园区，力争将曾家山建成为国家级现代农业园区、中国特色农产品优势区。二是建设标准化生产基地。坚持市场导向，结合企业需求，加强技术指导，制定了《曾家山高山露地绿色蔬菜生产规程》和广元生

食蔬菜6个全国性团体标准，打造蔬菜标准化基地20万亩，朝天区已创建成为全国绿色食品原料（蔬菜）标准化生产基地、川菜直供港澳试点基地建设县区、四川省农业标准化示范区、四川省精品农业（蔬菜）标准化示范区，力争建成全国知名的绿色农特产品生产和出口基地。三是培育规模化经营主体。坚持龙头企业领头、专业合作组织牵头、种植大户带头，实现利益相联、抱团发展。目前，全区培育高山蔬菜经营主体150余家。

（2）坚持延链与增效齐抓，提高产品附加值。

一是配套冷链物流。通过政府投资、集体经济组织与新型经营主体参与等方式，建成高山蔬菜产地冷库22座，建立蔬菜分选、清洗、包装、存储等初加工设施100余处，蔬菜产品产地初加工率达85%。二是发展精深加工。坚持外引内联，夯实七盘关农产品加工园，先后引进农产品精深加工企业30余家，累计研发脱水蔬菜、食用菌、山葵等系列精深加工产品100余个，精深加工率达15%。三是深化利益联结。坚持"利益共同体"建设，通过土地租赁、参股分红、劳务输出、保底收购等方式，探索建立"龙头企业+合作社+农户""专业市场+合作社+农户"等多种利益联结模式，全区紧密的农企利益联结比例达90%以上。

（3）坚持品牌与市场共建，增强产品竞争力。

一是建立质量追溯体系。健全完善区、乡、村三级农产品质量安全监管体系和农产品质量安全可追溯体系，探索形成"三入三化·智慧监管"广元模式朝天区的实践经验，无公害蔬菜实现全覆盖，朝天区成功创建为国家农产品质量安全县区、四川省有机产品认证示范区，2023年将通过国家有机产品认证示范区验收。二是建立品牌培育体系。坚持正向激励、政策奖励，建立健全"企业品牌+产品品牌+区域性品牌"培育体系，推动蔬菜由特色产品向优质产品、品牌产品转变，不断增强市场竞争力。目前，全区蔬菜"三品一标"认证达47个，"曾家山蔬菜"已创建为中国驰名商标，打造了"曾家山·露地好菜"区域公用品牌，朝天区被评为中国高山生态蔬菜之乡、中国生食蔬菜之乡、四川省特色农产品优势区。三是建立产销对接体系。坚持线上线下结合、批发零售互补，推动产、供、销一体化发展。目前，全区培育农村电商网点136个、益农信息社176家，农产品销往全国60个大中城市，年供港澳蔬菜3万吨，蔬菜、食用菌等20余个产品出口美国、日本、韩国等国家，年产值实现10亿元以上。

（4）坚持第一产业与第三产业互融，培育循环产业链。

一是大力发展节会经济。依托特色产业优势，坚持以菜为媒，打造田园盛会，先后举办了中国农业公园与休闲旅游康养产业发展论坛、2019全国"村长"论坛（曾家山）夏季峰会、中国生食蔬菜节、生态美食烹饪国际邀请赛等节会活动，极大地提升了曾家山蔬菜的知名度和美誉度。二是打造生态农业景点。按照"农区变景区、田园变公园"的思路,因菜制宜、移步即景,将园区建成集生产加工、农业文创、休闲体验等于一体的农文旅融合发展示范园,两河口花千谷等地成为"网红"打卡地,朝天区入选首届美丽中国田园博览会"十佳田园城市",曾家山荣获中国农业公园、中国十佳田园美邑称号。2019 年,全区接待游客 750 万人次,农业观光旅游收入达 33.8 亿元,带动农产品消费额达 6 亿元。三是积极开发特色商品。依托绿色天然的本土食材,挖掘研发以曾家山蔬菜为主的名菜、名小吃和商品,培育了莴笋、甘蓝、山葵等生食蔬菜品种,打造了"曾家山菜系"特色餐饮品牌。

3. 经验启示

(1) 发挥当地资源优势,是产业发展的切入点。

产业振兴关键是立足当地资源优势,找准路子,稳固持续发展,走出一条符合"区情民情对接产业"的良性发展模式,把当地的资源优势凸显起来,从而实现产业兴旺。朝天区地处四川省东北部,秦岭南麓,嘉陵江上游,川陕甘三省交界的边陲地带,东北中山区和西南低山区及平坝河谷地带相对高差悬殊,故季节、气候相差近 30 天,东北部的曾家片区能够依靠独特的气候优势避开市场销售旺季,生产反季节高山蔬菜。发展产业有群众的拥护是基础,而群众最看重的是"实效"和周边群众的"现身说法",当地农户立足独特的气候资源,持续发展辣椒等反季节特色蔬菜,综合效益好,进一步提升脱贫群众持续"造血"能力,助力农户持续增收。

(2) 构建高效生产经营模式,是产业发展的突破点。

走规模化、产业化、现代化农业发展之路,才能切实加快农业农村经济发展的步伐。朝天区传统的农业生产经营模式以一家一户一小块地,单家独户经营为主,收入低、致富能力弱,抗风险能力差,辛勤工作一年仅能解决温饱。亟须转换生产经营模式,依托现代农业园区,搭乘龙头企业、国家级合作社、家庭农场发展的快车。因此,朝天区在每个乡镇鼓励成立蔬菜专业合作社,探索"龙头企业+合作社+农户""专业市场+合作社+农户"等多种利益联结模式,将分散农户手中的资金、土地、劳动力等有限的资源进行整合,推广优异辣椒等蔬菜新品种、标准化栽培、病虫害统防统治、采后统一包装等科技成果,使当地由传统单独生产逐步走向现代化经营组织发展模式,提升了菜农生产经营组织化程度,促进了高山特色蔬菜产业集约化、规模化、标准化发展。

(3) 搭建科技成果转化平台,是产业发展的增长点。

乡村振兴策略是我国新时代农业农村工作的关键,在朝天区,乡村振兴聚焦于发展产业,以增强农村经济的活力。以朝天区两河口镇的高山蔬菜科技创新与转化示范基地为例,该基地被打造成一个集技术展示、科技研发和培训于一体的创新型农业示范点。基地依托川东北山地蔬菜专家大院的科技优势,针对朝天区辣椒产业发展面临的挑战,每年汇集并展示20个以上的新型辣椒品种,同时示范四项关键技术,包括集约化育苗、高产高效栽培、有机肥替代化肥示范、病虫害绿色综合防控。并通过定期召开辣椒新品种新技术现场观摩会,为农户及相关人员提供技术培训,每年服务对象达300人次以上。通过此项工作,基地能有效满足农户对辣椒新品种、新技术、新产品的需求,同时搭建了一个良好的产业发展与信息交流的平台。这种以科技成果转化为驱动力的模式,既提升了农户们的技术能力和管理效率,也通过农户的劳动力投入,增强了其经济收益,展示了科技成果转化平台如何成为产业发展的关键增长点,进而推动乡村振兴战略的深入实施。

(4)政策激励持续发力,是产业发展的保障点。

山区特色蔬菜产业的发展壮大离不开政府惠农政策的坚强保障。为了支持当地蔬菜产业规模经营发展,朝天区委、区政府出台了一系列与蔬菜产业相关的政策激励"组合拳"。引导生产基地菜农进行蔬菜价格指数保险补贴,对遭受各种自然灾害受到损失的生产者申请救灾资金进行补贴,对一些预防性生产风险措施的补贴,包括新型农药推广、新型材料双降解薄膜的推广等。2022年,朝天区结合园区建设、狠抓基地建设,整合乡村振兴衔接资金510多万元扶持蔬菜种植大户、专合社、家庭农场生产经营主体,对曾家山蔬菜基地乡镇业主予以400元/亩的土地流转补贴;同时,用好用活债券项目资金,支持蔬菜加工企业改建加工生产线、冷库和烘干设施设备,一条生产线补贴15万~20万元,冷库和烘干设备按总投入的50%给予补助。今年蔬菜销售旺季正值疫情严格防控期间,为提升蔬菜产品产销衔接效率和销售量,朝天区委、区政府切实落实鲜活农产品运输"绿色通道"政策和蔬菜运输车辆优先办理通行证,为当地蔬菜产品销售提供强有力的保障。

(供稿人:四川省农业科学院园艺研究所;苗明军)

二、云南省助力乡村振兴典型案例

(一)鹤庆县:以"科技+推广机构+种植大户"模式,助力农民增收

1. 基本情况

鹤庆县位于大理州北部,海拔高,气温较低,作物结构以粮食作物为主,农业产值低。乘洱海流域产业结构调整之机,大理试验站积极支持鹤庆县发展大蒜产业,服务县域经济发展。由县农技推广中心为技术推广机构,以特色蔬菜产业技术体系及大理州农业科学院经济作物研究所为技术依托,以"科技+推广机构+种植大户"模式进行技术攻关、技术示范,与大蒜种植大户建立联系,指导种植

大户进行大蒜绿色高效生产，辐射带动农户进行规范化种植管理，提升产业发展质量。针对鹤庆县独头蒜种植密度大、蒜种成本高，过度依赖化肥、农药的问题，由站长牵头，试验站成员4人，鹤庆示范县技术骨干3人组成工作组，开展大蒜品种观察试验、不同种源大蒜产量比较试验和独头蒜播种密度、播种深度和化肥减量施肥试验研究，逐步解决生产中存在的实际问题。

2. 大蒜生产现状及存在的问题

（1）独头蒜品种资源少、外来种源成本高。

在大理，独头蒜的种植格局较为特殊，独头蒜种植密度高，每亩播种量在225~270千克，种植用种量大。独头蒜的种源多为外来种，其价格常年保持在20~25元/千克的水平。这意味着，大蒜种每亩投入为4500~6750元，显著增加了种植成本，也降低了种植者的利润空间。

（2）种植技术水平有短板。

大蒜作为一种以营养器官为主产品的蔬菜作物，其生物特性表现为根系分布浅，且比较耐肥耐水。对于蒜农来说，为了获得较高价格，往往会选择早收，这需要提早播种；为了实现高产，大部分农户会选择盲目加大种植密度，过量施用化肥。这种高投入、高产出的模式虽然可以带来短期的高产，但同时也导致了大蒜生产收益的下降，种植风险的增大。此外，大蒜主产区的劳动力结构也影响了种植技术水平的提升。由于青壮年劳动力多数选择外出务工，使老人和妇女成了大蒜生产的主要劳动力。他们的受教育水平相对较低，接受新科技的能力有限，这严重制约了大蒜绿色高效栽培技术在生产中的推广和应用。

（3）独头蒜蒜种处理技术水平良莠不齐。

蒜种处理是种植大蒜的关键环节，然而在大理，这一环节的技术水平参差不齐。在种子处理过程中，由于缺乏标准筛选流程，加之冷藏设备的老化，冷处理技术的差异等因素，都可能影响蒜种的品质，使得出苗率低下。具体来说，缺乏筛选标准意味着种植者无法选择出最佳的蒜种进行种植；冷藏设备的老化则可能导致蒜种在储存过程中发生变质；冷处理技术的差异可能影响到蒜种的种植效果。所有这些问题都可能导致蒜种品质低劣，出苗率低下，进一步影响到大蒜的种植效益。

3. 产业技术问题攻关主要做法

（1）研究自繁种，降低蒜种成本。

针对大理独头蒜种植用种量大、蒜种成本高的问题，大理试验站与示范县技术骨干从2019年起，在鹤庆县开展大蒜品种观察试验及不同种源大蒜产量比较试验。对同品种同种源低温和常温处理进行性状差异研究，结果表明产生独头蒜的品种蒜种低温处理与独头蒜产量有密切的关系，且采用本地自繁1年的蒜种，栽培效益较高，能够为鹤庆降低独头蒜蒜种成本、增加经济收益提供支持。

（2）研究关键栽培技术，推动大蒜绿色轻简高效栽培。

为解决独头蒜用种量大、栽培技术落后的问题，大理试验站与示范县技术骨干从2018年起，在鹤庆县开展独头蒜播种密度、播种深度和化肥减量施肥试验，推动大蒜绿色轻简高效栽培。研究获取一系列成果：

1）调整独头蒜播种密度能优化种用效率，降低成本，提升经济效益。

试验首次揭示了独头蒜栽培与播种密度的关系，综合独头蒜产量、商品性和效益情况，最经济适用的独头蒜亩播种密度为10万~11万株，比农户最高栽培密度减少1.5万~2.5万株，而且产品的商品性得到提升，蒜种成本降低800~1330元，种植收益不减少。结合独头蒜的产量、商品性和效益情况，研究发现，最经济适用的独头蒜亩播种密度为10万~11万株，这比农户最高栽培密度要减少1.5万~2.5万株。随着播种密度的调整，研究发现产品的商品性得到显著提升，蒜种成本降低了800~1330元，而且种植收益并未降低。这一发现为解决独头蒜播种密度问题，提供了新的理论依据和实践指导。

2）调整独头蒜播种深度，提升大蒜产量。

为了提升大蒜的产量和种植效益，试验站在鹤庆县开展了大蒜种植播种深度的试验研究。试验结果首次揭示了独头蒜栽培与播种深度的紧密关系，确认播种深度是影响独头大蒜产量的一个重要因素。大理独头蒜栽培的最佳播种深度为6~8厘米，且不能低于6厘米。研究能够为独头蒜种植者提供更准确的播种深度指导，从而有效提高种植的产量和效益。

3）化肥减量不影响大蒜产量，且可显著提高经济效益和生态效益。

为应对大蒜生产中过量施用化肥的问题，试验站在鹤庆县开展化肥减量试验。试验以控制大蒜在不同生长发育期的化肥施用次数为策略，旨在达到化肥减量的目的，并深入探究化肥减量对大蒜产量的影响。经过翔实的试验，研究发现在底肥使用量相同的条件下，各施肥处理间的产量差异并不显著。经过试验初步筛选出了一种在施用底肥基础上仅追施1次退母肥的减量施肥方法，该方法可以每亩减少纯化肥23.99千克，达到减量42.29%的效果，有效地降低了化肥的使用量，既节省了生产成本，又提升了经济效益和生态效益。现阶段，该化肥减量方法已经在农户中得到了广泛的示范推广，并且农户们已经开始不再施用薹肥。

4）有效的病虫害防治方案对提高大蒜产量和产值，推进绿色生产有显著影响。

在大蒜的生产过程中，病虫害防治问题是农户们面临的一大难题。为了有效地应对这一问题，试验站在鹤庆县大蒜种植新区开展了专门的蓟马和叶枯病防治药剂筛选试验。经过精密且繁复的比对筛选，成功地筛选出了一种用6%乙基多杀菌素 sc1250 倍+70%啶虫脒 SL6250 倍液喷雾防治蓟马的配方以及一种用 80%三乙磷酸铝 wp500 倍液喷雾防治叶枯病的配方。并且在鹤庆县金墩乡成功地建立了一个示范基地，专门用于展示大蒜主要病虫害的综合防控技术。经过一段时间的实际运作，已经在示范基地完成了 125.19 亩的大蒜主要病虫害综合防控技术示范。示范成效显著，产品综合亩产量平均达 2197.39 千克，综合亩产值达到了 18331.15 元。相较于对照区，示范区亩增产量 372.13 千克，亩增产值 2566.22 元。有效地带动了新区蒜农实施大蒜安全生产、绿色生产，对助推鹤庆大蒜产业的绿色发展起到了关键性的推动作用。

（3）优化蒜种处理技术，提高蒜种质量。

随着大蒜产业的发展，蒜种处理技术的优化变得至关重要，直接关系到蒜种的质量和后续的产量。2022 年，试验站联合示范县的技术骨干，针对涉及蒜种冷处理的部分企业进行了深入调研。核心目标是深入了解并总结蒜种冷处理库的运营技术，特别是在温湿度调控和处理天数方面的最佳实践。经过仔细分析和实地考察，研究团队成功归纳出了一系列有效的温湿度调控技术，以及最佳处理天数的建议。这些建议能够为良种繁育中的种子处理环节提供参考，帮助相关企业进一步优化蒜种处理流程，提高蒜种质量。

4. 主要成效

（1）技术攻关解决大蒜产业关键问题，为产业发展提供了技术保障。

根据鹤庆县大蒜生产中的关键问题，及时成立了专门的工作组，全面研究并解决了从品种选择、栽培技术，到病虫害防控、成本控制等一系列关键问题。一是通过精确的实验设计和数据分析，筛选出了独头蒜的最佳播种密度和播种深度，这对于大蒜的生长和产量有着直接的影响。二是发展了一套减量施肥的方法，有效降低了化肥使用量，为实现绿色农业做出了贡献。三是在病虫害防控方面，通过大量实验，筛选出了对付叶枯病和蓟马的化学防治配方，极大地提升了大蒜的抗病性和生存能力。四是集成了一套大蒜主要病虫害的综合防控技术，并在 125.19 亩的土地上进行了示范。这些技术的攻关和创新，不仅有效解决了鹤庆县大蒜产业中的关键问题，也为大蒜产业的持续发展和农民的增收提供了重要的技术保障。

（2）推行绿色高效生产技术，增强了产业发展能力。

大蒜作为鹤庆县的主要农作物，其生产管理方式直接影响到整个县的农业发展。为了应对传统种植方式中存在的问题，以大蒜种植大户为重点，从栽培开始到产品采收结束整个环节进行了细致的技术指导。在种植、管理、产品采收的关键时期，技术团队深入田间地头，为种植户提供大蒜绿色高效规范生产的专业指导。通过这种方式，有效提升了种植户大蒜栽培技术的应用水平，提高了其种植效益。此外，减肥减药和合理密植技术的研发和应用，成功降低了蒜种和种植的总成本。这不仅减少了农业对环境的负担，还为当地农户带来了更多的经济效益。种植成本的降低与产值的提高，共同增强了大蒜产业的发展能力，为鹤庆县的农业未来铺设了坚实的基石。

（3）推动鹤庆县经济发展，助力乡村振兴。

经统计，2017年全县农作物播种面积42.9200万亩，总产17.1381万吨，蔬菜播种面积5.2362万亩，总产6.9256万吨，其中大蒜种植面积1.9279万亩，总产3.5473万吨。到2021年，大蒜种植面积从2017年的1.9279万亩发展到2021年的5.6000万亩，实现蒜薹蒜头总产量10.1930万吨，总产值6.4458亿元。大蒜产业已成为鹤庆县高原特色蔬菜支柱产业，对经济发展起到重要作用，同时鹤庆县成为大理州独头大蒜种植面积最大的产区，也是我国独头大蒜主产区，在全国大蒜生产中占有重要地位。大蒜产业的发展有力推进了乡村振兴、有效带动了县域经济的发展。

（供稿人：大理白族自治州农业科学推广研究院；吴珍、张顺仁、张亚春）

（二）祥云县：科企对接服务，助力蔬菜产业高效绿色发展

祥云泰兴农业科技开发有限责任公司与大理州农业科学院的科企合作，通过有效的科技服务对接，成功解决了农业生产中的关键问题，并显著提高了生产效率。主要的对接做法包括示范推广水肥一体化技术、加强科技创新、注重人才培养和推广轮作替代连作等，这些做法解决了水资源不足、用工难题、化肥使用过量等问题。特别是通过喷滴灌节水灌溉和化肥减量施肥试验，有效节约了资源，提高了产量。人才培训强化了企业的技术实力，进一步提升了生产效率。此外，通过轮作的实施，解决了蔬菜连作障碍。这种科企对接的成效明显，不仅解决了技术问题，提高了经济效益，还推动了地方蔬菜产业的绿色发展，为地方经济贡献了力量。这一模式的成功实施，证明了科企服务对接在乡村产业振兴中的重要性和巨大价值。

1. 基本情况

祥云泰兴农业科技开发有限责任公司位于大理州祥云县刘厂镇刘厂村，是一户集蔬菜种植、包装、销售、生产配套服务、电子商务和庄园经济发展于一体的农业产业化省级重点龙头企业，成立于2012年2月，注册资本金2100万元，并于2015年3月创建泰兴特色农业科技创业园，现有管理及生产人员286人，季节性工人1000多人。建成标准化蔬菜种植示范基地4100亩，发展订单基地1万多亩，主要种植黄白、上海青、生菜、松花、西兰花、油麦菜、蒜苗等叶菜花菜品种，年产蔬菜4万多吨，年销售收入7000多万元，其中电商销售1000多万元。

产品销往北京、上海、武汉、杭州、昆明、大理等城市，并与超过180家客户建立了稳固的合作伙伴关系，实现了规模化生产与创业园运营的有机结合。

祥云泰兴农业科技开发有限责任公司一直以来都是大理州农业科学院的科技帮扶单位，同时也是国家特色蔬菜产业技术体系的科企对接单位。多年来，大理试验站团队与公司各部门紧密合作，不仅保持频繁的沟通与联系，还多次实地进行技术交流指导，并积极进行科研合作。这种深度的科企合作使得公司在蔬菜生产上不断标准化、规模化，从而实现了蔬菜产业的持续、健康发展，为祥云县的蔬菜产业振兴注入了新的活力。

2. 科企对接服务主要做法

祥云泰兴农业科技开发有限责任公司在蔬菜生产过程中面临着一些明显的问题，对企业的发展构成了一定的阻碍。这些问题主要集中在生产用水不足、用工问题、化肥使用量大、栽培技术基础薄弱和连作障碍等方面。科企对接服务在解决上述问题上发挥了重要作用，主要做法如下：

（1）水肥一体化解决资源问题。

祥云泰兴农业科技开发有限责任公司在蔬菜生产中一直面临着用水不足和化肥用量大的问题。2015~2016年，通过《大理州优质蔬菜科技示范园建设》项目的引领，大理州农业科学院张亚春蔬菜团队赴企业进行了深入的交流。他们与公司的董事长朱红青及管理层领导详谈企业的生产发展思路，提出实施喷滴灌节水灌溉和水肥一体化技术应用，有效解决了生产用水不足和化肥用量大的问题。

（2）技术创新提升产量。

2017~2021年，大理综合试验站与公司进行了深入的合作，结合《蔬菜极量创新》和"三区"人才支持项目，引导公司技术人员进行了多方面的研究和试验。开展了白菜高产栽培研究、大蒜化肥减量施肥试验、播种深度试验和大蒜新品种展示等工作，取得了显著的成果。例如，以优质白菜品种黄白快菜K9为基础，优化了白菜的育苗、大棚栽培、节水灌溉和绿色防治等配套技术；通过减少每次施用量并减少化肥施用次数，筛选出了大蒜化肥减量施肥的新方法；以红七星大蒜为对象，找到了独头蒜的最佳播种深度。

（3）人才培养强化技术力量。

在企业发展过程中，对技术人才的培养非常关键。大理综合试验站利用试验示范的机会，对企业技术人员进行了技术传带，成功培养了一批企业技术人才，增强了企业的技术力量。此外，在企业开展了冬季、夏季白菜集成技术应用培训2次，培训人数达108人，开展了《特色蔬菜种植》专题培训1次，培训人数为120人，进一步提升了企业技术人员和一线生产人员的蔬菜生产技术水平。试验站的3名成员更被聘为创业导师，贴近企业为其指导和帮助。

(4) 轮作解决连作障碍。

为解决公司蔬菜生产中白菜和油麦菜常年连作带来的问题，试验站建议企业有序调整作物种植结构，推动白菜、油麦菜与大蒜的轮作。2022年，试验站在企业展示了13个大蒜新品种，展示面积达63.25亩。试验站重点为企业筛选蒜苗和早抽薹蒜品种，以期进行大面积轮作，降低连作障碍风险，为公司的持续发展提供了有力的支持。

3. 科企对接服务主要成效

(1) 科技服务助力生产优化。

经过大理州农业科学院蔬菜团队和祥云泰兴农业科技开发有限责任公司的联合研究，科技服务在企业的蔬菜生产中发挥了重要的作用。通过主栽白菜品种黄白快菜K9的高产栽培研究，确定了夏季栽培定植规格为25厘米×28厘米，冬季栽培定植规格为28厘米×28厘米，这已成为黄白快菜栽培的重要技术措施，并且至今仍在应用。此外，通过大蒜试验和新品种展示，科研团队为企业提供了作物结构调整的新品种和新技术支持。他们指导企业运用农业科技最新成果，实现了企业蔬菜生产设施栽培、高效节水灌溉、水肥一体化应用的全覆盖。

(2) 科企合作推动标准化生产。

科研团队和企业的紧密合作，有效地解决了生产中存在的技术问题，促使企业走向了标准化种植、规范化生产和产业化发展。这种转变不仅提升了生产效率，也提高了企业的整体经济效益。

(3) 经济效益显著提升。

通过多年的合作和服务，泰兴农业科技开发有限责任公司取得了显著的成长。其基地面积从3108亩增加到现在的4100多亩，年产蔬菜量也从3万多吨增加到了4万多吨。相应地，年销售收入达到了7000多万元，利润也达到了300多万元。

(4) 助力地方产业绿色发展。

泰兴农业科技开发有限责任公司已成长为集特色蔬菜种植、销售和种子种苗培育、农资农技服务、绿色种植示范、智慧农业示范于一体的高新技术企业。它的发展不仅自身取得了显著的成就，而且有效地带动了地方蔬菜产业的绿色发展，为地方经济做出了重要贡献。

(供稿人：大理白族自治州农业科学推广研究院；张亚春)

(三) 砚山县："一县一业"建设，推动蔬菜产业驶入"快车道"

自砚山县被云南省打造世界一流"绿色食品牌"工作领导小组办公室确定为2021年度云南省20个"一县一业"示范创建县以来，砚山县已将开展全省"一县一业"（蔬菜产业）示范创建视为一个重要的战略重心，该战略旨在发展以绿色食品为代表的现代农业,并推动农业供给侧结构性改革。坚持将砚山县培育和打造成为云南省面向粤港澳大湾区的"菜篮子"重要供给基地,以此实现质量兴农、绿色兴农、品牌兴农的发展理念。通过市场导向、政府引导、企业助力、群众参与,狠抓产业基地建设、抓实新型经营主体培育、重视品牌打造宣传建设,不断开辟和拓展了一条"砚山蔬菜"品牌巩固脱贫攻坚成果,引领乡村振兴的产业发展新路。

1. 狠抓产业基地建设

(1) 建成规模化蔬菜基地4万亩。

在县委、县政府的领导下,砚山县采取了"农民出土地,政府建基础,企业进驻流转,企业自主生产劳动"的模式,进一步加强了农业招商引资。由松南公司、中康公司、福之口、兴发公司等种植企业与合作社为主的蔬菜基地得以发展壮大,全县的蔬菜规模化土地流转达4万亩。辐射至平远、稼依、江那、者腊、干河、阿猛等乡(镇),推进了规模化示范基地的集中连片建设。这一举措彻底改变了过去零星种植难以形成规模生产的现状,并保证了蔬菜基地具备全年不间断的生产能力。通过实现生产、冷藏,外销一体化运作,基地蔬菜品种主要包括菜心、白菜、豆苗、芥菜、苋菜、春菜等30多个,销往两广、香港、澳门以及新加坡、马尔代夫等发达地区和国家,年产销售蔬菜量达17万余吨,实现销售收入超过10亿元。至今,蔬菜产业已形成了"公司+合作社+基地+科技+农户"的发展模式,实现了一二三产业的融合发展。这一新的生产格局带动了全县1万余户农户实现了就近就地就业,农民务工收入超过3亿元。砚山县也已经成为了文山州内第一大蔬菜种植基地县和外销商品蔬菜销售县。

(2) 建设辣椒专业村6个。

在2021年的"一县一业"示范创建中,砚山县成功建设了6个辣椒专业村,并建立了6600亩的标准化示范基地。这一项目预期将实现产值2000万元以上,并为527户农户实现增收856万元,为全县蔬菜产业的发展提供了强有力的示范效应。例如,维摩乡的幕菲勒村是新建的辣椒专业村之一,该村在基地建设过程中采用了"一规划二发动三统一"的措施。首先,规划核心示范区;其次,组织并动员村干部和农户;最后,实行统一的户户划线、户户打塘以及户户覆膜的操作流程。这种高效的工作方式,保证了辣椒的规模化生产、规范化种植,以及标准化管理,使得幕菲勒村的辣椒种植面积超过了4000亩,户均种植辣椒的收益达6.6万元以上,展现出辣椒产业的巨大潜力和广阔前景。

2. 抓实新型经营主体培育

砚山县按照"公司+合作社+基地+科技+农户"的发展模式,全县共培育出龙头企业44个;从事蔬菜种植运营的合作社271个,其中省级示范社9个,组建了11个辣椒种植专业合作社,入社农户792户;家庭农场15个;具有蔬菜育苗专业化组织18家，育苗面积700亩，育苗28000万株，可以提供15.6万亩辣椒示范区健康种苗，占全县辣椒种植面积的27.9%。

3. 重视品牌打造宣传建设

（1）育名品，树品牌。

砚山县依托"中国·砚山蔬菜园艺博览会"构建蔬菜展会平台，打造"砚山蔬菜"品牌。目前砚山县获得中国蔬菜流通协会评审的"全国辣椒产业十强县"；蔬菜类农产品地理标志1个，登记产品为辣椒，面积199.95万亩，产量20.78万吨；砚山县松南农业开发有限公司"云松南"牌奶白菜、"云松南"牌蔬菜、砚山中康食品有限公司"我走鲜"牌水果番茄、"我走鲜"牌蔬菜获得云南省"10大名品"；砚山县松南农业开发有限公司的奶白菜、上海青被评为云南省名牌农产品；"云松南"牌豆苗、"绿弄"牌菜心、"我走鲜"牌水果番茄荣获文山州2019年度"10大名品"称号。

（2）兴科技，亮身份。

积极组织新型经营主体进行注册品牌商标、绿色食品认证及实用新型专利的申报。目前已经注册"云松南""田韵""绿弄""中康食品"等20个品牌商标；获绿色食品认证86个，绿色食品基地面积认证3.5万亩；获蔬菜实用新型专利46个。在新型经营主体产品销售统一使用"砚山蔬菜"品牌封口胶和注册商标，提升"砚山蔬菜"品牌的影响力、知名度，市场外向度不断扩大。同时，积极培育高原特色农业品牌，提升产品竞争力。帮助、指导企业、合作社提高组织化、规范化程度和标准化生产能力，增强质量意识，指导企业、合作社开展无公害农产品产地产品认证，开展绿色食品、有机食品、地理标志认证，着力加强品牌化建设，打造特色品牌，增强市场竞争力，提高比较收益。

（3）做宣传，促增收。

做好蔬菜产业品牌的培育和宣传推介，切实提升砚山蔬菜的吸引力和竞争力，以灵活多样的方式宣传推介砚山蔬菜，着力打造砚山蔬菜品牌。利用蔬菜博览会、种业博览会等平台，在砚山县国家现代农业示范区综合示范园蔬菜种业基地开展蔬菜新品种展示示范，从湖南省蔬菜研究所、长沙农业科学院、重庆农业科学院、贵州农业科学院、云南省农业科学院、广州种业公司等引进蔬菜新品种200余个，收集蔬菜种质资源86份。广泛向企业、合作社及农户展示蔬菜新品种在砚山的适应性、抗病性及丰产性，使之根据生产实际需要进行选择，推动砚山县蔬菜销售品牌化，推动砚山县蔬菜产业的健康发展，从而带动农民增收，产业增效。

（供稿人：云南省农科学院园艺作物研究所，砚山县农业技术推广中心；桂敏、杜磊、张芮豪、胡华冉、陈丽、王跃云）

（四）富源县：红色热土　辣在墨红——以产业强镇为抓手，推动乡村振兴

1. 墨红镇辣椒产业概况

墨红镇位于云南省曲靖市富源县的西南部，属富源农业生产大镇，耕地面积13.28万亩，人均耕地面积2亩，其中水田10.39万亩，农田灌溉率12%，农户17067户，农业人口62689人。全镇拥有省级农业产业化省级重点农业龙头企业2家，市级农业产业化省级重点农业龙头企业1家，专业合作社59家。全镇坚持"树品牌兴产业、扶龙头促种植、建市场活流通、重科求创新"的产业发展思路，以发展现代农业为核心，以增加农民收入为根本，以做强做大辣椒产业为目标，大力发展高标准化规模化种植，同时快速推进辣椒产品精深加工，提升其附加值，补齐制约辣椒发展的加工短板，全面提高辣椒产业综合生产能力和市场竞争力，实现辣椒产业持续稳定健康发展。

2. 主要做法

（1）龙头企业引领乡村振兴。

云南满地金食品开发有限公司以其在省级农业产业化中的重要地位，作为龙头企业，发挥示范带动作用，带领全镇42家专业合作社共同发展。公司坚持以"建基地、带农户、促增收"为原则，以实地实务和企业的活力推动乡村振兴。全镇的专业合作社得到有力的带动，进一步加强了农户与市场的连接，优化了产业结构，有效地提高了农民收入，增强了乡村的发展活力。

（2）沪滇合作推动乡村振兴。

2019年，云南满地金食品开发有限公司与上海市政府实施了"沪滇合作"项目，将富源辣椒产业发展作为合作重点，创新合作模式，通过提供富源辣椒产品专营批发当口，直接将富源辣椒的绿色食品牌推向了上海市场。在上海宝山区委、区政府的大力支持下，成功打通了辣椒产品进入上海的"直通车"，为云南满地金食品开发有限公司在上海市场的布局提供了良好的支持，也为乡村振兴创新了新的合作模式。

（3）优化产品品质助力乡村振兴。

以墨红镇为中心，公司、合作社、农户共同利用得天独厚的气候优势，生产高品质的辣椒。实行订单生产销售，这既保证了农户的稳定收入，又解决了产品销售问题。同时，公司通过精深加工，提高产品附加值，补齐制约辣椒发展的加工短板，进一步推动辣椒产业转型升级，实现提质增效、富民强镇的目标。

（4）创新经营模式促进乡村振兴。

云南满地金食品开发有限公司倡导并实施"龙头企业+专业合作社+农户+基地"的经营模式，通过稳定基地建设，实行错峰上市、错时销售，增强了产业链

的稳定性和竞争力，有效推动了当地辣椒的发展。这种经营模式有助于调整产业结构，增加农业的后续效益，提高农民的收入，从而进一步推动乡村的振兴。

(5) 建立利益联结机制推动乡村振兴。

云南满地金食品开发有限公司建立了一种强大的利益联结机制，通过公司、示范专业合作社、基地、农户之间的紧密合作，形成了一个利益共享、风险共担的共同体。公司始终坚持以保护农户利益为出发点，深入建立与全县10多万户种植户的稳定企农合作关系，形成了农民得实惠、企业得发展、政府得民心、社会得和谐的"四方共赢"局面。无论市场如何波动，公司都坚决避免农户利益受损。即便在市场供大于求、价格低迷的情况下，公司依然坚持保护价收购，甚至在保护价基础上提高0.2元收购，以此最大限度地保护了农民利益，为乡村振兴提供了有力支持。

3. 辣椒产业强镇建设推动乡村振兴成效

(1) 提升农业技术：赋能农户种植辣椒。

在产业强镇建设的过程中，公司帮助农户解决生产技术上的困境。他们请来农业部门的专家，为农户们解答辣椒种植成活率低、产量不高等问题，同时进行现场培训。专家讲座和现场培训在近年来累计达12期，培训3620余人次。通过教育培训，不仅增强了农户们种植辣椒的决心，还让他们进一步提升了种植户的技术水平和生产效益。

(2) 创新金融模式：贷款入股保底分红。

产业强镇建设引入了"资源变资产、资金变股金、农民变股民"的新思路，促进了辣椒产业的发展，同时为农户提供了新的增收途径。推动"银行+企业+农户"的金融模式，使40户农户贷款入股满地金食品开发有限公司，这些农户每年都可以从中获得2500元的收入。镇党委政府也在贷款、风险防控、政策宣传和手续办理等方面为农户提供协调服务，打消了他们对还款、分红等问题的顾虑。

(3) 土地流转带动就业：多元化增收路径。

满地金食品开发有限公司在发展辣椒种植中，以土地流转的方式在墨红镇九河村委会大底德村、小底德村流转了500亩土地，涉及138户农户，栽植辣椒75万余株，每亩土地农户可收益500元租金。同时农户在种植基地务工，每人每天可得到90元务工收益，促使农民收入多元化。

综上所述，满地金食品开发有限公司在产业强镇建设中，不仅帮助农户解决技术问题，引入新的金融模式，还通过土地流转带动就业等方式促进乡村振兴。在这个过程中，公司的辣椒产业影响并带动了全镇种植辣椒3万亩，品牌辣椒畅销全国，不仅自己走上了富裕之路，还带领着全县的农户闯出了一条致富的金光大道。

（供稿人：云南省农科学院园艺作物研究所，富源县经济作物技术推广站；桂敏、杜磊、张芮豪、胡华冉、施令祥、张本祥）

三、重庆市助力乡村振兴典型案例

（一）南岸区：创"科光艳椒"品牌，促辣椒种业振兴

重庆科光种苗有限公司是重庆市农业科学院国有独资企业，是重庆市农业科学院的主要科技成果转化平台。该公司主要从事玉米、蔬菜、特色作物种子种苗的科研、生产和销售，是一个集科研、生产、经营于一体的综合型农业科技公司，注册资本2358万元，是西南地区最大的蔬菜种子经营企业之一，也是全国知名、西南地区最大、科技实力最强的中国蔬菜种子骨干企业，先后荣获"中国蔬菜种业信用骨干企业""国家高新技术企业""重庆市农业产业化市级龙头企业"等荣誉。"科光"商标成为了重庆市著名商标，"科光"品牌已成为中国种业界知名品牌，依托特色蔬菜体系"加工用干辣椒"岗位（重庆市农业科学院），重庆科光种苗有限公司注册了"科光艳椒"品牌，独家开发了艳椒系列加工辣椒新品种，加速了加工型辣椒新品种的应用。

1. "科光艳椒"品牌创建情况

（1）注册了"科光艳椒"品牌。

2019年，重庆科光种苗有限公司在国家知识产权局注册了"科光艳椒"商标（第33258039号），该注册商标依托特色蔬菜体系"加工用干辣椒"岗位（重庆市农业科学院），此次品牌注册与推广成功，标志着公司以科技为引领，利用专业知识和技术进行品种创新和品牌建设新征程，开创了种植型辣椒市场新局面，为后续的市场开发与品种优化打下了坚实的基础。

（2）授权开发成果。

科技成果的商业化转化被视为推动经济发展的重要环节。面对这样的趋势，重庆市农业科学院与重庆科光种苗有限公司达成了一项重要协议：农业科学院授权科光种苗有限公司开发和转化其科技专家的科技成果。此项协议不仅增强了科研成果的商业价值，也反映出科学研究与产业界的紧密合作关系，进一步推动了农业科技的发展。这种互利共赢的合作模式，为科研成果的转化提供了一种有效的途径，有助于推动科研和产业的双向发展。

（3）构建与完善科技成果转化的利益共享机制。

在科技研发与转化过程中，利益共享机制的建立及其有效性对于激发科研人

员的积极性、提高科研成果转化效率及市场化应用具有重要意义。重庆科光种苗有限公司依据"研推一体"的原则,建立了"育、繁、推"高效的成果转化机制,充分考虑了科研团队在科技成果转化过程中的贡献,完善利益共享机制。具体来看,就是将成果转化毛利的20%~30%由岗位团队分配,其中5%由重庆农业科学院统筹用于对科研环境的改善和科研项目的投入,40%由岗位所在研究所统筹,用于推动科研成果的进一步开发和应用;剩余的55%由岗位所在团队的科技人员分配,以激励他们在科研工作中持续创新,产出更多有价值的科研成果。这种利益共享机制不仅为科研人员提供了更好的激励,同时也通过分配策略的优化,更好地满足了各方在科研过程中的利益诉求,推动了科研成果的高效转化和产业化进程。

(4)合作开展"科光艳椒"示范推广。

重庆科光种苗有限公司积极推进"科光艳椒"的全面示范推广。通过在重庆、四川、贵州、河南、山东、内蒙古、新疆、湖南等省份进行品种示范展示,公司成功地展示了艳椒新品种7个。此外,公司通过配套集成高效丰产栽培技术措施,进一步提升了"科光艳椒"品牌主导产品的科技水平。这种全面的示范推广策略不仅成功提高了"科光艳椒"品牌的知名度和影响力,也通过高科技的种植和管理方式,提高了其产品的质量和市场竞争力。

(5)开展品牌宣传和推介。

为了提升"科光艳椒"品牌的知名度和影响力,重庆科光种苗有限公司采取了全方位的宣传和推介策略。首先,公司制作了2000套种子画册,利用网络、电视、电台、报刊等主流媒体,结合户外广告,在《辣椒杂志》《长江蔬菜》《中国蔬菜》等专业期刊上进行广告宣传,使"科光艳椒"的品牌形象和产品优势得以在行业内广泛传播。其次,公司常年参加武汉、广州、遵义、成都、郑州、乌鲁木齐等城市的国家级种业、品种展示展销会等20余次,通过面对面的交流和展示,让更多的人了解和接触"科光艳椒"。最后,通过线上线下同步的宣传推介方式,"科光艳椒"品牌的知名度得到了显著提升,其品牌影响力也在不断扩大,这对于进一步提升其市场竞争力和经济效益具有重要意义。

(6)规范化设计"科光艳椒"种子品牌包装。

为了更好地突出"科光艳椒"品牌的特性,并体现其科技底蕴,重庆科光种苗有限公司对品牌的种子包装进行了规范化设计。在设计理念上,公司将绿色环保作为设计前提,注重环保材料的选用,以表达品牌对环境保护的重视。同时,包装设计亦融入了科技元素,彰显了"科光艳椒"对科技创新的追求和科技实力的展示。针对不同的产品和市场需求,公司进行了差异化的包装设计。纸袋、塑料袋、铝罐等多种包装风格被巧妙运用,不仅满足了不同消费者的需求,也丰富了"科光艳椒"的品牌形象。这些包装设计，在市场上得到了广泛的应用和推广。通过独特且具有辨识度的包装设计，"科光艳椒"的品牌形象更加深入人心。

（7）建设"科光艳椒"种子品牌销售渠道。

重庆科光种苗有限公司在全国多个省份投入了大量的精力和资源。该公司重点加强了在重庆、四川、贵州、云南、湖南、新疆、山东、河南、内蒙古等省份的辣椒种子经销网络建设，以此强化各地区的销售网络，提高品牌在全国的覆盖率。为了确保销售的规范和品牌的统一性，公司规范设置了"科光艳椒"品牌种子的独家地市级代理网络。这种模式不仅保证了产品的质量，同时也使"科光艳椒"的品牌形象得以统一并保持稳定。在市场开拓方面，公司积极拓展长江中下游地区以及北方地区的种子市场份额，扩大了品牌影响力。为了满足不同客户的需求，一方面，公司主动服务种植业主、基地大户，提供了全方位的服务；另一方面，公司也尝试采用线上服务和品种推广方式，以此满足现代消费者的购物习惯，同时也进一步提升了品牌的知名度。在服务过程中，公司始终秉持"科技领先，传播希望"的品牌文化，为消费者提供优质的产品和服务，赢得市场和消费者的广泛认可。

2. 主要成效

（1）"科光艳椒"新品种与新技术示范展示。

在农业科技的发展和推广过程中，实地示范和展示扮演了关键角色。重庆科光种苗有限公司一直积极从事"科光艳椒"的新品种示范以及新技术的展示并取得良好成效。目前已在重庆、四川、贵州、河南、山东、内蒙古、新疆、湖南等省份开展品种示范展示，展示了7个新的艳椒品种，包括艳椒435、艳椒425、艳椒465、艳椒485、艳椒475、艳椒705和艳椒528。在多个展览会上，这些新品种受到了广泛认可。例如，艳椒465在贵州遵义国际辣椒博览会上荣获了"十大优新品种"称号，艳椒485和艳椒528在河南郑州种博会上被评为"专家推荐品种"。

（2）建立健全种子质量监督鉴定体系。

种子质量是决定作物产量和质量的重要因素，对此，重庆科光种苗有限公司高度重视，并通过完善质量管控制度，确保种子质量得到有效保证。此外，公司还在海南和重庆建立了艳椒种子鉴定基地，总面积达10亩，提供了专门的环境和设施进行种子质量监督和鉴定。2022年，该公司进一步扩大了种子田间质量鉴定的规模，达到10亩，通过这种方式，公司成功地建立了一个完整的"科光艳椒"种子质量控制和鉴定体系，这对于维护品种质量、保障农业生产和推动农业科技的发展具有重要意义。

（3）示范推广成效显著。

重庆科光种苗有限公司的艳椒系列品种在常年示范推广中取得了显著的成效，

其示范推广面积已超过40万亩。2022年，该公司重点在北方干制辣椒主产区如河南、新疆、内蒙古、山东等省份进行推广，实现销售收入2000余万元，显示了艳椒系列品种的市场竞争力和经济效益。同时，公司的部分品种如"艳椒465"和"艳椒485"在内蒙古巴彦淖尔示范点成功实现了机械化一次性采收，显示了该公司产品的适应性和生产效率。此外，"艳椒465"等品种还成为山东援助新疆企业选用的品种，在南疆地区大规模种植，进一步提高了公司产品的市场占有率和社会影响力。

（4）品牌社会效应显著。

"科光艳椒"作为一种高品质、高产量的辣椒品种，已成为重庆等地的主要品种。由于其优秀的品质，加工企业也优先采购此品种，使"科光艳椒"在乡村振兴中发挥了重要作用。"艳椒425"更是以其领先的销量，成为朝天椒品种的代表。除了在单品种销量上全国领先，它更是引领了行业的发展。"艳椒"已经成为"长果朝天椒"行业的专业用语，被列入"中国遵义朝天椒批发价格指数"，并成为该指数中的三个单品之一，进一步提升了"科光艳椒"的品牌影响力。

（5）经济效益显著。

据不完全统计，2021年，公司的干辣椒岗位团队为重庆科光种苗有限公司贡献了超过50%以上的公司纯利润，显然，该团队在公司的经济效益中扮演了至关重要的角色。这一数据不仅证明了"科光艳椒"品种的经济效益，也凸显了农业科技在推动农业产业发展中的巨大潜力。

专栏 "科光艳椒"助推潼南区宝龙镇严寨村乡村振兴

潼南区宝龙镇严寨村从2018年开始试种艳椒，2021年在该村带动90余户种植艳椒425、艳椒465，种植面积520亩，平均亩4500元左右。因发展艳椒成绩突出，宝龙镇严寨村党支部2021年获评"全国脱贫攻坚先进集体"，党支部书记欧敏在2021年建党百年表彰中获评"全国优秀党务工作者"，该村入选2022年100个"重庆市党建引领乡村振兴创新案例"。

潼南区宝龙镇的严寨村从2018年开始试验性种植了艳椒，经过实践和探索，他们确认了艳椒种植在当地的适应性和经济效益。到了2021年，该项目已经带动了90余户农家投身艳椒种植事业，特别是艳椒425和艳椒465两个品种在当地得到了广泛应用，种植面积扩大到了520亩。这一年，种植户们的经验越来越丰富、种植技术逐渐成熟，使艳椒的种植效益逐渐显现：平均每亩收益达4500元。这样的成绩不仅是农民增收的体现，更是乡村振兴策略成功实施的一个缩影。因为在艳椒种植项目上所取得的杰出成果，宝龙镇严寨村党支部书记欧敏作为该项目的主要推动者和领导者，在2021年建党百年庆典上获得了"全国优秀党务工作者"的崇高荣誉。严寨村在2022年被评为"重庆市党建引领乡村振兴创新案例"之一，标志着严寨村在乡村振兴的道路上已经取得了显著的成绩。

（供稿人：国家特色蔬菜体系加工用干辣椒岗位，重庆市农业科学院；黄任中）

（二）酉阳县："五带"科技服务入酉阳，万亩榨菜冬季绿山乡

2018～2022年，国家特色蔬菜产业技术体系渝东南综合试验站范永红站长团队，骨干技术成员冷容高级农艺师，到科技帮扶地——重庆市酉阳苗族土家族自治县，开展芥菜类蔬菜特别是榨菜科技服务工作。在各相关部门的大力支持下，在重庆市青弘翔农业发展有限公司的密切配合下，按照"带产业，带技术，带模式，带项目，带观念"的帮扶思路，围绕企业需求，认真厘清工作思路，强化科技服务意识，发挥专业优势，扎实开展科技服务工作，以真正成为农村科技的播种人为己任，恪尽职守，脚踏实地，累计培训30余场次，累计推广榨菜25000余亩，累计总产值超3000余万元等；基本实现了"培养一批能人，振兴一个产业，富裕一方百姓"的工作目标，得到了当地种植户、企业及政府的肯定，促进了酉阳及邻县榨菜产业的发展，为当地乡村振兴寻找到"新路子"。

1. 带去企业，带动产业

一是突破产业发展的困境。近年来，酉阳县有部分地区的民众依旧保持着种植当地榨菜老品种"羊角菜"的习俗，用以供鲜食蔬菜或手工制作咸菜。然而，2017年榨菜加工企业的进入并未立即实现预期的产业发展，种植困难、技术缺乏和环境不适等诸多因素造成了企业和农民的双重损失。2018年，冷容受邀赴酉阳，通过现场调查与分析在3个乡镇选择了15个试种示范点，成功打破了人们对种植榨菜的疑虑，重塑了人们对种植榨菜的信心。二是确立优势与获得认同。示范点一处位于600~800米海拔的地方，所种榨菜产量高、品质好，得到了酉阳县农业农村委员会、供销社和重庆市农业农村委员会领导的高度认同，他们都表示愿意继续支持当地发展榨菜产业。基于这种信任与支持，企业抓住机会，带领有种植意向的乡镇领导、种植大户、种植户实地察看，进一步提升了他们的信心和决心。三是拓展产业，提升经济效益。经过3年的共同努力，酉阳县已有17个乡镇、120余家专业合作社（家庭农场、种植大户）、6000余户种植榨菜，种植面积达到了15000余亩，而且还成功带动了邻边湖北省来凤县和贵州省沿河县的榨菜种植。2021年，冷容成功引入了2家榨菜收购企业，特别是成功引进了涪陵榨菜集团，

并与当地专业合作社（种植大户）达成了收购青菜头的意向性协议书，这有效地解决了榨菜青菜头销售难的问题。榨菜产业在酉阳县的发展为更多的榨菜加工企业和农业经纪人提供了机会，预示着榨菜产业将在武陵山的腹地快速兴起。

2. 带去技术，带出规范

一是专项技术调研。2021年，冷容实地调研了10余个乡镇、10个专业合作社以及7个种植大户，全面了解当前的榨菜种植情况。他的调研成果为当地引进了4个新的榨菜品种和1个新的酸菜品种，并推广了5项栽培技术。二是实施技术培训。2021年全年共组织了13次有关育苗、移栽、田间管理、病虫害防治技术的培训。此外，成功培养了12位基层技术骨干，并且为350位菜农进行培训，发放了300余份的技术资料。线上线下技术服务均做到了应有尽有，其中线上远程指导90余次，线下技术服务300人次。三是推广新品种与新技术。冷容同志引进并推广了5个新品种和5项新技术，成功解决了3项技术难题。他的服务覆盖了6个企业、合作社、协会等机构以及23个村庄。推送了20余条科普信息，推动了大众对新品种和新技术的理解和接受。四是实施技术标准化。冷容同志通过技术培训、发放规范化的种植生产技术资料、现场示范教学等方式，以及通过微信群的文字、语音、视频等方式开展的线上线下技术服务，使所有的服务对象都能按照《无公害榨菜高产栽培技术规范》的要求进行榨菜栽培。这一系列的行动，成功带出了榨菜栽培的田间实施技术标准，也带出了规范栽培的队伍，实现了酉阳县榨菜栽培的规范化，并极大地提高了种植户的种植水平。

3. 带去模式，带出规模

一是推动订单农业。2020~2021年，酉阳县开始推动订单农业的发展模式。即企业与专业合作社（种植大户）之间签订收购协议，专业合作社（种植大户）与菜农之间签订收购协议，形成了"企业+基地（专业合作社（种植大户）+菜农）"谁发展、谁担责、谁收购、谁收益的责权利统一模式。二是改变补贴模式。为了进一步推动当地榨菜产业的发展，冷容同志建议当地政府改变按种植面积来补贴种植户的做法。政府接受了这个建议，改为种植户交1元的青菜头，政府补贴0.35元的模式，这极大地提高了种植户的种植积极性和管理责任心。采用"企业+基地（专业合作社（种植大户）+菜农）+政府补贴"的模式，进一步助推了当地榨菜产业的发展。三是带动产业规模。至2021年末，由于实施了新的产业模式，酉阳县榨菜种植的规模不断扩大。该县有17个乡镇、120余家专业合作社（家庭农场、种植大户）和6000余户种植榨菜，种植面积达到了15000余亩。同时，酸菜的种植面积也达到了1000余亩。此外，这一模式也带动了邻边的湖北省来凤县凤头姜专业合作社种植榨菜1500余亩，以及贵州省沿河县种植榨菜1000余亩。榨菜种植的规模正在逐年迈上新的台阶。

4. 带去项目，带出信心

2021年8月底至9月初，国家特色蔬菜产业技术体系项目在渝东南综合试验站的指导下，在酉阳县的苍岭镇苍坝村、秋河村、五福镇龙沙村、酉阳水河镇老柏村和后坪乡前峰村，成功地建立了5个榨菜核心示范村和1个酸菜核心示范村。示范面积达255亩，其中榨菜占据150亩，酸菜占据105亩。项目通过"做给农民看"，一方面让农户们了解榨菜的栽培技术，另一方面让他们能够直观地了解到他们的农作物与示范区在产量和质量上的差距。这种直观的对比使农户们对种植榨菜有了更多的信心。随着农户种植榨菜的信心的增强，为将来的企业和专业合作社扩大种植面积以及推动酉阳县榨菜产业的健康发展，打下了坚实的基础。

> **专栏　何家岩村芥菜优良品种与技术核心示范基地项目**
>
> 酉阳土家族苗族自治县花田乡的何家岩村，以其种植的"花田贡米"而闻名。这种稻米自唐宋时期起，就被历代朝廷选为供给皇室的"贡米"。何家岩村借着"花田贡米"的光环，打造了一个360度的临崖全景梯田，不仅使其产业链得到了延伸，更推动了全村农业、文化和旅游的融合发展。然而，由于花田贡米是春季的主要作物，春季之外的时间，田地往往处于闲置状态。在此背景下，范永红站长的团队响应了中共中央组织部对国家乡村振兴重点帮扶县的科技特派团的号召，利用酉阳县花田乡的生产条件、生态环境、气候和土壤特点，筛选出了一种适合在何家岩村高海拔地区种植的芥菜品种。他们针对芥菜的育苗阶段——整地、稀播匀播、防治病虫害等关键技术进行了现场示范和详细讲解。
>
> 计划在何家岩村建立一个大约200亩的芥菜优良品种与技术核心示范基地，通过向农民展示和引导他们亲自实践的方式，充分利用何家岩村冬季闲置的梯田资源进行芥菜种植。这一项目实施将为当地实现稻菜轮作、助农增收提供了技术支撑，有效助力酉阳芥菜产业发展。

5. 带去观念，带出新路

当地的工作团队深入乡镇和农户，直接与种植农户进行面对面的交流。向农户解释可以利用冬闲地种植榨菜，不会与春季的主要作物竞争土地。不仅有助于土地的养护，还为农民提供了额外的季节性收入，从而改变了他们在冬季仅仅"围着火炉烤半年"的习俗。这种种植模式已经取得了显著的效果，极大地增强了当地农户种植榨菜的积极性和主动性，也改变了当地的产业结构，使当地人形成了农业要走产业化发展道路的观念，改变了当地农民"等、靠、要"的思想观念，为当地乡村振兴带出产业新路子（见图 5-1 和图 5-2）。

图 5-1　酉阳县花田乡茎瘤芥（榨菜）育苗现场

图 5-2　酉阳县茎瘤芥（榨菜）喜获丰收

此外，一些专业合作社的负责人也通过交流与尝试，拓宽了思路，抓住乡村振兴的机遇，在榨菜产业链上寻找最适合自己的商机。努力把酉阳的榨菜生产逐步融入重庆市场、成都市场、武汉市场、浙江市场，为当地乡村振兴想"新点子"并探"新路子"。

（供稿人：渝东南综合试验站）

（三）石柱土家族自治县：创新引领产业发展，成果支撑农民增收

1. 基本情况

石柱土家族自治县位于重庆东南部，地处武陵山区，曾是集老、少、边、移于一体的深度贫困县，2021 年实现了全县脱贫。2001 年，石柱县规模性试种辣椒

500亩获得成功，开启了辣椒规模化种植和产业化发展之路，成为远近闻名的"中国辣椒之乡"和川渝鄂地区最大的辣椒生产基地。巩固脱贫攻坚成果需要产业的坚实支撑，当地以辣椒产业为重点，将技术创新与新技术推广作为乡村产业振兴的助推器。2021年，全县24个乡镇（街道）156个村724个组种植辣椒，基地面积10万亩，标准化种植辣椒5万亩，年产量鲜椒4万余吨，椒农销售收入1.5亿元，总产值2.5亿元。带动全县2263户脱贫户种植辣椒5813亩，户均种椒2.57亩，实现脱贫户户均增收6000元以上，种椒收入是全县46%留守农户最大的现金收入来源。

2. 主要做法及成效

（1）品种创新引领产量提升与产业升级。

石柱县在加工型辣椒新品种的应用上，经历了应用地方良种、定型品种（常规品种）、杂交种的历程。重庆市农业科学院坚持自主创新，在全国率先开展加工型辣椒育种研究，推陈出新，为产业升级提供了物质基础，使石柱县辣椒品种率先经历了2~3轮的更新换代。在品种选育与引进上，注重适应石柱县特殊生态条件，加强高辣椒素、辣椒素品种的品种创新选育，保持石柱县辣椒辣味重、油分高的优势。从2008年应用国内第一单生朝天椒杂交新品种艳椒425后，推出艳椒11号、艳椒426、艳椒13号等"艳椒"系列品种，2017年开始应用岗位最新培育的系配套品种高辣朝天椒新品种艳椒435、艳椒465。"艳椒"系列品种成为石柱辣椒的主栽品种，占辣椒基地面积50%以上。特别是艳椒465，从2018年开始在该县中高山区大面积推广，平均产量超过2000千克，平均亩产翻一番以上。

（2）灵活转化科技成果助推农户增收。

石柱县在辣椒产业中高效地转化新的科技成果，与产业龙头企业石柱县富民公司和科兴公司建立了合作伙伴关系。自2008年以来，与这些企业合作，通过直接提供如艳椒425和艳椒417等原种或亲本以及繁育生产种，确保了自主科技成果首先在石柱地区得到应用。此种合作形式有效地缩短了科技成果的转化流程，减少了转化及种子生产的成本。为进一步支持地方发展，重庆市农业科学院旗下的重庆科光种苗有限公司在石柱县进行辣椒新品种的推广和销售，为当地提供了较其他地方低2/3的辣椒种子价格。农户每亩种椒可以减少种子成本40元（按每亩25克种子计算），使自2015年以来，椒农购买辣椒种子的成本下降了17%，为农户减轻了经济负担，为他们提供了增收的稳固基础。

（3）配套技术研究推动产量、品质和经济效益增长。

针对椒农整体水平较低，技术较为缺乏的现状，重庆市农业科学院在进行辣椒栽培技术需求调查研究的基础上，以提高单位面积效益、降低生产成本、保障原料安全生产为突破口，开展加工型辣椒安全高效栽培、加工关键技术研究，提供给石柱县应用。技术的集成配套提高了辣椒的整体生产水平,产量、品质和经济效益得到保障。一是对育苗技术进行了深入研究和优化,对种子处理、育苗方式和育苗基质等关键环节进行了试验。集成的育苗技术提供了规模化种苗整体解决方案,成功推动了辣椒种植的三大转变(分户育苗到集中育苗;小拱棚育苗到大棚育苗;床土撒播育苗到基质育苗、水培育苗),提高了壮苗率和种苗质量(亩用种子量降低30%~50%,壮苗率提高30%~50%,降低种子成本25~30元/亩),促进了技术成果的集中应用(在每个乡镇建立了2~3个育苗中心集中育苗供苗,技术应用率达100%)。二是研发了地膜覆盖栽培技术,以解决山区辣椒因高温干旱而导致的生长问题。这项技术能使辣椒的抗旱期延长5~10天,解决了山区辣椒的干旱缺水问题,为山区辣椒越夏提供了技术保障。三是针对辣椒的主要病虫害进行了系统研究。开展并基本查明石柱辣椒主产区炭疽病、病毒病、疫病等主要病虫害发生为害规律,试验优选出辣椒炭疽病、病毒病、疫病的有效防治药剂,研究制定了主要病虫害绿色防控综合技术,从2017年开始,提出石柱辣椒5次病虫防控方案和农药配方,并指导开展统防2万~3万亩。四是推广规模化机械化干制技术。研发出了JH-500型热风机,极大提高了辣椒的干制效率,降低了干制成本,提高了干辣椒的质量和商品性。这种机械化干制技术比土炕烘干成本低50%,劳动力成本降低1/2,消耗的燃料仅为1/3;整椒率为100%,平均含水率为11.2%,有效解决了重庆地区红辣椒采收期多阴雨天气,空气湿度大,自然干制易霉变、质量得不到保证的问题。目前已在产区集中应用,已建成46条辣椒干制生产线,生产能力达400吨/天。

(4)科技服务与培训助力产业发展。

为了提升石柱县辣椒产业的科技水平,当地政府已派出6名市、县科技特派员,依托专家大院对23个乡镇的辣椒种植户开展长期技术服务。目前已举办了60多场技术培训,涉及产前、产中、产后各个阶段,受益人次高达约0.5万人次。此外,"田间学校"模式也得到了推广,专家们通过示范先进生产技术、展示辣椒新成果来培训农民。在加工环节,直接进入辣椒加工龙头企业,为企业提供关于生产基地建设和标准化种植的专业指导,以帮助其提高辣椒的生产与加工能力。

在人才培养方面,石柱县辣椒产业成功引进了2名硕士,并在入职前到市农业科学院蔬菜科研基地(国家蔬菜中心重庆分中心)学习技能。此外,选送3名辣椒中心科技人员到重庆市农产品质量检验监督中心(重庆)、重庆农业重点实验室脱产学习辣椒产品质量检测等相关操作技能,培养了石柱辣椒研发团队。这些措施为乡镇和合作社培养了一批当地"土专家"队伍,形成了基层技术服务团队。

在标准与教材制定方面,制定了"石柱红"辣椒栽培技术规程;制定、修订了"石柱红"辣椒标准化栽培技术(地方标准);编印了"加工型辣椒高产高效栽培技术"手册2本，摄制了《辣椒育苗技术》《加工专用型辣椒安全高效栽培关键技术》，为广大农户提供了宝贵的学习资源。

（供稿人：国家特色蔬菜体系加工用干辣椒岗位，重庆市农业科学院；黄任中）

四、贵州省助力乡村振兴典型案例

（一）"辣椒种产销联盟"，促进成果转化、助力产业兴旺

2022年1月，国务院印发的《关于支持贵州在新时代西部大开发上闯新路的意见》指出，推动巩固脱贫攻坚成果同乡村振兴有效衔接，全面推进乡村产业、人才、文化、生态、组织振兴，加快农业农村现代化，走具有贵州特色的乡村振兴之路。辣椒作为贵州的传统产业，更是贵州省委、省政府确定的"十二大"特色产业之一，常年种植面积稳定在500万亩以上。乡村要振兴，产业兴旺是核心。如何稳定可持续发展辣椒产业，如何让科技成果更好地服务辣椒产业，如何提升辣椒产业种植效益等问题亟待解决。国家特色蔬菜产业技术体系遵义试验站针对贵州辣椒产业发展的现状、难题及好的经验做法，推行"科研单位+企业联盟+基地"的辣椒产业发展模式，重点解决当前椒农"种什么""怎么种""卖给谁"三大痛点问题。围绕辣椒全产业链，联合科研机构、种业、农资生产、产品加工、产品销售等多家机构企业，组建"辣椒种产销联盟"，提供"优良品种、科学种植技术、专用物资保障、产品订单收购"的辣椒生产全程跟踪"一站式"服务，助力产业兴旺，助推乡村振兴。

1. 贵州辣椒产业发展面临的难题

（1）土地细碎、机械化程度较低、生产成本较高。

贵州是全国唯一一个没有平原支撑的省份，其地势西高东低，主要由喀斯特地貌构成。这样的地形特征造成了土地破碎，坡度大，不利于大面积的机械化作业。目前在辣椒种植中，虽然已经采用了旋耕机、起垄机、打孔机以及飞防无人机等小型机械，以及在辣椒集中育苗基地中配置了半自动或全自动播种机，这些都在一定程度上降低了劳务成本。然而，在关键的采收环节，机械化采收仍然困难，人工采收成本相对较高。考虑到贵州多雨、湿度大的气候特点，红熟的辣椒必须及时采收以避免腐烂。目前，人工采收的成本在0.6~2.0元/千克，其中线椒成本偏低，而朝天椒成本则偏高。

（2）辣椒品种市场较乱、品种选择困难。

2017年，辣椒作为"非主要农作物品种"开始登记，只有获得登记证书的辣椒品种才能在市场上推广，在很大程度上规范了辣椒品种市场，但市场上流通的

品种依然很多。通过2020年调研发现，贵州省种植的辣椒品种丰富多样，种类繁多，包括线椒、螺丝椒、指形朝天椒、角椒、珠子椒、锥形椒、灯笼椒等多种类型，除地方名椒外，涉及遵义朝天椒系列、黔椒系列、黔辣系列、遵辣系列、艳椒系列、湘辣系列、川椒系列、卓椒系列、韩辣系列等30余个商业品牌，每个品牌下面又形成不同类型的品种，导致椒农在选择品种时无从下手。

（3）田间管护执行力不高，产量得不到保障。

贵州辣椒种植以椒农自发种植为主，规模化种植面积较少。椒农在辣椒种植过程中，科学技术的执行力不高，"传统"种植较为普遍，如肥料施用随心、不开厢不覆膜、不打侧枝、病虫害预防不到位等。尽管每年针对椒农的技术培训较多，但是培训效果并不理想，培训时都没有问题，到地里面一做又回到"传统"，导致好的品种种不出理想的产量。

（4）市场信息不对称、种植效益不稳定。

市场信息的不对称性直接影响到辣椒种植的效益，尤其关乎两个关键方面：品种选择和市场价格。在选择种植品种时，椒农往往依据上一年的市场表现做出判断，哪个品种价格高，便会成为大家追逐的目标。然而，这种现象常常导致市场供需失衡。椒农并未充分理解不同品种的市场需求量，结果往往是供应过剩。虽然并不会造成市场崩溃，但无疑降低了种植的经济效益。在辣椒的销售环节，很多椒农仅凭一次性的价格高低进行决策，未考虑到收购的持续性或市场的可持续性。在供不应求的情况下，大家都争相供应，然而当供应过剩时，销售渠道又显得匮乏。这种信息不对称的现象增加了椒农的种植风险，也影响了辣椒产业的稳定性。

（5）辣椒单品种植面积较小，部分企业品种选择难度大。

尽管贵州辣椒的稳定种植面积超过500万亩，但主导品种仍以地方品种为主。在各种被推广的杂交品种中，品种数量超过200个，然而，每种品种的种植面积相对较小。这种原料的非统一性常导致加工产品质量的稳定性受到影响，特别在泡椒产品的生产中，果实的硬度、色泽以及果皮的厚度会直接影响产品的外观和口感，不同的辣椒品种在这些方面的特性也不相同。因此，这种情况给企业在品种选择上带来了显著的挑战。

2. "科研单位+企业联盟+基地"模式经验做法及成效

（1）升级科技成果转化模式，强化农业科技与市场联动服务。

虽然农业科技工作者擅长选育辣椒的新优品种和解决栽培过程中出现的生产问题，但当面对市场销售挑战时，他们往往束手无策，导致优质的科研成果难以实际应用。引入"企业联盟"的参与，有效地弥补了"科研单位"在市场方面的短板，从而使两者形成优势互补。这不仅实现了科技成果的快速应用，还更好地服务了整个辣椒产业。这种新模式打破了传统的"科研人员推广成果""委托公司开发科研成果""与单一公司合作开发"等方式，推进到了4.0版本，即由科研单位牵头，联合种植、生产和销售的企业，提供全程的专业服务，确保科技成果能够真正落地并为农业产生实际效益。

（2）催化科技产出的加速器，践行"将论文写在大地上"。

在推进科技成果转化应用过程中，科研单位的科技人员为辣椒种植基地提供关键的技术支撑，实现科技护航。通过"科研单位+企业联盟+种植主体"的市场运作模式，进一步凸显了科技专家的实践价值。他们更加积极深入田间地头，对规模化发展过程中遭遇的各种问题和挑战进行深入了解和研究。面对种植中的难题和痛点，也必然会去认真思考、细致分析，最终形成切实有效的、生产可行的解决办法，确保科技成果在实践中持续优化和完善。

（3）农村发展的催化剂，吸引年轻力量回归乡村。

种植辣椒对椒农来说存在三个主要挑战：品种选择、种植技术的执行能力和市场分析能力。面对繁多的辣椒品种，椒农往往无法确定哪种品种的产量高、抗性强、用途广、市场行情好，经常由于选择不当而造成亏损。尽管辣椒种植技术不复杂，但许多农户在培训后仍习惯沿用"老传统"方式，没有完全落实到位，导致辣椒产量远低于预期。此外，椒农在品种选择时常常以往年的市场行情为参考，导致容易出现"辣椒大小年"现象，降低了种植效益。实施"科研单位+企业联盟+基地"的模式可以实现辣椒产业的"六统一"发展。市场销售企业根据市场需求指定品种类型；科研单位提供特定的辣椒品种和配套的种植技术；技术服务企业负责组织育苗，并统一采购物资；椒农按照技术标准和技术人员的指导认真种植辣椒；收购企业按照"保底价+市场价"模式统一收购，确保应收尽收。由此，拥有稳定的品种、科技、市场和产值，将会吸引更多的年轻人选择留在家乡，参与到辣椒产业的发展中来。

（4）乡村发展的催化器，推动辣椒产业的高品质发展。

"科研单位+企业联盟+基地"的末端是村合作社或种植大户，形成"科研单位+企业联盟+合作社（种植户）"的产业发展模式。合作社的主要职责包括动员群众参与、协调地方矛盾、监督技术实施以及配合辣椒收购等。每从鲜椒收购中，合作社都会提供0.1元/千克的产量奖励，每亩辣椒种植的奖励金额为150~200元。奖励金额与亩产量成正比，也就是说，亩产量越高，获得的奖励就越多。如果以每村1000亩为计算基础，辣椒产业每年就能为村合作社提供15万~20万元的奖励款，逐步激活村集体经济的活力。

3. 现实案例

（1）贵州省铜仁市印江县木黄镇辣椒种植基地。

土地性质：平台公司流转。

2021年,由政府平台公司与联盟签订服务合同,按照"科研单位+企业联盟+平台公司"的发展模式,在木黄镇新联村推广了辣椒种植,规模达1000亩。在这个模式下,联盟统一提供辣椒品种、栽培技术、栽培物资、技术指导及市场销售,而平台公司负责土地和人力资源的供给。

种植使用的辣椒品种是贵州省辣椒研究所自行选育的优新品种,由种业公司提供杂交种子,保证了种子质量的可靠性。

技术指导由"辣师傅+椒专家"两级技术服务体系组成。其中,"辣师傅"是联盟安排的技术人员,他们常驻基地,与农户共同生活,及时发现并处理种植过程中的问题,推动辣椒种植的科学化、标准化。这些人员接受过专业培训,并有丰富的实践经验。"椒专家"则是贵州省辣椒研究所的科技人员,他们定期或不定期地进行技术培训,解决"辣师傅"无法处理的问题。

在科学技术的指导下,该基地克服了苗期长时间低温、大田水灾等自然灾害,经专家田间测产,亩产量达1800千克,给当地农户带来较好的经济效益。据测算,仅发放劳务费用就达150万元以上,提升了椒农种植辣椒的热情。

(2)贵州省黔东南州丹寨县扬武镇洋浪村辣椒种植基地。

土地性质:合作社流转(100亩)+农户自有(400亩)。

2022年初,合作社与联盟签订"辣椒种产销"服务协议,由联盟统一提供种子、物资及订单销售;由合作社先支付一半的物资款,联盟垫付另一半,缓解产业发展的资金压力。

联盟派技术人员指导合作社统一育苗,并培养"科技二传手"。由合作社将辣椒苗及栽培物资发放给农户,按照统一的技术标准开展辣椒种植。辣椒产品由合作社统一回收后销售给联盟。联盟按照"保底价+市场价"收购合作社的辣椒,在扣除联盟垫付的物资款后,按照实际交货量每千克奖励0.1元给合作社,推动村集体经济发展。

种植品种为黔椒8号,种植面积500亩,其中合作社流转土地100亩、带动农户发展400亩。合作社销售辣椒苗利润(销售价0.20元/株,成本在0.10元/株,每亩2500株)达10万元。合作社亩产量2000千克,椒农平均亩产量1500千克,平均售价5.0元/千克,亩产值达7500~10000元。

椒农利用自家的土地,发挥自身劳动力优势,按照"统一品种、统一物资、统一技术"的管理,实现辣椒的丰产,在"统一订单"下实现辣椒的丰收。

(供稿人:贵州省辣椒研究所;蓬桂华)

(二)抓实贵州辣椒产业集群建设,助推乡村振兴

贵州是全国重要的辣椒主产区,凭借其得天独厚的土地资源和气候条件,将

辣椒产业定位为全省12个农业特色优势产业之一。多年来，各级党委政府和相关部门上下同心，坚持协调合作，注重内外结合，强化优势，补足短板，攻克制约，使贵州的辣椒产业在快速发展的同时，正在迈向深度优化和升级。为了进一步夯实这一优势，贵州省深入推进了辣椒产业集群建设。"小辣椒"的影响力逐步放大，已逐渐发展成为带动农民增收的"大产业"，并成为乡村振兴的新引擎，贵州省也正从"辣椒大省"向"辣椒强省"迈进。

1. 产业发展现状

贵州省凭借其独特的水土、气候和生态优势，强调产品的品质特性。基于规模化基地和科技支撑，并着重于市场营销体系的建设，贵州持续深化辣椒全产业链的完善。目前，该地区呈现基地的区域化、规模化和标准化水平的显著提升，同时产业聚集、企业集群、加工与配套设施以及流通汇聚都展现出协调而稳健的发展格局。

（1）辣椒生产规模稳居全国第一。

2021年，贵州省辣椒种植面积571万亩、产量787万吨、产值271亿元，分别较2010年增长67.5%、231.9%、349.4%，较2017年增长15.6%、44.9%、78.3%，成为省内规模化和集中度最高的蔬菜单品，产加销均位列全国第一，是全国辣椒唯一达到500万亩以上的省份。贵州全省辣椒种植面积超过5万亩有35个县（市、区），超过10万亩有20个县（市、区），其中播州区种植面积达39万亩，位居全国县域种植面积首位。

（2）产业布局日趋合理。

贵州省辣椒生产布局不断优化，区域化、特色化发展格局逐渐形成，基本形成了黔北—黔东北加工型辣椒产区、黔西北加工型辣椒产区、黔南—黔东南鲜食辣椒产区、黔中鲜食辣椒产区和南部河谷鲜食辣椒产区的"五区"种植格局，各产区实现了差异化发展，既发挥了南北不同地理的气候优势，又实现了全省辣椒市场周年供应，生产布局更加合理。

（3）生产标准化日益推进。

充分发挥科学技术对产业的重要支撑和保障作用，制定修订种植、生产、加工、包装、贮藏、运输、追溯、销售等全产业链标准近70项，形成了标准化体系。截至2021年，规模化、标准化基地的良种覆盖率达100%，集中育苗率接近80%，在重点产区，主推品种的占比也超过了80%。同时，在省、市、县三个级别共建设了490个示范点和1394个集中育苗点，进一步推动了辣椒产业的发展。此外，建设了6239个具备良好排水灌溉设施、便捷的交通条件以及较强抗灾能力的规模化、标准化基地，总面积达205万亩。这些措施极大地推动了贵州省辣椒产业从以数量扩张为主向以质量和效益为主的转变。

（4）品牌影响力逐渐扩大。

以中国特色农产品优势区（辣椒）、"遵义朝天椒"、"老干妈"、"虾子辣椒市场"等为代表的贵州品牌影响力日益扩大，创建了"贵椒骄"等省级公共品牌。2020年由中国蔬菜流通协会评选的全国十大名椒中，"遵义朝天椒"位居榜首，"大方皱椒"位列第三。2021年由中国蔬菜流通协会牵头评选活动中，新蒲新区、播州区荣获"全国辣椒产业十强县"称号，"老干妈""贵三红""南山婆""遵辣""卓椒"荣获"全国最具影响力辣椒品牌"荣誉称号。

（5）市场体系逐步健全。

形成以"中国辣椒城"为中心，以播州、新蒲、绥阳等县（区）的重要产地为纽带，以贵阳地利农产品物流园、贵阳北部农产品物流园、都匀黔匀和农产品物流园、七星关黔西北农产品物流园等物流交易为重点的辣椒市场体系的市场交易体系。省部共建的全国唯一国家级辣椒市场落户遵义，持续发布中国干辣椒系列价格指数，为辣椒行业发挥了"晴雨表""风向标""避雷针"作用，逐步打造全国辣椒信息发布中心、价格形成中心和产品交易中心，"中国辣椒、遵义定价、买卖全球"的格局正在形成。

（6）助农增收成效显著。

椒农的增收机制逐步稳固，产业发展的群众基础更加牢靠，辣椒已成为适宜种植区农民增收的重要产业，发展势头越来越好，农民信心越来越足。带动椒农由2018年底的123万户增长到2021年的148万户，增长率20%。椒农年人均增收由2018年底的1895元提高到2021年的2200元，增长率19%。新增就业岗位2万余个，进一步推动了农业和农村经济结构调整，延长了农业产业链，促进了农业增效和农民增收。

2. 主要做法

近年来，贵州省立足辣椒产业市场需求旺盛、产地环境优越、产品品质优异、产业基础较好等独特优势，党政重视，市场引领，因势利导，守正笃实，久久为功，以辣椒产业集群建设，推动辣椒产业步入良性发展轨道，实现产业发展助力乡村振兴。

（1）着力党政支持，坚定产业发展自信。

辣椒产业得到了各级党委政府和相关部门的大力支持。从2007年开始，贵州省将辣椒作为主要农作物，与水稻、玉米等大宗农作物一样，凡是在生产上推广的新品种必须通过品种审定，从而在体制机制上倒逼良种选育，促进品种改良。2016年，制定了辣椒产业优势区域裂变发展方案，总投资15.7亿元，连续3年支持播州、绥阳、瓮安等8个县（区）工厂化育苗、连片规模基地建设、标准化技术应用、烘干技术设备革新、召开现场会和国际辣博会等。2018年开始，省委、省政府把辣椒作为纵深推进农村产业革命的12个特色优势产业之一，成立了由省领导领衔推进的"省辣椒产业发展领导小组"和省农业农村厅领导为班长的"省辣椒产业发展工作专班"，组建了以邹学校院士、宋宝安院士为顾问的辣椒产业专家团队，采取超常规举措高位强力推进全省辣椒产业发展，印发了《贵州省农村产业革命辣椒产业发展推进方案（2019—2021年）》《贵州朝天椒优势特色产业集群建设方案（2020—2022）》《贵州省2020年辣椒产业冬春结构调整专项指导意见》《2021年贵州省辣椒产业发展实施方案》《中共中央关于制定国民经济和社会发展第十四个五年规划和2035年远景目标的建议》等文件，全力推进辣椒产业全链条向规模化、集群化、高端化、国际化发展。市（州）、县（区）两级参照建立领导领衔推进制度和工作专班，推动形成了政策高度集中、资源高度聚集、力量高度聚合，省负总责、市县抓落实、齐心协力推进全省辣椒产业的良好格局。

（2）着力平台搭建，提升产业知名度和影响力。

自2016年以来，贵州省连续通过"线上+线下"成功举办7届贵州·遵义国际辣椒博览会。"辣博会"是贵州省唯一以单一蔬菜品种为主体举办的国际性博览会，是国内外辣椒新品种、新技术、新产品、新设施、新成果以及产业文化的综合展示交流平台，是对外开放和展示交流的重要窗口，历届"辣博会"均吸引了国内外相关知名企业、行业组织、科研院所和学校等单位及国内外专家学者共同参与。7年来，大会内容不断丰富，参会范围持续扩大，办会质量和规格不断提高，逐步成为国内外知名的、全产业链的大型专业展会品牌。创建"贵椒骄"等省级公共品牌，在央视媒体黄金时段滚动播放"生态贵椒·香辣天下"宣传主题，《人民日报》《中国食品报》以及省内外主流融媒体积极宣传贵州辣椒，不断提升贵州辣椒知名度、美誉度和影响力，扩大了品牌影响力和市场占有率。推出《迷你香》等20首辣椒主题歌唱响贵州辣椒，出版的《辣在贵州》全方位宣传"生态贵椒"，不断提升贵州辣椒的知名度、美誉度和影响力。

（3）着力科技支撑，助推产业全面提质。

1）着力科研平台建设，提升产业服务能力。

2004年，在贵州省农业科学院成立全国唯一省级专业辣椒研究所，整合园艺、蚕业两个研究所的辣椒科研力量，组建辣椒资源、育种、栽培、加工四支创新研究团队。2015年，贵州省科技厅、省财政厅、省发改委立项支持建设贵州省辣椒育种与栽培工程技术研究中心。2017年贵州省农业科学院申请成立国家特色蔬菜产业体系遵义综合试验站，并联合遵义市政府与中国检科院签署三方协议，共建"中国辣椒产品质量检测中心"，联合制定中国辣椒行业标准体系，推进全国辣椒产品等级认证品牌资质认证等工作。2017年9月，贵州省农业农村厅开展基层农技推广创新试点工作，贵州省农业科学院牵头，联合贵州大学农学院、贵州大学酿酒与食品工程学院、贵州省山地机械研究所、贵州省农职院、遵义市农业科学院等组建了贵州省辣椒产业技术体系。2019年，贵州大学整合农学院、生命科学学院、酿酒与食品学院有关辣椒科技骨干成立贵州辣椒研究院。遵义市顺应产业需求建设了院士工作站，成立了辣椒产业技术研究院。贵州省教育厅批复了辣椒专业硕士培养计划。2020年，贵州省农业农村厅、省财政厅立项支持建设了贵州辣椒种质资源中期库，建设中期库591平方米，保存年限为10~15年，保存能力10000份，基本实现了贵州辣椒种质资源大数据采集及智能化管理，为贵州辣种质资源智能化管理和种质创新利用奠定了基础。

2）着力科技创新，突破产业发展瓶颈。

贵州省着力提升品种选育和栽培、烘干、储存、加工技术等方面的科技贡献率比重，"从头到尾"加强科技支撑作用。在资源创制方面，贵州省农业科学院辣椒研究所充分利用辣椒种质资源库（中期库），收集入库保存辣椒资源2596份，其中，引进国外种质资源98份，国内大陆和省内共收集资源约2500份。在品种培育方面。贵州省农业科学院辣椒所、遵义市农业科学院等科研院所以优质、丰产、高效为目标，育成登记辣研、黔辣、黔椒、遵辣、遵椒、卓椒系列辣椒新品种42个，提纯复壮认定地方优良品种31个，引进筛选品种120余个。在技术研发方面，创新研发了漂浮育苗、喷雾点灌、井窖栽培等种植技术；集成研发了辣椒集约化育苗、轻简化、绿色高效栽培、高效接茬及病虫害绿色防控等技术；提升干制、储藏、加工技术，开展了辣椒脆防止哈败技术，贵州主要辣椒品种成分、农药残留、重金属以及辣椒风味成分的检测与质量安全分析研究，加工制品已由20世纪90年代的油制品、泡椒发展到油辣椒、泡椒、辣椒酱、糟辣椒、辣椒粉、干辣椒、辣椒酸汤、辣椒风味食品八大系列共50余个品种。编制发布了包括产品、分类、生产、加工、流通等环节的系列省级标准。

3）着力成果转化，夯实产业发展基础。

种业是农业的"芯片"，品种是产业的核心竞争力，加强新品种引进、鉴选工作，为产业发展储备市场需求的新品种，把"换种工程"作为提升贵椒品质和品牌形象的抓手，打造"生态贵椒"，围绕重点产区，以市场为导向，主推地方特色优势品种，稳定提升辣椒品质，提高辣椒产值。引进来自各地辣椒新优品种，通过组织专家评选出适宜贵州省生产推广新优品种20余个，累计推广应用400余万亩，重点县（市、区）主栽自选品种占比达80%以上。同时，大力推广集约化育苗、水肥一体化、增施有机肥、绿色防控等绿色高质高效生产技术和"菜—椒—菜"接茬模式，建设省、市、县三级示范点，带动辣椒产业标准化种植水平的提升。

（供稿人：贵州省辣椒研究所；牟玉梅）

第六章 中南片区

一、广西壮族自治区助力乡村振兴典型案例

（一）打造贺州香芋全产业链促进乡村振兴

1. 贺州香芋全产业链发展基本情况

2021年11月，贺州市政府为推动贺州香芋特色优势产业高质量发展，培育在区内外有较大影响力的香芋特色优势产业集群，助力全面推进乡村振兴，制定了《关于印发贺州市香芋全产业链发展三年（2021—2023）行动方案的通知》（贺政办发〔2021〕89号）。贺州市举全市之力，推动香芋全产业链发展，推进香芋产业化、标准化、规模化发展，力争用3年时间把贺州打造成为有较大竞争力、影响力的全国最大香芋产业链集散地，打响"贺州香芋，香誉天下"名片。围绕巩固提升粤港澳大湾区"菜篮子"地位，坚持以工业化理念、产业化思维，前端抓技术支撑、中间抓组织生产、后端抓市场营销，推进一二三产业深度融合，全力打造贺州香芋全产业链条，拓展产业增值增效空间，为乡村振兴和农业农村现代化提供新的产业支撑。

2022年，贺州市种植香芋面积为13.24万亩，预计产量超25万吨，产值可达12.5亿元，经济效益显著。据统计，截至7月20日，贺州市香芋等衔接资金支持的产业项目带动农户12572户。仅八步区莲塘镇就已打造6条香芋种植带，形成香芋加工聚集区。目前已建成华典、顺来、天帮、绿循等多家香芋加工企业，年加工能力超4.3万吨，预计带动脱贫户6500户参与香芋全产业链发展，带动2.4万人实现年人均增收1万元。

2. 主要举措

（1）强化组织领导，科学规划布局。

成立以市人民政府分管领导担任组长，联系农业农村工作的副秘书长、市农

业农村局主要领导为副组长，市直有关单位为成员的贺州市香芋全产业链发展专班，统筹推进全市香芋全产业链发展工作。各县（区）要因地制宜制定具体实施方案，成立相应的工作专班，明确工作责任，确保各项任务的高效推进。各县（区）要科学规划布局香芋产业，坚持政策导向，在保障粮食种植面积的基础上，鼓励经营主体流转土地，在旱地发展香芋。通过3年的全产业链建设与发展，形成以八步区、富川瑶族自治县为重点，辐射带动平桂区、钟山县、昭平县同步建设的全方位发展格局，促进全市香芋产业由小散型、原料型、粗（代）加工型、无（小）品牌粗放发展向规模化、专业化、标准化、品牌化、全产业链发展转变。

（2）老品种提纯复壮，优新品种加大引进和繁育。

加强本地老品种提纯复壮，加大香芋优新品种引进、试验、示范、推广力度，联合广西农业科学院、广州市农业科学院，以市农业科学院、八步区农科所为建设主体，建立香芋的提纯复壮、新品种引进和种苗繁育基地，为全市全区提供优质香芋种苗。如在贺州市康田农业发展公司基地，建立了80亩品种提纯和种苗繁育基地，为周边提供优良品种，为贺州香芋产业提供良种种苗支撑。

（3）规范栽培技术，加强质量监管。

加强种植过程肥料、农药等农资投入品的检查监测，重点监测膨大素及农药残留，规范农药使用，严厉打击违规禁用农药销售与使用，提高香芋质量安全水平。加强对香芋加工企业生产原料、加工流程的全方位风险监测，降低各种质量安全风险，提升和保障产品质量。加强与国家特色蔬菜体系贺州综合试验站、广西农业科学院、广州市农业科学院等科研院校合作，支持龙头企业与高等院校、科研院所等开展联合攻关，实施一批科技项目，进行新技术应用、良种选育推广、加工工艺创新、新产品开发等研究，提升贺州香芋整体科技含量及新产品研发能力，夯实全产业链发展的科技基础。

在香芋标准技术栽培方面，贺州市农业农村局以国家特色蔬菜体系贺州综合试验站、广西农业科学院生物技术研究所团队为香芋栽培技术支撑，向各县区、种植大户等示范、宣传、推动贺州香芋栽培及病虫害预防、免培土等技术，示范推广有机肥替代化肥、滴灌、统防统治等一批高质高效、生态绿色栽培技术。减肥减药20%以上，减轻劳动强度，节本增效，提高贺州香芋种植科技含量和竞争力。

（4）加强土地流转，推广良种良法。

鼓励土地流转，加强集约化生产，对一定规模面积基地给予补贴。种植30亩以上（含），相对集中连片，采用优良品种，保持常规种植有效株数85%以上，管理正常少杂草、无严重病虫害，植株生长良好，验收时成活率达90%的基地一次性给予每亩500元以上（含）补助，其中在旱地种植的给予每亩700元以上（含）补助。到2022年，优良品种、配套新技术覆盖率达70%以上，全市建成100~500亩以上相对连片的种植示范基地19个以上，500~2000亩的相对连片的种植示范基地6个以上。该项措施效果显著，如钟山县采取"金融+公司（合作社）+农户+基地"流转土地运营的模式，农户通过自种或用土地、劳务等资源参资入股龙头企业，大力推进香芋产业化发展。钟山县公安镇益兴农业香芋种植基地负责人周保成介绍，该基地在公安镇流转了420亩土地种植香芋，不仅让更多的撂荒地变成"致富田"，每天还聘请30多名村民务工，让村民实现在家门口就业，预计收获时产值可达500万元。钟山县兴富种养殖农民专业合作社负责人潘兴朝介绍，他们合作社2022年通过土地流转种植了1500亩香芋，每亩产量约3000斤，总产值约600万元。富川以冷泉香芋产业现代化示范区创建为契机，品牌化、规模化发展特色香芋产业，示范区连片面积超过5500亩，辐射周边面积达15000亩，形成了"塘源—营上—蚌贝—民主—秀水"辐射5个村的帮扶产业示范带，逐渐打响了香芋品牌，带动香芋主产区朝东镇60%的农户走上致富路。今年，昭平县也将投入1150万元资金扶持香芋产业种植，计划种植香芋7000亩，积极推动香芋种植规模化。

（5）强化龙头带动，提高产品附加值。

贺州市通过延伸产业链条，借鉴工业化的细密分工等方式发展香芋产业，推动香芋产业实现规模效应。通过实施"产业兴龙头，龙头带产业"战略，引入"飞地经济"模式，加大招商引资力度，引进、培育农业龙头企业，鼓励建设香芋加工基地，大力发展芋圆、芋粉等高附加值、市场潜力大的产品，延长产业链条，着力提高香芋加工能力和水平。整合各部门资金支持香芋标准化厂房、先进加工设备、现代化仓储、冷链物流等基础设施建设，大力推进贺州香芋产业加工集聚区建设，提升香芋全产业链集群发展水平。对初加工香芋产品而新购置设备的经营主体，一次性补助设备投资总额的10%~40%。对在初加工基础上，将农产品营养成分、功能成分、活性物质和副产物等进行再次加工，实现精加工、深加工等多次增值的深加工香芋产品而新购置设备的经营主体，一次性补助设备投资总额的20%~50%。对企业新建香芋产品加工厂，按标准厂房，檐高8米以上的一层厂房视为两层。二层按每平方米250~300元补助，但不超过投资的50%；三层按每平方米300~350元补助，但不超过投资的50%；四层及以上按每平方米350~400元补助。助力绿循农业、顺来农业、天帮农业3家香芋加工企业的年加工能力达5万吨。"贺州香芋"全产业链框架已初见雏形。贺州在加工方面引进或培育香芋加工企业24家，年加工能力达24万吨，产值达240000万元以上，极大提高香芋附加值。

（6）加强品牌策划，培育区域品牌。

推动"贺州香芋"地理标志产品、地理标志商标申请、保护和绿色食品认证工作，规范品牌管理使用。推动香芋基地粤港澳大湾区"菜篮子"生产基地认定和"圳品"认证工作。邀请知名品牌策划企业对"贺州香芋"品牌进行策划包装，注册"贺州香芋"系列品牌，集中力量进行品牌宣传推介，通过博览会、交易会、展销会、各种媒体等平台，讲好贺州香芋品牌故事，宣传贺州香芋文化和产业产品特色，营造产业发展的文化市场氛围，把"贺州香芋"品牌打造成全国具有较大影响力的区域公共品牌。

贺州市政府在品牌培育、产品认证等方面给予政策扶持，对进入自治区级及以上农产品品牌目录，或获得"绿色、有机"认证、粤港澳大湾区"菜篮子"基地认证、"圳品"认证、出口农产品备案基地认证和富硒产品认证的经营主体，经审核，一次性给予1万~5万元奖励。对获得省级以上著名品牌的经营主体，经审核，一次性给予5万~10万元奖励。对取得各种省级以上科技成果及发明专利的经营主体，经审核，一次性给予5万~10万元奖励。鼓励企业制定香芋种植、病虫害防治、产品质量等全链条标准，每制定发布1个行业标准，经审核，给予1万~2万元的奖励。

（7）建设交易市场，构建营销网络。

依托贺州农投·富川农产品电商产业园等平台，建设贺州东融香芋交易中心，打造粤港澳大湾区乃至全国有较大影响力的香芋交易集散地。培育壮大一批农村电商，加强与一批知名电商平台合作，打造香芋产业线上线下相结合交易平台，保障产品卖得出、卖得好。

（8）强化政策扶持，推动产业发展。

加强政府性融资担保体系建设，引导金融机构创新推出"桂惠贷+农业担保"政府性、政策性金融产品，推动金融机构向香芋产业经营主体贷款；积极向上争取产业强镇、特色农产品优势区、特色农业现代化示范区、绿色高质高效创建、全产业链等项目，统筹整合各级农业农村、乡村振兴、科技、供销社等各部门涉农项目资金，用于香芋全产业链发展。贺州市统筹整合涉农资金，发挥财政资金引导和带动作用，创新推出"香芋贷""蔬菜贷"等多种"特色贷"金融产品，大力培育壮大香芋全产业链，助力贺州特色农产品品牌破圈升级。在八步区莲塘镇新塘村农户欧贤芝的200多亩香芋种植基地，欧贤芝向桂东农合行申请了"香芋贷"，解决了资金不足问题。在广西绿循现代农业发展有限公司，桂东农合行300万元的"香芋贷"及时落实到位后，为公司高质量发展注入金融"活水"。2022年，广西绿循现代农业发展有限公司计划年收购香芋达10000吨，年产值达4500万元，可为当地提供120个工作岗位。截至目前，为423家农业经营主体开展金融服务，为企业争取贴息贷款12173万元，为1371家农业经营主体做好信贷担保，在保笔数1371笔，在保余额42890万元。"建档立卡"担保落地535户，放款金额14361万元。

（供稿人：广西壮族自治区农业科学院生物技术研究所，八步区农业科学研究所，贺州市农业农村局植保站；江文、高美萍、黄诚梅、胡一凤、蒋慧萍、何青石、李斌、赖松新、方彦蓉）

（二）小荸荠大产业——创建平桂区荸荠特优产区

根据《全国乡村产业发展规划（2020—2025年）》（农产发〔2020〕4号）、《特色农产品优势区建设规划纲要》和《广西壮族自治区国民经济和社会发展第十四个五年规划和2035年远景目标纲要》，贺州市平桂区立足自身资源优势和产业特色，以特色农产品优势区创建为统领，通过实施荸荠产业绿色循环优质高效特色农业促进项目，以产业链思维打造生产、加工、物流、销售、品牌推广于一体的荸荠全产业链，打造集科技创新、休闲观光、种养结合于一体的荸荠农业产业化集群，完善荸荠产业链配套建设，促进荸荠产业链的价值增长，助推平桂区种植产业的转型升级，引领广西特色农产品产业实现快速发展，培育一批经济效益好、带动能力强、生产管理规范的新型农业经营主体和龙头企业，打造广西第一、全国有名的荸荠优势区，将荸荠绿色优质特色农业培育成农业农村经济的重要支柱产业和农民持续增收的重要战略产业。

1. 平桂区基本情况

平桂区隶属于中国广西壮族自治区贺州市，位于广西的东北部、贺州市的中部，是湘、粤、桂三省份的交界地，历史上有"三省通衢"之称。贺州是大西南地区东进粤港澳和出海的重要通道，拥有已建成通车的洛湛铁路、广贺高速公路、桂梧高速公路以及贵广高速铁路，是中国—东盟自由贸易区、西部大开发和泛珠三角区域合作的战略结合点，距广西首府南宁市370千米，距桂林市168千米，距梧州市93千米，距广东省省会广州市仅211千米，管辖共9个乡镇（街道）、124个行政村、1246个自然村（屯、寨）、2468个村民小组，主要居住有汉族、瑶族、壮族等，总人口52万。

2022年，平桂区荸荠种植面积已达73170亩，年产荸荠160593吨，荸荠产值90510.8万元，从事荸荠等特色农业产业人员3万多人，人均纯收入2.45万元，极大地促进了乡村振兴。

2. 政府重视，加强规划

以保护"芳林荸荠"地理标志产品为契机，2022年贺州市平桂区政府编制《贺州市平桂区芳林荸荠广西特色农产品优势区建设规划》，以政策鼓励和资金扶持为手段，推进荸荠生产体系建设，加快现代化荸荠产业发展进程。推动标准化、规模化种植，提高荸荠产量和质量，促进平桂区荸荠产业稳步发展。荸荠生产在满足大众消费市场需求的同时，瞄准消费升级的中高端市场需求，依靠市场调节机制和政府调控能力，在区域分布、品种结构、经营结构等方面实现资源的优化配置，实现荸荠产业链的环环增值，进一步提升平桂区荸荠特色优势产业在区域内的引领力和竞争力，提高在广西现代农业产业发展进程中的影响力。

3. 优化荸荠全产业链，创建优异荸荠特优产区

（1）建设良种繁育基地，保证良种良繁。

财政投资60万元，引导社会资金投入260万元，在羊头镇建设100亩种苗繁育基地，同时进行新品种的引进、试验和示范，新建良种资源圃和种苗扩繁圃，完善排灌设施，同时购置相应繁育设备设施，逐渐实现芳林荸荠品种的更新换代，力争在2~3年实现优良品种覆盖率95%以上。

（2）建设标准化栽培基地，提质增效。

与广西农业科学院、国家特色蔬菜体系贺州综合试验站、贺州学院等科研院所、团队开展联合攻关，以绿色食品生产技术和监管标准，推进荸荠种苗生产、种植管理、终端产品的高标准化，把绿色标准化农产品生产基地建设成为原料供应基地、名特产品的第一车间。一是持续推进水、电、路、渠、土地平整等田间基础工程，继续引进广西农业科学院选育的桂蹄3号品种，提高荸荠产量和品质。二是结合基地地理气候特点、生产习惯，以芳林荸荠农产品地理标志质量控制技术规范为纲科学制定示范区荸荠种植技术规程，并积极推广实施；推广应用绿色防控装备，基本实现统防统治全覆盖；推广按照无公害农产品、绿色食品的技术规范进行种植生产；推广应用"荸荠—莲藕"轮作种植模式，促进土地资源高效、节约、集约利用，提高荸荠生态化种植水平。三是加快推广使用物联网远程监控和二维码等身份识别技术，实现生产过程和农产品可溯源，加强农产品监督，强化生产档案编制管理。四是引导新流转土地全部进行"小块并大块"规划和整理，修缮和疏通配套农用路、排水渠设施，达到"田成方、路成网、沟相通、渠相连"标准。

（3）重视加工增值，延长产业链。

根据当前平桂区荸荠产业的发展情况，以发展荸荠产地初加工和精深加工为重点，结合现有企业和农产品产业园的加工体系，加快实现荸荠加工园区化、园区产业化、产业集聚化，最大限度挖掘特色农产品的增值潜力。依托国家级农业龙头企业嘉宝食品有限公司、大成、贺兴等自治区、市级龙头企业建设芳林荸荠加工集聚区，包括荸荠系列产品精深加工园、荸荠加工物流园等。以荸荠加工产业集中的沙田镇打造芳林荸荠加工集聚区，大力发展二三产业，延伸荸荠产业链

条，进一步提升"芳林马蹄"品牌影响力，将芳林马蹄加工集聚区打造成面向东南亚、辐射全广西的马蹄现代化加工集聚区。平桂区通过引进外资企业、培育壮大本地龙头企业等途径，发展马蹄深加工产业，延长产业链条，促进马蹄产业升级发展。目前已有嘉宝、绿全、润腾翔、贺兴等6家国家级、自治区级和市级农业龙头企业从事马蹄加工生产，加工后的"清水马蹄"罐头远销欧美及日本市场，年创汇8000万美元。

（4）加强物流仓贮基地建设，提供专业服务。

加大投入建设仓贮基地，使平桂区冷库库容达7.5万吨，仓储能力达12万吨以上。投资220万元在羊头镇建立交易集散中心，建设一个1000立方米容量的冷库；建设1个交易大棚，可容纳10台马蹄标准货柜车，10台马蹄加工副产品货柜车；按照"线上电子商务交易平台+线下产地批发交易市场"一体化模式，开展线上、线下马蹄代购代销，加工、仓储保鲜、物流配送、信息、金融等服务。强化平桂区现有的马蹄产业物流体系，推动生产加工企业和仓贮、物流企业的联合，提供专业的农产品物流服务，各方优势互补，共同为平桂区优质马蹄产品安全迅速地到达销售市场服务作保障。

（5）有效融合线下线上，打造销售新模式。

健全农产品村级物流服务网点，使电商销售接地气，实现农村物流与干线物流的无缝连接，整体提升特优区农产品物流体系。建立芳林马蹄绿色优质特色农产品电商平台或专属营销渠道，通过与大型电商合作，借势造势利用电商平台宣传销售芳林马蹄。将信息技术引入芳林马蹄及其他农产品在流通领域购销服务平台，建设固定的马蹄大型交易市场，配套建综合服务设施，确保采购销售有稳定的场所。打造芳林马蹄及其他果蔬产品综合服务的现代交易及物流中心，推出信息技术与实地市场相结合的"复合型科技服务平台""'一站式'采购服务"等商业模式。重点扶持马蹄标准化生产、产品加工、鲜果冷链、物流销售等环节。对在区外销售马蹄的采购商、超市进行奖励，扩大销售渠道。

4. 经济效益和社会效益显著

（1）深化平桂区农业供给侧改革，优化产业结构。

平桂区是国家级"出口食品农产品质量安全示范区"、全国有机农业示范县，平桂区委、区政府制定出台一系列特色农业产业发展扶持奖励措施，全力加快农业东融，打造成粤港澳大湾区的"中央大厨房""珠江—西江"经济带农产品现代商贸物流枢纽及集散中心。通过对特优区的建设，一是形成可持续绿色生态农业，有效推动农业产业从"量"的需求转向注重"质"的需求；二是实现当地农业转型升级，全方位、多层次促进一二三产业有效融合。先进的农业技术和产业化的运作模式将有力地推进当地农业现代化水平，促进当地农业产业结构进一步优化升级，实现资源优化配置和再配置，从而实现当地农业产业结构的优化布局与合理化经营。

（2）建成全国名特优荸荠生产示范基地。

推广良种良法，走绿色农业的发展模式，打造全国名特优荸荠生产示范基地，运用示范集中流转、共建基地、合作经营、职业经理人等多种模式，通过优质育苗、绿色防控、生物防治技术应用，配备水质监控、疫病防控、质量检测装备，推广物联网技术和相关设施设备建设，辐射带动平桂区及周边地区产业标准化生产。引进的桂蹄3号荸荠品种长势好，抗性强，球茎厚圆、脐部平、易削皮，产量比地方品种提高15%~50%，大果率增加20个百分点。

（3）全区荸荠加工与销售引领区。

依托国家级农业龙头企业嘉宝食品有限公司、大成、贺兴等自治区、市级龙头企业建设芳林荸荠加工集聚区，包括荸荠系列产品精深加工园、荸荠加工物流园等。以荸荠加工产业集中的沙田镇打造芳林荸荠加工集聚区，大力发展二三产业，延伸荸荠产业链条，进一步提升"芳林荸荠"品牌影响力，将芳林荸荠加工集聚区打造成面向东南亚、辐射全广西的荸荠现代化加工集聚区。支持农民专业合作社、家庭农场、种植大户，改善储藏、保鲜、清选分级、包装等设施装备条件，促进农产品商品化处理，减少产后损失，并积极推广适用技术，因地制宜推进初加工设施建设，提升农产品初加工水平。区内拥有以荸荠为主要原料的食品加工企业5家，年加工生产能力70000吨，其中有2家企业被认定为广西壮族自治区农业产业化重点龙头企业。

（4）带动农民致富增收，增加就业机会。

依托合作社、龙头企业的产业平台，将财政减贫资金以低收入户股金的形式投入产业发展，企业按固定收益为低收入户分红。实施新型经营主体培育、超市及配送服务体系建设、土地流转交易中心建设等项目。特优区的建设发展将有效带动周边的企业、农民专业合作社和家庭农场，特优区内的农户通过参与芳林荸荠种植以及特色休闲农业旅游等项目增加收入，农业基础设施得到显著改善，农业产业布局逐步优化、市场空间得到极大拓展。社会资金也会逐渐加大进入农业农村领域，改善农村的人居环境，对农业农村的发展起到积极的促进作用，加快农业农村现代化，对推动乡村产业振兴、人才振兴、文化振兴、生态振兴和组织振兴，具有非常现实的积极意义，是巩固平桂区脱贫成果和推进乡村振兴战略实施的重要举措。

（供稿人：广西壮族自治区农业科学院生物技术研究所，八步区农业科学研究所，平桂区农业农村局；江文、高美萍、黄诚梅、胡一凤、蒋慧萍、何青石、毛献平、赖松新、方彦蓉）

二、湖北省助力乡村振兴典型案例

（一）服务"襄阳大头菜"龙头企业发展典型案例

近年来，国家特菜体系十堰综合试验站积极服务襄阳市以大头菜为主的芥菜产业发展，不断加大对龙头企业的科技服务和支持力度，在"品种培优、品质提升、品牌打造、标准化生产"上下功夫，实现了经济、生态、社会三大效益同步增长。目前，襄阳市大头菜种植面积12万亩，从业人员达10万人以上，总产量20多万吨，大头菜优质品率提高10%，产量提高15%，农民年增加收入3000元，2022年，大头菜较萝卜种植亩增收1000元以上。襄阳大头菜获国家地理标志保护证书，被国家标准化委员会列入全国第六批农业标准化二级示范区建设项目。2014年省级食品安全地方标准《襄阳大头菜地方标准》正式发布。襄阳大头菜的市场占有率及名牌产品占有率不断提升，"孔明""隆中"等一批大头菜品牌知名度不断扩大，其中"孔明大头菜"被东方航空公司选为指定产品。

1. *做好大头菜产业规划*

十堰综合试验站积极为当地政府做好参谋建议，指导产业以市场为导向，加大产业结构调整，充分发挥襄阳孔明菜食品公司、英明调味品公司、留香斋大头菜厂等龙头企业的辐射带动作用，不断拓展大头菜生产基地种植面积。同时，构建"公司+合作社+基地+农户"的农业产业化生产模式，为大头菜提供产前、产中、产后系列服务。根据优势农产品区域发展，在张家集镇、双沟镇、东津镇、欧庙镇、庞公乡等地建立标准化示范基地2万亩，使传统的大头菜产业发扬光大，真正成为农民致富的优势产业。

2. *夯实标准化规模化发展基础*

一是十堰综合试验站联合当地蔬菜部门重点制修订了大头菜无公害或绿色种植技术规范、大头菜产品质量及分等分级标准，把大头菜产品的产前、产中、产后全过程纳入标准化管理；二是联合龙头企业建立一批高标准的大头菜种植基地和标准化示范区，进行标准化种植，提高大头菜原料的产量和质量；三是积极为新型经营主体培训技术骨干，对种植户开展技术培训和咨询服务工作，提高种植水平。

3. *破解产业化发展瓶颈*

一是主动发挥特色蔬菜产业体系这一国字号平台人才和技术优势，加大对大头菜新品种选育、栽培、加工等技术的研究力度，解决制约大头菜产业持续、健康发展的关键技术和突出矛盾。通过联合特菜体系芥菜育种岗位专家开展技术合作与攻关，帮助襄阳孔明菜食品公司在张家集镇、东津镇芥菜主产区引进大头菜新品种4个，开展一系列栽培技术培训和田间生产指导，其中高产示范4个芥菜品种亩平个数14250个，亩平实产4087.5千克，比当地大头菜亩均增产16.7%。二是加大对新技术、新模式的示范力度，在大头菜生产区主打推广一年三季高效种植模式。在芋丰源马铃薯种植专业合作社主推"马铃薯+花生+芥菜"模式，全年亩总产值10040元，纯收入6240元。在韩集村种植大户荣旭东主推"马铃薯+西瓜+芥菜"模式，全年亩产值10500元，纯收入7100元；同时在大头菜生产高产示范主推技术：①有机肥替代化肥技术，在马铃薯播种前，亩用有机肥1000千克，化肥减施20~30千克。②推广机械起垄直播技术，行距35厘米，株距15厘米，亩播12500株左右。③示范推广绿色防控技术，10~15天用无人植保机防控蚜虫、叶部病害。④大力推广机械收获技术。借着乡村产业振兴的契机，示范性的发展精品、绿色无公害大头菜种植，逐步带动普通农户改变当前的种植结构和种植模式，走精品、高产量、高价格、绿色环保无公害种植线路。

4. 加快科技成果的商品化、市场化进程

十堰综合试验站协助当地政府推动襄阳大头菜双名牌发展战略，不仅在种植环节树立品牌和商标，而且在深加工环节树立品牌和商标，把创名牌工作作为推进大头菜产业化的重要内容来抓。十堰站组织技术团队入驻龙头企业对大头菜原材料的初加工进行研发，优化鲜大头菜叶、大头菜丝初加工技术，并加快科技成果的转化，使新技术、新产品尽快转化为生产力，原材料的利用率不断提高。借助"互联网+"迅猛发展的好势头，引导襄阳孔明菜食品公司、湖北妞妞鼎顺实业公司等传统企业入驻电商平台，拓展销售渠道，丰富营销手段，不断加大大头菜系列产品的开发销售力度。通过举办"聚划算特色产品""云上年货节"及各类系列直播等活动，鲜香味、麻辣味新品大头菜即食包成为网络销售爆款。

下阶段，十堰综合试验站将在休闲食品和预制菜开发方面对企业加大技术支撑，推动大头菜"低盐化、营养化、方便化"系列产品的开发利用，唱响"襄阳大头菜"区域公用品牌，推进特色农业高质量发展。

（供稿人：十堰综合试验站，洪湖市农业技术推广中心；张振、杨柳、陈丽潇、王巍、李靓靓）

（二）洪湖市莲藕产业三产融合促进乡村振兴

1. 基本情况

洪湖市水域面积844.8平方千米，占总面积的33.54%，域内拥有我国第七大淡水湖泊——洪湖，依托丰富水资源禀赋，积极调整农业产业结构，大力发展洪湖莲藕（藕莲、野莲、藕带等）产业。

近年来，湖北省高度重视水生蔬菜发展，将莲藕产业发展纳入湖北省"十大重点农业产业链"和院士专家"515"科技服务农业产业链，湖北省莲藕产业得到了长足发展。为推进洪湖市莲藕产业，特色蔬菜产业技术体系莲藕品种改良岗位、水生蔬菜种植资源岗位联合体系水生蔬菜加工、栽培、机械等相关专家、华中农业大学、湖北省农业科学院等优势科研单位，着力推进农科教紧密结合、产学研精准对接，着力打造新品种、新技术、新模式，推进洪湖市水生蔬菜产业高质量发展和转型升级，取得显著成效。洪湖市现有莲藕面积31万亩，年生产总值达30亿元，产业综合产值近50亿元。全市拥有莲藕加工企业32家（其中国家级1家、省级6家），莲藕种植专业合作社55家（其中国家级示范社2家，省级示范社5家），莲藕种植、加工从业人数达3万余人，带动近2000户农民参与种植，洪湖莲藕面积、产量、加工产值均位居全国县市第一。洪湖市2017年、2018年连续两年入选湖北省特色农产品优势区；2019年，"洪湖莲藕"入选全国特色农产品区域公用品牌；2020年，被评定为中国特色农产品优势区；2022年，洪湖莲藕纳入农业品牌精品培育计划。

2. 科技支撑，产学研助力，莲藕产业借力启航

湖北拥有我国唯一的国家级水生蔬菜种质资源圃，收集保存了世界最丰富的莲藕资源，育成的莲藕品种占栽培面积的85%以上。此外、莲藕病虫害、土肥、农机、加工等实力雄厚，莲藕科研力量全国第一。在湖北省农业农村厅的支持下，特色蔬菜产业技术体系莲藕品种改良岗位、水生蔬菜种植资源岗位联合体系水生蔬菜加工、栽培、机械等岗位专家，以及武汉市农业科学院、华中农业大学、湖北省农业科学院等单位，助力洪湖市水生蔬菜发展，推广莲藕新品种、"莲藕—鱼"生态种养模式、莲藕测土配方优化施肥技术、莲藕机械化施肥和机械化采挖技术、病虫害绿色防控技术以及莲藕加工新技术新产品。实施成效明显，洪湖市水生蔬菜产业发展质量得到明显提升，产品市场竞争力明显增强。

洪湖市积极推动土地成片流转，大力推广基地规模化、生产标准化。建设了峰口镇和万全镇两大标准化种植示范片区以及汊河镇、黄家口镇万亩优质藕带基地。在大沙湖、新滩镇的万亩优质莲藕和乌林镇万亩优质子莲基地，实行品种、肥药、管理、销售等"六统一"，并推广"莲渔共生""莲鳖共养""莲虾套养"等高效生态综合种养模式，平均每亩增加纯收入2000元左右，有的田块亩产值高达1万元。莲藕产业的发展，吸引了一大批市场主体如华贵食品、莲承公司、忆荷塘公司等创办莲藕、藕带、莲虾等2.5万亩示范基地，引进新品种，开展标准化绿色种植，提高莲藕产量和品质，辐射带动全市12万亩莲藕标准化种植，全市种植莲藕产值达9亿元。

目前，全市有水生蔬菜32万亩，其中栽培面积22万亩（莲藕12万亩、藕带5万亩、子莲4万亩、其他水生蔬菜1万亩），大湖原生态水生蔬菜10万亩，总产量达38万吨，总产值28亿元。全市有水生蔬菜加工企业32家、种植合作社55家。

3. "小藕带"做成"大产业"

藕带是湖北传统特色美食，但采收期短，不耐储运，基本用于鲜食。2011年，洪湖市湖北华贵集团与华农农业大学合作，成功研制"泡藕带"产品，填补了藕带加工的空白，并实现了标准化、规模化和现代化生产，并引进藕带专用品种"白玉簪1号"，将藕带产量由原来的350千克/667平方米提高到500千克/667平方米，亩产值7000元以上，带动洪湖市100多个村，12000户开展藕带种植，辐射荆州、仙桃、潜江、荆门等地区，藕带种植面积超5万亩。

华贵食品有限公司目前已成长为全国农业产业化龙头企业，建有标准化生产车间3栋24000平方米，藕带精深加工生产线4条，冷库冷藏量2万吨，年加工处理能力5万吨。其中，"洪湖农家"牌"洪湖藕带"（泡藕带系列）已成为湖北特色水生蔬菜精品名牌，市场份额自2012年的30%上升到2018年的74%，畅销国内，并远销美国、澳大利亚、新加坡等10个国家和地区，年公司销售收入突破10亿元。2014年12月洪湖农家牌"洪湖藕带"荣膺"湖北名牌产品"。2015年12月"洪湖藕带"被认定为国家地理标志保护产品。

4. 聚力农产品深加工，拓展产业发展链条

泡藕带产品的成功，极大地推动了莲藕深加工的发展。洪湖市进一步加强与科研单位合作，大力发展莲藕加工业。通过引进武汉市农业科学院新培育的鄂莲6号、白玉簪3号、白玉簪1号，鄂子莲1号等莲藕新品种，有效提高了商品加工率和质量稳定率，形成了野莲汁、野藕汁、野菱汁、鲜藕片、洪湖藕汤、荷塘三宝、藕夹、藕丸、糯米藕、鲜莲籽、通心莲藕粉、荷叶茶、莲心茶等产品，丰富了莲藕加工种类。目前，洪湖市拥有国家重点龙头企业湖北华贵食品有限公司及省级重点龙头企业晨光、莲承、井力、天然野生、忆荷塘和湖北华贵饮品等莲藕加工企业32家。拥有1个中国驰名商标，4个湖北名牌产品，3个有机食品，4个绿色食品，4个国家地理标志保护产品（洪湖莲藕、洪湖莲子、洪湖藕带和洪湖荷叶茶），1个国家野莲原生境自然保护点。全市莲藕种植面积21万亩，总产量32.5万吨，年加工产值21亿元，年生产总值达30亿元，莲藕产业综合产值达50多亿元，成为湖北省莲加工企业数量最多、加工产值最高的县市。

5. 积极推动电商发展，打造洪湖莲藕新品牌

近年来，洪湖市不断推进"互联网+荷藕"模式，全面推进电子商务与农业之

间的全面融合，建立洪湖莲产品专属营销渠道。支持华贵食品集团等企业与阿里巴巴、京东、抖音、拼多多等互联网企业合作，在淘宝、天猫、阿里巴巴、京东、邮乐网等平台开设了网店。通过举办"十佳好网货"评选、"一镇一品"推介、"农超对接"、"农商对接"、"云上年货节"及系列直播等活动，洪湖网红电商快速崛起，洪湖莲藕、华贵泡藕带、洪湖莲籽、洪湖藕粉等系列产品成为网上爆款。2020年初，企业线下销售遇阻，通过线上销售，电子商务比上年同期增加5倍，洪湖藕农压塘的2000万斤莲藕在4月底便销售一空，有效解决了洪湖莲藕销售难题。目前，洪湖市年电子商务交易额达8亿元，成为湖北省电子商务进农村综合示范县，省淘宝直播村播试点县市，"洪湖莲藕"的品牌竞争力和影响力不断提升。

6. 荷叶田田，荷花飘香，农旅结合创新章

洪湖水域辽阔，其中野莲面积达10万亩以上，洪湖市深挖莲藕文化，将荷花定为市花，多次举办莲文化主题活动。赏荷花、采莲蓬、尝鱼虾，每年春夏时节，洪湖蓝田生态旅游风景区、芙蓉大道十里荷花景观长廊和环湖绿道（金湾花海）等景点游人如织，人们返璞归真，在田园风光中陶冶情操。"十三五"期间，全市旅游接待人数接近700万，同比增长15%。旅游综合收入突破40亿元，提供直接就业岗位1万多个，带动就业3万余人。全市4A景点有了新突破，1个村成功创建湖北旅游名村。将莲产业与红色旅游、乡村旅游和文化旅游融合发展，打造成为武汉市民休闲的后花园。未来5年，洪湖市将按照"以农促旅、农旅结合"为模式，建设莲藕文化研究院、莲藕美食街、莲藕文化博物馆等项目，构建美丽乡村和三产融合示范区。

7. 未来展望

目前，湖北省把着力发展莲藕产业作为十大重点农业产业链。为此，洪湖市出台《洪湖市培育农业产业化龙头企业三年行动方案》《洪湖市莲藕产业链实施方案》，采取"一条产业链、一位市领导、一个牵头部门、一个专家团队、一个工作方案、一个支持政策、一个工作专班"工作模式，正按照"一心、一带、两区、两片"进行功能布局，推动莲藕产业高质量发展。以莲藕产业链条延伸、功能拓展、结构变革和技术进步为目标，建成产业现代、生态循环和城乡融合的国家现代农业产业园，提升"洪湖莲藕"区域公用品牌价值，推动莲藕全系列产品综合开发利用。到2023年，莲藕加工产值超50亿元，莲藕产业综合产值力争突破100亿元。

（供稿人：莲藕品种改良岗；刘正位、柯卫东、匡晶、黄新芳、李峰）

（三）竹山县加工辣椒产业助推农户增收致富

2022年，竹山县发展加工辣椒5000多亩，实现产量5000多吨、产值5000万

元，培育1家市级农业产业化龙头企业、35家辣椒种植合作社。加工辣椒产业覆盖全县10个乡镇93个村，0.28万户低收入户通过发展加工辣椒产业实现致富，占全县低收入户总数的18.7%。加工辣椒产业也成为竹山名副其实的乡村振兴重要产业，成功探索出了一条契合竹山实际、群众广泛认同、持续健康发展的生态产业发展之路。

1. 科学决策，高位推动发展

2015年，竹山县坚持以增收为重点，积极探索短期能增收、长远能发展的致富项目。经深入调研论证，引进加工辣椒产业，进行试验式发展。历经1年的努力，得到全县干群的认可，取得了较好的经济效益和社会效益，坚定了该县发展加工辣椒产业决心。2016年，当地决定把加工辣椒作为减贫主导产业之一，成立县农业分管领导任组长的加工辣椒产业建设领导小组，编制全县食用菌减贫产业2016~2020年发展规划，制定系列奖补政策激励，密集召开专题会议研究推动。历时6年持之以恒的努力，全县加工辣椒产业发展迅猛，规模逐年扩大，效益稳步攀升，群众自发参与，取得了显著成效。

2. 培育企业，引领产业发展

把培育龙头企业作为产业发展的"牛鼻子"，着力优化发展环境、整合项目支持，以培育龙头企业引领带动产业发展。自2016年以来，先后吸引重庆华宝落户竹山擂鼓，参与推动加工辣椒产业发展，全县培育蔬菜专业合作社35家，建成300亩以上基地10个、100亩以上基地20个，其中华宝合作社带动辣椒种植1000余亩。通过壮大龙头、纲举目张，全县除柳林乡因海拔气候原因不适发展外，其他乡镇全部发展加工辣椒。

3. 创新模式，带动农户发展

按照"政府引导、龙头带动、精准到户、助力脱贫"的思路，坚持"大分散、小集中"原则，统筹规划，精准布局，推动加工辣椒产业走进千家万户，带动群众就业增收。散住农户按照"合作社+农户"模式，利用山坡地、幼龄茶园等空闲地发展，育苗、技术、收购、加工由合作社负责，做到赚钱顾家"两不误"。全县加工辣椒产业涉及93个村，2022年全县发展加工辣椒5000多亩，实现产量5000多吨、产值5000万元。

4. 完善政策，激励引导发展

竹山县每年整合500万元以上资金支持加工辣椒产业发展，形成9条较为完善的奖补政策体系。对农户种植加工辣椒每亩给予300元奖励，对农户建设烘干设施达到标准每个给予5万元奖励，对带动低收入户发展的市场主体给予贷款贴息支持，充分调动各方面发展积极性。之后，保持支持政策总体稳定，继续实施奖补，推动产业持续发展。全县先后6批次组织党政干部、村社负责人、企业法人等外出考察学习，增强党员干部学经济、学产业的意识，引导市场主体变"守摊型"为"开拓型"，在实践中解放思想强信心，对标先进促发展，雷厉风行抓落实，全县坚定不移发展加工辣椒产业的思想高度统一，政策动态调整，规模实现倍增，富民壮财得到显现。

5. 强化管控，推动高效发展

第一，合理安排产业布局。各合作社的年度生产计划和种植技术方案，要报县蔬菜产业办公室审核把关，经批复后再组织生产，避免盲目生产，降低种植风险；在完善巩固原有基地基础上，将新建产业基地向条件适宜的易迁安置点倾斜，实现699个安置点全覆盖，解决安置点群众就业增收问题。新建种植基地必须坚持高起点、高标准、高质量，必须按程序报县蔬菜产业办审核批准，避免低水平重复建设；按照竹山气候特点与客观实际，科学安排春秋种植比例和适宜区域。全县坚持以春栽为主、秋栽为辅，春栽要占全年栽培总量的70%以上。秋栽以冬春季节较温暖的低山为主，以基础设施完善、技术力量雄厚、种植经验丰富的专业合作社为主。海拔偏高、秋季降温快、冬春季寒冷的地区以春栽为主；设施条件差、技术力量弱不安排秋栽种植计划。

第二，积极开展服务指导。与国家特菜体系十堰综合试验站合作，引进高技术人才为该县加工辣椒产业发展提供科技服务；继续抓好辣椒栽培技术人员的选聘，同时抓好对聘用技术人员的管理培训和素质提升工作，不断提高技术人员的服务能力和水平，为其开展工作提供良好条件；充分发挥技术人员的"传、帮、带"作用，对新发展的种植户，坚持先培训后"上岗"，无论新老基地，在每个生产季节、关键环节都召开现场会，逐片、逐点抓好对基层干部、农户的集中培训和现场指导。组建技术团队，在关键环节实地指导，确保产量和质量达标；开展各级技术培训，县产业办负责培训业主和技术员，业主负责培训椒农，把培训椒农与技术员工资补贴挂钩，督促业主加大现场培训椒农力度，确保每一个细节都让椒农掌握。

第三，努力提高辣椒质量。一是通过试验筛选适合竹山种植的主栽品种，推进竹山辣椒"良种化"。竹山春栽以线椒为主、夏栽以朝天椒为主。二是支持华宝合作社在楼台乡观音沟设施蔬菜基地建设育苗基地50亩，提供优质辣椒苗，彻底解决质量参差不齐、供应受制于人、种植风险较大等问题，提升全县辣椒良种普及率和产业发展水平。三是抓好对种植合作社监管，督促其严把原料购进、育苗、移栽、指导、收购等各个技术环节，确保辣椒种植生产和销售的"质"和"量"。加大生产质量整改，在生产种植期间，分期分批进行质量检测，召开整改会议，发检测通报，对不合格的辣椒坚决不能销售。

第四，确保椒农收益。坚持"小集中、大分散"原则，规范合作社与椒农签订的种植协议并严格按照协议执行；合作社在辣椒苗销售给农户后，按照"谁供苗，谁负责"的原则，派出技术人员搞好种植期间的跟踪服务，督促农户抓好种植期间管理和后期加工销售，尽量帮助农户提高产量效益，降低种植风险；支持合作社打破乡镇界线，实现辣椒苗跨乡镇销售、跨乡镇服务，扩大优质辣椒的销售范围和销售数量，扩大优质企业的生存空间，依靠市场淘汰劣质企业。鼓励合作社与农户之间开展"订单生产"，农户在缴纳一定数量的定金后，合作社按照订单组织生产并以优惠价格供给农户，尽量使生产做到"有的放矢"。合作社必须完善生产销售档案，建立生产销售"追溯机制"。扩宽销售渠道，在销售上，鼓励合作社、销售大户上门收购。在干椒销售上，督导基地在以质论价的前提下敞开收购，努力扩大对外出口。坚持多渠道发力，用销售拉动生产，防止出现辣椒滞销、椒贱伤农。

竹山县将每年整合不少于 500 万元的财政资金支持加工辣椒产业发展。按照"集中育苗分户种植""企业+合作社+基地+农户"模式，扩大以加工辣椒为主的种植规模，到"十四五"末种植规模达 1 万亩、产量达 2 万吨、总产值达 3 亿元（其中种植产值 1.5 亿元、加工产值 1.5 亿元）。依托辣椒精深加工项目，加快配套基地和加工业建设，延长加粗产业链，3 年内，种植规模精深加工企业发展到 6 家以上，加工流通产值实现 2 亿元。通过政策支持、政府引导、企业和合作社培育、农户积极参与，建成鄂西北最大的辣椒生产加工基地。

（供稿人：国家特色蔬菜产业技术体系十堰综合试验站，竹山县蔬菜产业发展中心；杨柳、陈丽潇、李靓靓、肖飞）

（四）汉川打造莲藕特色产业助力乡村振兴

汉川市位于湖北省中部偏东、汉江下游、江汉平原腹地，因长江最大支流汉江横贯全境而得名。汉川莲藕种植历史悠久，汉川人民种藕、吃藕，以莲藕为原料做出达百余种的莲藕佳肴，汉川宝贵的莲藕文化资源深深地浸润了汉川莲藕优势特色产业。在特色蔬菜体系的支持下，汉川已建成规模化种植、专业化加工、差异化竞争、一体化推进、市场化运作、信息化服务、品牌化发展、横向联合、纵向融合的汉川莲藕优势特色产业集群，实现产业集群总产值 16.0 亿元。

1. 汉川莲藕种植规模化，地方特色明显

为充分发挥科技引领作用，促进汉川莲藕产业高质量发展，国家特色蔬菜产业技术体系水生蔬菜种质资源岗位专家团队与汉川市农业局协商，达成"汉川莲藕产业高质量发展科技服务框架协议"，在汉川按照"莲藕科技创新集成+基层推广服务体系+莲藕种植、销售和加工企业+合作社/农户"模式，建立"汉川莲藕科技服务体系"。由武汉市农业科学院牵头，联合湖北省从事莲藕研究的科研院所组成专家服务团队主要进行遴选主推品种和栽培技术，为汉川莲藕核心基地提供技术支撑；由汉川农技推广部门（菜办、植保站等）和汉川莲藕协会等形成基层服务团队，搜集莲藕科技需求信息，在专家团队与生产间搭建信息桥梁；由汉川志成公司、宏发公司等莲藕生产、加工与销售龙头企业形成示范带动团队，作为建设主体开展莲藕新品种和技术示范基地建设，辐射带动合作社或种植大户。创新形成利益联结机制，分工协作，共同推进汉川莲藕产业高质量发展。

汉川市莲藕基地规模化、集约化程度高，种植规模在万亩以上的基地有沉湖、刘家隔、汈汊湖等，其中沉湖基地连片种植莲藕达3万亩，是我国目前连片种植莲藕面积最大的地区之一。目前，汉川市莲藕种植面积已发展到20万亩，总产量40万吨，年产值23.2亿元，商品藕占据广东等地60%以上的市场份额，是湖北省莲藕产业发展重点区域，也是湖北省莲产业链优势区域之一（见图6-1）。

图6-1 汉川沉湖莲藕种植基地

（1）示范推广新品种新技术，提升生产技术水平。

莲藕新品种的示范推广，使汉川莲藕种植品种结构趋于合理，高产优质新品种种植面积逐年增加，并成为我国莲藕良种重要繁育基地。汉川莲藕传统栽培品种多为地方品种或20世纪90年代选育的品种，2017~2022年，特色蔬菜体系水生蔬菜种质资源岗位专家团队陆续向汉川提供自主研发的鄂莲5号、鄂莲6号、鄂莲9号、鄂莲10号、鄂莲11号、鄂莲12号、五月早等莲藕新品种，其中鄂莲6号、鄂莲9号和鄂莲10号在汉川的品种种植面积约8.5万亩，覆盖率达45%以上。高产优质莲藕新品种的引进种植，实现了汉川莲藕早中晚熟不同熟性品种搭配，煨汤、炒食不同口感品种搭配，适宜南北方不同消费市场的品种搭配，种植品种结构得到了进一步优化。汉川不但是湖北省商品莲藕主产区，也是我国莲藕良种种苗繁育的重要基地。据不完全统计，每年汉川向省内外莲藕主产区直接供应种苗达3200万千克，约占全国30%的市场份额（见图6-2）。

图 6-2 特色蔬菜体系支持汉川莲藕产业发展

（2）大力推进"产—研"结合，提升产业发展能力。

大力推进"产—研"结合，以企业为依托，整合科研院校和基层农技推广部门，创新建立莲藕全产业链的"三网一体"莲藕科技服务体系，有效支持汉川莲藕产业发展。特色蔬菜体系水生蔬菜种质资源岗位专家团队联合湖北省内从事莲藕育种、土肥、植保及保鲜加工的科研院校，技术服务内容涵盖了莲藕生产的全产业链，全面提升了科技服务支撑水平。并且，依托汉川志成公司、汉川宏发公司等企业强大的资金、营销和技术辐射能力，通过建立核心示范区、培训核心技术人员等手段，示范推广莲藕新品种、新技术和新模式，带动、辐射汉川乃至全省主要莲藕种植区。在汉川形成了基地网（网络示范基地和示范户）、专家网（网络湖北省莲藕技术专家）、信息网（网络生产加工销售信息）的"三网一体"莲藕科技服务体系，有效支撑和促进了汉川莲藕产业发展。

仅2020年，依托汉川宏发农副产品有限公司、汉川志成绿色农产品有限公司建立莲藕新品种新技术试验示范基地2200亩，筹集补贴示范基地莲藕及农资5万余元，示范推广新品种5个、新技术2项，作为湖北省科技特派员单位不定期实地指导服务20余次，并邀请汉川莲藕大型生产企业及大户参加莲藕现场培训会等形式宣传普及莲藕品种和技术。通过这些方式，莲藕新品种和新技术在汉川推广 2 万余亩。

（3）树立高质量发展理念，提升市场竞争力。

以树立高质量发展理念为宗旨，加强优质高产莲藕和绿色高效轮作配茬、生态种养模式在汉川莲藕产区推广应用力度，科技支撑汉川莲藕产业沿着安全、优质、高效、生态的高质量之路发展，同时，协助汉川大力开发地理标志产品"汉川莲藕""汈莲"等区域公共品牌打造，在莲藕品种和良种繁育技术方面支持汉川建设国家区域性莲藕良种繁育基地，全面提升汉川莲藕质量和在全国的知名度，提高市场竞争力。

2. 扶持汉川莲藕经营主体发展，助力乡村振兴

汉川莲藕产业以生产基地为基础，形成了集种植、良繁、收购、加工、销售、餐饮、旅游于一体的产业化发展格局，真正建立起种植规模化、良繁专业化、加工现代化、销售品牌化、产业多元化的较为完善的全产业链发展体系。全市从事莲藕种植、加工、销售的合作社、家庭农场和龙头企业有 68 家，其中莲藕合作社 52 家、家庭农场 3 家、龙头企业 13 家。全市莲藕产业化省级重点龙头企业 4 家，分别是湖北福星现代农业发展有限公司、湖北惠致农贸食品有限公司、汉川宏发农业发展有限公司和湖北百禾生态农业科技股份有限公司。

2020~2022 年，特色蔬菜体系水生蔬菜种质资源岗位专家团队按照与汉川市建立的"汉川莲藕科技服务体系"工作机制，专门选派 3 名莲藕专家，并申报湖北省科技特派员，专门对接服务汉川宏发农副产品开发有限公司。在对企业充分调研基础上，针对性开展了大量工作。开展的工作主要有：一是协助企业完成 2000 亩莲藕生产基地规划。推荐种植莲藕品种鄂莲 5 号、鄂莲 6 号、鄂莲 9 号、鄂莲 10 号、鄂莲 11 号、鄂莲 12 号、五月早，以及莲藕配方施肥技术、莲藕绿色标准化生产技术、莲藕返青早熟栽培技术、莲藕延后采收技术、莲藕机械化采挖技术等。新品种、新技术和新模式的综合推广应用使莲藕在 5~6 月能够采收上市，填补此期市场空白，实现了新鲜莲藕周年不间断供应。二是协助企业建立莲藕新品种良繁基地 500 亩，保证企业莲品种纯度。并赠送鄂莲 9 号原种苗 5500 斤用于公司品种更新，解决了部分莲藕品种退化混杂等问题。三是梅雨季病害爆发、抗旱救灾等多次实地指导服务，降低灾害损失。如 2020 年 6~7 月，湖北地区出现长期梅雨，由于长时阴雨寡照，莲褐斑病大面积爆发，湖北省莲藕产区莲藕普遍减产 50% 以上，在此背景下，服务团队及时实地调查公司莲基地病害发生情况，对于危害较重并已结藕田块，提早采收青禾藕上市，对于发病轻田块，建议采用植保无人机喷施多菌灵、苯醚甲环唑或代森锰锌等杀菌剂及时防控，极大地降低了灾害天气病害爆发造成的损失。四是帮助企业创新宣传方式，扩大影响力。2021 年 9 月 28 日，国家特色蔬菜产业技术体系结合湖北省莲产业链及"515"行动，

在湖北省汉川市沉湖镇举办以"庆丰收、感党恩，鄂莲品种兴乡村"为主题的"2021年汉川市莲藕丰收节活动暨新品种新技术展示会"，会议由武汉市农业科学院主办、汉川宏发和湖北惠致协办（见图6-3）。会上与汉川市人民政府签订了《汉川莲产业发展战略合作协议》，与汉川宏发公司签订了《莲藕品种权转化意向协议》《莲藕新品种新技术示范基地建设（汉川·新堰）合作协议》。会议的召开将更好地服务汉川宏发公司。公司在莲藕科技服务团队的技术支撑下，已成为湖北省农业产业化省级重点龙头企业，莲藕产业得到长足发展，莲藕种植面积达3500亩，公司在莲藕生产基地和莲藕销售批发市场等业务实现销售收入8000余万元，辐射带动周边500多农户发展莲藕产业，每家农户的年收入增加2万~10万元，新增就业岗位120余人，起到良好的辐射带动作用，有效助推乡村振兴。

图6-3　2021年汉川市莲藕丰收节活动暨新品种新技术展示会活动现场

同时针对湖北惠致农贸食品有限公司进行藕汤加工的需求，特色蔬菜体系水生蔬菜种质资源岗位专家团队专门进行煨汤专用莲藕品种的筛选与选育工作，将培育出来的煨汤专用莲藕品种"八月粉"在该公司莲藕基地引种示范，并用于藕汤加工，加工出来的藕汤汤色奶白、汤汁浓郁、味道香浓、藕块粉糯，非常受市场欢迎。目前，该公司已将"八月粉"扩种到300亩，专门用于本公司藕汤加工（见图6-4）。另外，还为该公司提供切片专用莲藕品种、脆质莲藕新品种等。在体系岗位专家团队的技术支撑下，公司品牌"楚荷香"莲藕被评为"湖北名藕"，加工产品也由单个鲜藕产品扩展到盐渍藕片、清水藕片、藕丝、藕条、藕粉、藕段、藕汤等多个产品，公司莲藕种植基地面积和产品销量均逐年增加，亦已成为湖北省农业产业化省级重点龙头企业。

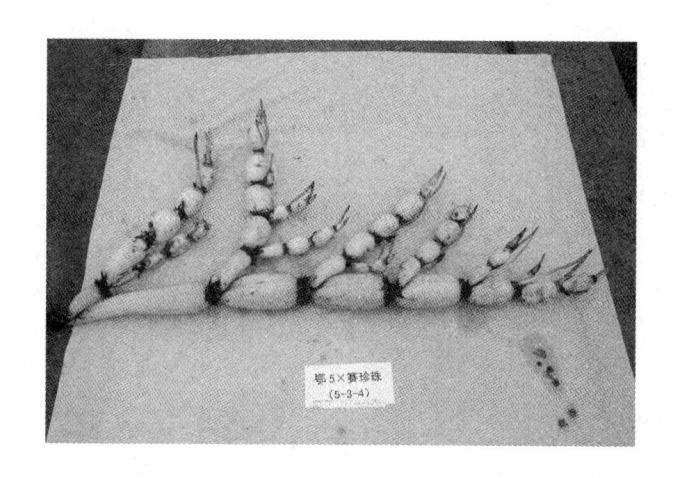

图 6-4 煨汤专用莲藕品种"八月粉"

目前,汉川市建成了全国首个绿色食品原料(莲藕)标准化生产示范基地和全国唯一的莲藕区域性良种繁育生产基地。"汉川莲藕"已成为知名度较高的公共品牌,汉川莲藕产业发展水平跃入全省和全国先进行列。汉川市走出了一条地方特色鲜明、市场效益较好、产业发展较快的莲藕优势特色产业发展之路。

(供稿人:武汉市农业科学院蔬菜研究所;朱红莲)

(五)来凤生姜产业助农增收

凤头姜是来凤独有地理标志保护产品,因形似凤凰而得名,在来凤具有500余年的种植与加工历史。来凤位于龙凤盆地,酉水贯穿而过,温润的小气候和富硒黄棕沙壤造就了凤头姜无筋脆嫩、美味多汁和营养丰富的特质,在全国生姜种质资源中占有重要地位,在同类产品中具有明显的比较优势,是来凤县独有的特色资源。

2017年国家特色蔬菜产业体系武汉综合试验站将来凤县列为示范县,重点开展凤头姜新技术研发和示范推广,在翔凤镇、绿水镇等地建立了5000余亩(333.33公顷)标准化生姜示范基地。来凤县成立了脱毒生姜繁育中心、生姜产销专业合作社、凤头生姜研究所等科研与服务机构,逐步实现了生姜产业化生产,每年有上万户农户从事生姜种植,2019年实现总产值3.2亿元,带动低收入户增收致富效果明显,来凤县正式成为生姜特色产业县。目前,生姜种植面积稳定在3万亩左右,每亩纯收入5000元以上,成为当地农民致富的"金疙瘩"。

1. 强化政府引导,政策支持推动产业兴旺

自2018年以来,县政府将生姜产业纳入产业减贫补助项目,即低收入户种植1亩生姜,政府补助500元。2019年来凤县脱贫攻坚指挥部办公室关于进一步落实精准减贫到户、到人帮扶项目的通知(来脱贫办发〔2019〕23号)中指出新发展种植1亩生姜，补助种苗及肥料1000元（每亩种子200千克以上，成活率达85%以上）。来凤县人民政府办公室关于印发来凤县2019年产业减贫暨秋冬季农业综合开发方案的通知（来政办发〔2019〕31号）中指出以村为单位，集中连片种植生姜100亩以上的，经乡镇组织验收，县农业农村局抽查复核确认后，每亩给予以奖代补资金400元。

要加快实现产业兴旺，土地、人才、资金等要素是重要保障。一是重视土地资源。来凤县持续推进土地流转工作，落实"公司+基地+农户"的生产模式，以连片大规模的生姜发展用地保证高标准农田建设。二是重视人才与科技资源。为人才培养和引进搭建广阔平台，培养乡土人才、技术人才、管理人才。同时，联合湖北省农业科学院、中南民族大学、来凤县城投公司等资源，不断革新生姜农产品的生产和发展技术，真正将科技成果转化为农业经济收益，助力现代化农业提质升级。三是重视资金保证。在发展特色农业工程中，保证各项资金投入，形成农业产业发展的固定基金，完备在特色产业建设中减税降费的财税金融措施，推动现代农业农村不断向前发展。

2. 技术创新，全面提升种植水平

种植凤头姜成为农民增收的重要途径，但来凤生姜产业历经长期发展后也出现了许多技术瓶颈问题，成为影响产业可持续健康发展的制约因素，如品种退化，病害加重以及缺乏规范的绿色优质高产栽培技术等问题。为此，国家特色蔬菜产业技术体系相关专家团队，在调研当地实践经验的基础上，针对来凤生姜产业发展瓶颈集成体系技术，开展了系列试验示范，总结出来凤生姜"三改一绿"绿色高效生产技术模式，并进行集成研究与示范推广，有力支撑来凤生姜产业的绿色高质量发展。"三改一绿"即改种、改肥、改药，同时采用绿色轻简高效生产技术模式。其中，改种包括引进名优生姜新品种，从山东、安徽、湖南、四川、云南等各省份试验站引进生姜品种20余个，在来凤县绿水镇香沟村进行品种比较和筛选。同时，改良培育优质抗病生姜新品系，增强品种抗性，改传统随意自留苗为脱毒健康种苗。在改肥方面，将传统化肥改为有机肥为主精准平衡施肥，改药是将传统用药改为绿色防控策略。在"一绿"方面，是采用生姜专用膜、大棚生姜—晚稻、遮阳网覆盖、经济林与生姜间作等绿色高效栽培模式使生姜产品达到绿色食品标准。

"三改一绿"高效生产技术模式使生姜亩产量增加30%以上，减施化学肥料15%~20%，减少化学农药30%以上，亩增产500~800千克。2020年全国生姜产业减贫现场观摩暨绿色高效生产学术研讨会在来凤县召开，对提高来凤生姜农业科技创新水平和能力起到了很好的技术支持和宣传作用。

3. 各部门协作，促进生姜产业发展

中国农业发展银行湖北省分行在全省共建8个农业政策性金融服务乡村振兴

实验示范区，来凤被纳入其中，先行先试推出17项优惠政策。散小软弱，"靠天收"，个体姜农短板明显。农发行与来凤县通力合作，创新推行"政府+银行+市场主体（国企）+科研院校+村集体+合作社+农户"产业振兴模式，充分利用"无形之手"和"有形之手"顶层设计，由政府成立国资控股的市场主体，将各类要素全面整合，将所有的力量拧成一股绳。农发行积极参与，推动产业起跳。

来凤县城投成立凤头姜产业化公司作为市场龙头，农发行来凤支行与该公司合作，审批农村土地流转和土地规模经营贷款1亿元，用于支持对来凤县绿水镇上寨社区、田家寨村、周家湾村、新溪沟村4个村（社区）的凤头姜进行良种繁育及推广，以点带面促进政策性金融服务乡村振兴取得新突破，在农发行的支持下，该公司建设温室大棚5.4万平方米，发展种姜种植面积510.30亩，生姜种植面积810.81亩，推动全县8个乡镇建成3000亩凤头姜种植示范基地。充分发挥"土地+"效应，带动数千农户种植生姜达2万亩，与低收入户签订合同，带动27人实现稳定就业，人均年增收1.51万元。提供长期、临时就业岗位300多个。

把千百个小农户聚拢，小舢板整合成大航母，推动抵御市场风浪的能力明显增强。一盘棋整体推进产业化提升，联合体重点建设国家生姜种质资源库、资源圃和生姜原产地保护区。成立湖北省首个"生姜院士专家工作站"，联合湖北省农业科学院、中南民族大学等科研院所，开展关键技术科技攻关。建立现代农业智慧化生产管理技术，引领姜农提升生产水平，并狠抓市场网络和品牌建设，保障农产品销售渠道畅通和合理的经济效益。

4. 延伸发展，不断延长产业链

凤头姜主要为原姜销售，约80%原姜销往恩施周边县市及湖南、重庆、四川、广东等省份蔬菜批发市场，年交易量约3万吨。加工主导产品凤头糟姜、糖醋姜年销量约1万吨，主要销往恩施、宜昌、武汉、重庆、张家界、常德、吉首等周边城市，市场定位为居民中高端礼品消费。在农业部门的支持下，来凤县先后投资1500多万元，修建厂房、引进加工设备，建立了龙头企业湖北凤头食品有限公司，该公司年生产能力为5000吨。在龙头企业的带动下相继出现一批小型私营加工企业，目前县内从事生姜加工的企业有10多家，加工作坊50多家，规模大小不一。目前，全县生姜加工能力约20000吨，实际加工量为5000吨左右，逐步形成以地方特色产品凤头糟姜、保健饮品速溶姜汤系列产品为主，姜汁、姜粉、姜酱系列调味品以及糖姜片、姜糖旅游休闲食品为辅的几大产品系列，从而提升整个产业的精深加工能力。

5. 结语

2021年以"绿水青山，姜绘更美"为主题，湖北凤头姜招商推介会在来凤县绿水镇举行。此次推介会，通过电视、广播、抖音等各类媒体平台直播，让更多的消费主体、消费群体了解凤头姜、认可凤头姜、爱上凤头姜，真正把凤头姜产业做大做强，让凤头姜这个品牌深入人心、家喻户晓。近年来，来凤县全力发挥来凤凤头姜品牌优势，凤头姜在助力农户致富、乡村振兴的发展中持续发挥重要作用。

（供稿人：湖北省农业科学院经济作物研究所，来凤县农业技术推广中心，来凤兴佳生态农业科技有限公司；吴金平、郭凤领、覃竹山、唐纯、彭毅）

（六）长坂坡特色农产品品牌创建案例

建安十三年（公元208年），赵子龙大战当阳长坂坡，让长坂坡名扬天下；2005年开始，为发展大蒜等特色蔬菜产业，湖北省当阳市充分挖掘三国文化，全力打造农产品品牌——长坂坡，通过品牌助力乡村振兴，实现了品牌富民强市。

1. 长坂坡品牌和长坂坡特色蔬菜基地发展历程

（1）长坂坡品牌发展历程。

2005年商标注册成功，"长坂坡"成为湖北省第一件农产品集体商标；2009年长坂坡商标成为湖北省著名商标；同年"长坂坡"大蒜被农业部评为"中国绿色食品"；2012年长坂坡大蒜被湖北省蔬菜办公室评为"湖北名优蔬菜银奖"；2012年长坂坡大蒜被湖北省质量技术监督局认定为"湖北名牌产品"；2014年"长坂坡"被国家商标评审委员会认定为中国驰名商标；2021年"长坂坡"被当阳市政府确立为当阳市农产品区域公用品牌。

（2）长坂坡特色蔬菜基地发展历程。

2005年当阳市大蒜基地被中国绿色食品发展中心命名为"绿色标准化基地"；2006年被省质监局授予湖北省长坂坡大蒜标准化示范区；2009年被省科技厅授予湖北省农业科技创新示范基地；2010年长坂坡商标持有人——当阳市两河镇农副产品产销者协会被中国科协授予全国科普惠农兴村先进单位；2011年大蒜主产区两河镇被宜昌市农业局评为宜昌特色产业大乡大镇；2013年大蒜主产区两河镇被农业部授予全国"一村一品"示范乡镇；2014年大蒜主产区两河镇被宜昌市农业局评为宜昌市特色产业明星镇；2015年大蒜主产区两河镇被湖北省推进品牌强省联席会议办公室评为湖北省品牌示范镇；2020年大蒜主产区两河镇被宜昌市商务局评为宜昌市电子商务示范镇；2020年当阳市以大蒜为主的特色蔬菜基地被湖北省科技厅授予湖北当阳特色蔬菜种植乡村振兴科技创新示范基地；2020年当阳市大蒜基地被国家标准化管理委员会授予国家大蒜良种繁育标准化示范区；2021年当阳市两河镇被中国蔬菜协会授予中国鱼腥草之乡。

2. 发展"长坂坡"农产品品牌的优势

"麦城糜城王粲仲室楼闻名神州大地，苗蒜薹蒜商标长坂坡享誉全国乡村"，这副对联概括了当阳市大蒜主产区两河镇的历史文化和经济特色。但麦城和仲宣楼，作为商标品牌长坂坡这棵惠民之苗、富民之树，是怎样栽种、培植、蓬勃生长的，却鲜为人知。

当阳市两河镇人多地少，人均耕地不到3亩，传统的粮棉油种植效益低，正常年景，老天爷成全一亩地一年也就千把块钱，年成不好就更不用说了，人民群众生活水平难以提高。后来，政府引导农民调整结构种菜，从最开始的几百亩到5000亩，菜是种出来了，产量也喜人，但价格不稳。没有品牌的蔬菜，受市场冲击大，大蒜一度只卖1毛钱一斤，菜农含泪耕在地里当肥料，严重挫伤了群众种菜的积极性。

那是在一次人民代表大会上，两河镇赵闸村老支部书记钟波代表，就怎样发展蔬菜专业镇讲了两句话，"为农产品创建品牌，让农产品正装步入市场"。2004年春，在当阳市委、市政府组织下，当阳市考察山东大蒜产业。看着一望无垠的大蒜地，醒目的"中国大蒜之乡"广告牌，当阳市考察团对比反思，心潮难平：两河镇这样好的自然条件，种红皮大蒜的历史悠久，生产的苗蒜红皮绿叶，香味浓厚，蒜薹脆嫩清香，蒜头辛辣味浓，同时富含多种微量元素，有消炎抗癌功能。曾经有老百姓编了顺口溜来形容两河大蒜的品质："寿比南山不老松，全靠两河蒜和葱，福如东海水长流，不吃葱蒜就到头。"但由于没有品牌，进入市场无姓无名，农民分散种植、商品附加值低。

2005年末，"长坂坡"农产品集体商标注册成功，成为湖北省注册的第一件农产品集体商标，使用商品包括蔬菜、水果等农产品。自此当阳市的农产品就有了进入市场的通行证，产品远销西安、北京、长沙、广州等地市场。

3. 长板坡区域公用品牌培育的典型经验

（1）政府支持。

1）定方案，打造区域农产品品牌。

当阳市出台了《长坂坡农产品区域公用品牌运营实施方案》，政府出资整合了长坂坡多类商标资源，涵盖新鲜类农产品、加工类农产品等，将长坂坡确立为当阳市农产品区域公用品牌，由当阳市国投集团公司负责运营。

2）办示范，建设标准化生产示范区。

湖北省农业科学院经济作物研究所从2008年开始与基地开展产学研合作，指导两河镇建起了省级大蒜标准化生产示范区和国家级大蒜良种繁育标准化示范区。

3）培主体，优化市场服务。

当阳市成立了"当阳市长坂坡农业专业合作社""当阳市麦城大蒜专业合作社""当阳市两河镇农产品质量安全监管站"等生产组织和服务机构。

4）扩规模，形成产业特色。

当阳市沿沮漳河的育溪、坝陵、两河、河溶、草埠湖5个镇处，以合作社的形式，把大蒜等蔬菜菜农聚集在"长坂坡"品牌的旗帜下，辐射当阳市发展大蒜面积10万亩，成为全省最大的大蒜基地。

5）建设施，改善生产条件。

市委、市政府为支持"长坂坡"品牌发展，先后投入土地整理等数亿元项目资金用于建设大蒜等特色蔬菜标准化生产基地。

（2）部门扶持。

农业、科技、市场监督管理等部门组建服务专班，主动上门服务，支持"长坂坡"品牌争创湖北著名商标、湖北名牌、湖北名菜、中国驰名商标；支持减设国家、省市大蒜标准化生产基地；支持企业开展产学研合作，申报和实施各类科技研发项目，解决制约长坂坡大蒜生产的技术难题。

（3）协会、企业引领。

实行"品牌协会+授权使用公司+合作社基地"，一个新型的农业产业化经营模式诞生。新模式分工明确，协会负责管理品牌，公司负责销售，合作社基地负责生产，实行"一主""三化""五统一"管理模式，实现了蔬菜产品的提档升级。

1）"一主"。

"一主"即以商标富农强市为主。

2）"三化"。

"三化"即种植规模化、生产标准化、销售市场化。

种植规模化。规模化是扩大农产品品牌效益最大化的基础。为鼓励农民大力发展大蒜产业，在发展之初，政府对种植大蒜达10亩的农户政府奖励500元；对使用"长坂坡"商标年销售大蒜100吨以上的营销大户给予一定奖励，并免费提供印有"长坂坡"商标的包装袋。通过这一系列措施，仅两河镇大蒜种植面积每年成培增长，由十年前的几千亩增加到现在的5万亩，两河镇成为了国家级绿色食品生产基地和全省最大的大蒜集散市场。

生产标准化。为进一步提升"长坂坡"特色蔬菜的品质，湖北省农业科学院经济作物研究所联合合作社，制定了《大蒜生产技术标准》《大蒜良种繁育技术规程》等三部标准，推行"长坂坡"大蒜标准化生产，其中两部标准成为湖北省地方标准，用于指导全省大蒜生产。

销售市场化。对按标准生产的大蒜统一采用印有注册商标的保鲜袋进行包装，农民改变过去十多年草绳捆蒜薹的历史，大蒜穿上了统一制作的"长坂坡新衣"，为了充分发挥品牌的市场作用，对长坂坡品牌使用实行市场化探索，分品种授权有实力的公司使用，逐步将长坂坡蔬菜推上超市柜台，进一步扩大销售市场。

3)"五统一"。

"五统一"即统一生产品种、统一生产标准、统一农资配送、统一检测包装、统一广告宣传。

统一生产品种：湖北省农业科学院经济作物研究所的专家联合当阳市两河镇技术人员，在当阳市大蒜基地开展品种筛选，在100余个大蒜品种中筛选出"二水早"等大蒜品种，进行推广种植。

统一生产标准：为了确保"长坂坡"大蒜按标准化生产，通过采取向蒜农印发科技信息，定期在农业生产关键环节对农民集中培训标准化生产技术等措施，使全市每户种植户家中都有一名标准化生产技术明白人，在"长坂坡"大蒜的生产过程中，均能按标准化技术生产。

统一农资配送：合作社对蒜农使用的农资实行统一采购，统一配送，统一应用。

统一检测包装：统一检测收购蔬菜，并对符合《标准》要求的蔬菜统一使用"长坂坡"品牌进行包装。

统一广告宣传：利用农博会展示的机会宣传，整合报纸杂志和影视媒体对长坂坡品牌大力宣传，长坂坡大蒜等特色蔬菜终于声名鹊起。

4."长坂坡"品牌效益

（1）信心倍增，面积稳定扩张。

随着长坂坡大蒜的多次获奖，主产区两河镇的蔬菜生产规范与经验与日俱增地向周边乡镇和县市区辐射。两河镇成了沿沮漳河五镇蔬菜生产的排头兵。仅大蒜每年生产25万吨，辐射带动当阳发展大蒜10万亩、鱼腥草3.5万亩。

（2）模式改变，菜农效益倍涨。

实施品牌战略前，农民主要实行的"麦棉""麦玉"种植模式。春季大小麦、秋季收棉花，亩平年收入1000多元；现在长坂坡蔬菜畅销，农民大力发展千斤粮万元钱高效种植模式，"春玉米—大蒜或鱼腥草"模式和"优质稻—大蒜或鱼腥草"，亩平年收入10000~20000元以上，是发展传统模式收入的10~20倍以上。

（3）营销顺畅，市场份额递增。

有了"长坂坡"品牌，长坂坡特色蔬菜入驻了武汉、长沙、成都、西安等17个省会中心城市，供不应求。

"长坂坡"品牌诞生17年来，给当阳市的蔬菜发展带来了巨大变化。全市大力发展"一镇一品""一村一品"，先后建成了以两河、河溶为主的10万亩长坂坡大蒜生产基地，以坝陵、庙前、淯溪和河溶等乡镇为主的10万亩长坂坡莴苣、白菜等叶菜类生产基地，以两河为主的3.5万亩长坂坡鱼腥草生产基地，以两河、坝陵和河溶为主的10万亩"春提早、秋延后"茄果类和西甜瓜设施蔬菜生产基地。同时先后建成2个部级蔬菜标准化生产基地，2个省级蔬菜标准化生产基地，2个年育苗能力达1500万株的省级蔬菜集约化育苗基地，8个宜昌市级蔬菜标准化生产基地。截至2021年12月，全市蔬菜种植面积达33.5万亩，年产量90余万吨，总产值20余亿元，长坂坡大蒜、鱼腥草、红皮莴笋、糜城藕等特色农产品，常年畅销北京、上海、广东、贵州等全国20多个省份，成为富民强市的支柱产业。

（供稿人：当阳市蔬菜站，当阳市两河镇农业服务中心，湖北省农业科学院经济作物研究所；杨孔涛、吴方华、齐传东）

三、湖南省助力乡村振兴典型案例

（一）汉寿玉臂藕产业助力乡村振兴

汉寿县位于湖南省西北部，地处洞庭湖，是我国重要的秋冬叶菜、春夏瓜菜及水生蔬菜生产基地，2012年被农业部确定为全国蔬菜生产重点县。蔬菜产业作为汉寿的特色优势产业，规模化种植已有30多年的历史。常年蔬菜播种面积45万亩，蔬菜总产量180多万吨，综合产值30亿元左右，占农业总产值的30%以上。其中作为洞庭湖重要的水生蔬菜产区，随着汉寿玉壁藕地理标志品牌的成功创建，全县莲藕种植面积不断扩大，年种植面积5万余亩，是全省重要的藕莲生产基地。

汉寿玉臂藕是湖南省汉寿县独具地方特色的水生蔬菜之一，因其白如玉、状如臂、汁如蜜、脆嫩爽口、雅香清甜，被称为"泥水深处的鲜水果"。汉寿玉臂藕，节间肥大，中间有9个管状小孔。相传，明朝有位皇帝在吃这种藕时，见西湖藕白嫩脆爽、清甜，一节节如同宫女的手臂一样嫩白，十分喜爱。于是便命为"玉臂藕"。明清两朝曾一度成为皇室贡品，现因其品质独特、口感鲜美、营养丰富备受消费者青睐。2012年10月，"汉寿玉臂藕"荣获国家地理标志保护产品。

1. 汉寿玉壁藕产业基本情况

（1）种植历史悠久。

汉寿水生蔬菜资源极其丰富，尤以莲藕栽培历史十分悠久。据汉寿县志记载：明末清初，为莲藕栽培盛期。汉寿地处洞庭湖区，具有优越的莲藕种植自然条件，从古至今一直是优质莲藕的主产区。

（2）产销规模不断扩大。

目前，汉寿玉臂藕常年种植面积在5万亩左右，主要分布在县境内沅水流域两岸的乡镇，如辰阳街道、岩汪湖、沧港、酉港等乡镇。从事"汉寿玉臂藕"种植农户5380余户约2万人，各类蔬菜专业合作社14个，年产鲜藕约6.4万吨，年产值达3亿元。产品销往湖南、湖北、广东、广西等国内市场，出口新加坡、马来西亚、日本、韩国、泰国、美国等国家。

（3）加工初具规模。

随着汉寿玉臂藕的种植规模不断扩大和产量的快速增加，一批以汉寿玉臂藕等水生蔬菜深加工为主的企业应运而生，开发了水煮藕、保鲜藕、麻辣藕、盐渍藕片、盐渍藕苏等多个系列产品。如汉寿县惠湖莲藕专业合作社，2019年种植汉寿玉臂藕684亩，亩产1850千克，年总产量约1300吨，销售价格为4.8元/千克，总产值近600万元；汉寿县荣祺食品有限公司为汉寿县内知名的果蔬罐头制品生产企业，2019年生产汉寿玉臂藕等蔬菜制品10000吨，出口韩国和日本等5000吨，销售额10000万元，产品销售覆盖湖南、湖北、广东、福建、浙江、上海、海南等省份，出口日本、美国、韩国等国家。

2. 特色蔬菜产业助力乡村振兴

汉寿县是国家特色蔬菜产业技术体系长沙综合试验站的示范县，近年来，试验站与汉寿县农业农村局一道，优化产业布局、制定地方标准、开展良种繁育和绿色高效生产，主推玉臂藕产业化种植。

（1）优化产业布局。

遵循"科学规划、区域布局、集中开发、规模经营"的基本思路，因地制宜，推进产业集中区建设，发挥产业集中区的集聚、辐射、示范效应，实现土地集中开发、资源集约利用、产业集群发展，促进"汉寿玉臂藕"产业布局更加科学合理，以太白湖、西脑湖、湘莲湖、大南湖为重点，大力发展"汉寿玉臂藕"，逐步形成极具水乡特色的西极洞庭"汉寿玉臂藕"产业圈。

（2）提纯复壮，促进良种应用。

受品种退化影响，玉臂藕重量小、产量低、品种稀有，所以很多莲藕基地已经被湘莲藕和杂藕所取代，玉臂藕的种植规模逐年萎缩。通过莲藕资源调查，收集具有玉臂藕典型特性的莲藕品种，通过提纯复壮，并建立了"汉寿玉臂藕"良种繁育基地，保障了玉臂藕良种的供应和应用。

（3）制定技术规程，强化技术推广。

结合玉臂藕生产现状，先后制定了《汉寿玉臂藕高产栽培技术规程》《藕（莲）—鳖（龟）—鱼生态种养技术规范》，同时依托华诚和惠湖莲藕专业合作社为中心，建立"汉寿玉臂藕"高产栽培示范基地，大力推广玉臂藕绿色高产栽培技术。

（4）建立专业的技术服务团队。

试验站与县农业农村局的种植、植保、土肥、检测等专业技术人员组成了

"汉寿玉臂藕"技术服务团队,每个主产乡镇配备了1名专业技术人员,同时通过"汉寿县蔬菜产业协会"组建民间技术团队。各莲藕专业合作社和企业招聘各类专业技术人才 20 多人。加大了"汉寿玉臂藕"生产技术培训力度,年培训 2000 人次左右。建立"汉寿玉臂藕"技术推广网络,扩大县乡技术指导队伍,促进了玉臂藕的快速健康发展。

(5)建立质量监测体系和质量追溯制度。

一是企业对自身生产基地严格执行"绿色"产品生产技术规程,对其投入品进行详尽登记。二是农业执法队定期对基地进行农业投入品检查,重点对禁用高毒高残留农产品进行摸底排查。三是县农业局农产品质量检测站和乡镇农业综合服务站对外销的每批次"汉寿玉臂藕"产品进行抽样检测,然后颁发产品质量合格证。实现日常检测与例行监测的无缝对接。

(6)打造"汉寿玉臂藕"品牌形象。

一是媒体报道。利用中央电视台、《湖南日报》和《常德日报》等中央媒体、党报党刊、政府网站和红网等网络媒体进行连篇累牍宣传报道。二是网络推介。利用全国农产品商务信息公共服务平台、博雅特产网、淘宝网等网络,对"汉寿玉臂藕"进行大力推介。三是开展玉臂藕线上线下网络销售。玉臂藕销售入驻常德市高新技术孵化项目。四是产品展销。借助"汉寿蔬菜文化节""中国品质、常德品牌"等活动,充分展览和推介"汉寿玉臂藕"。

(7)电商赋能,拓展销售渠道。

"汉寿玉臂藕"通过与中国邮政和智慧民生 2 家电子商务企业合作,开展网上交易、电子商务等现代营销方式。同时以华诚、惠湖等莲藕专业合作社为依托,拓展了出口渠道,"汉寿玉臂藕"鲜藕及其加工产品出口到日本、韩国及东南亚等国家和地区,年出口量达 1 万多吨。各"汉寿玉臂藕"加工企业和合作社在大中城市设立销售窗口,各基地和流通企业开展直销配送,建立了安全、高效、便利的流通网络。

(8)创新经营模式,促进规模化生产。

按照"加快发展、逐步规范、创新机制、提档升级"的思路,积极培育了以企业、合作社、家庭农场、大户、经纪人为重点的新型经营主体。通过农村土地承包经营权流转服务中心,为新型经营主体免费提供土地流转服务,现"汉寿玉臂藕"规模化生产面积达到 2 万多亩,占总面积的 60% 以上。创新利益联结机制,采取土地入股、"企业+合作社+农户"、"经纪人+农户"、"大户+农户"等合作模式,推动了经营方体的发展壮大,大大提高了"汉寿玉臂藕"产业发展的集约化、专业化、组织化和社会化程度。

(供稿人:长沙综合试验站;杨建国、汪端华)

（二）湖南剁辣椒加工产业集群建设

湖南是蔬菜生产大省，蔬菜产业在保障城镇居民蔬菜供应中发挥了十分重要的作用。蔬菜产业已成为湖南省第一大种植业，也是重要的农业支柱产业，辣椒是湖南第一大蔬菜，也是"湘菜"之魂，为此省政府2019年特别制定了《湖南辣椒产业发展规划》，于2020年开始建设"湖南辣椒"公共品牌。

红辣椒是重要的加工原料，主要加工产品有干辣椒、高盐辣椒酱、高盐发酵辣椒和高油辣椒制品等。剁辣椒又名发酵辣椒，是红辣椒经乳酸菌发酵和食盐保存加工成的一种湖南特色腌菜。剁辣椒能保存辣椒原有的形态、色泽和辣味，口感酸辣爽脆，是一种香味独特、美味可口、开胃保健的传统调味品，深受大众喜爱，具有良好的市场前景。

我国剁辣椒产业整体发展的趋势较好，但加工技术水平相当低下，基本还是沿袭传统加工工艺，剁辣椒的盐含量超过10%，并且在产品保脆、护色、保鲜等方面还有较大的技术难题。为了提升剁辣椒生产技术水平，发酵加工岗位团队开展了辣椒发酵过程微生物多样性分析、优良发酵菌株的选育、发酵菌剂制备、发酵调控技术研究、辣椒产地加工和低盐保坯技术研究、湖南剁辣椒风味物质研究及其指纹图谱构建、剁椒新产品开发与标准化、剁椒副产物利用、剁椒制品生产装备研制和机械化生产线集成等工作，并进行推广应用，取得了良好的效果。

1. 加工技术创新带动产业集群发展

（1）扶植了大批剁椒生产企业。

2022年，通过问卷调查得知湖南省现有发酵辣椒加工企业近70家，注册资金超过1000万元的占38.64%，500万~1000万元的占11.36%，小于500万元的占50%；企业固定资产超过1亿元的占11.3%，大于2000万元的占43.2%，2000万元以下的占45.5%；2019年以来新增剁椒加工企业13家。虽然湖南剁椒加工企业的经济规模和经济实力总体偏小，但整体平稳，企业在不断增加，且带动了河南、河北、山东、云南等省份相关企业的发展。

（2）确保湖南省剁椒产业持续增长。

近五年湖南剁椒加工企业新鲜辣椒收购量和辣椒制品产量均呈上升趋势，五年收购新鲜辣椒140多万吨，生产剁辣椒的原料大多来自陕西、河南、山东、云南、湖南等省份的山区，为山区农民带来辣椒种植收入42亿多元，年均8.4亿元；近五年湖南剁椒加工企业辣椒制品产量约1552178吨，年均约31万吨，剁椒加工企业椒制品销售收入如图6-5所示。

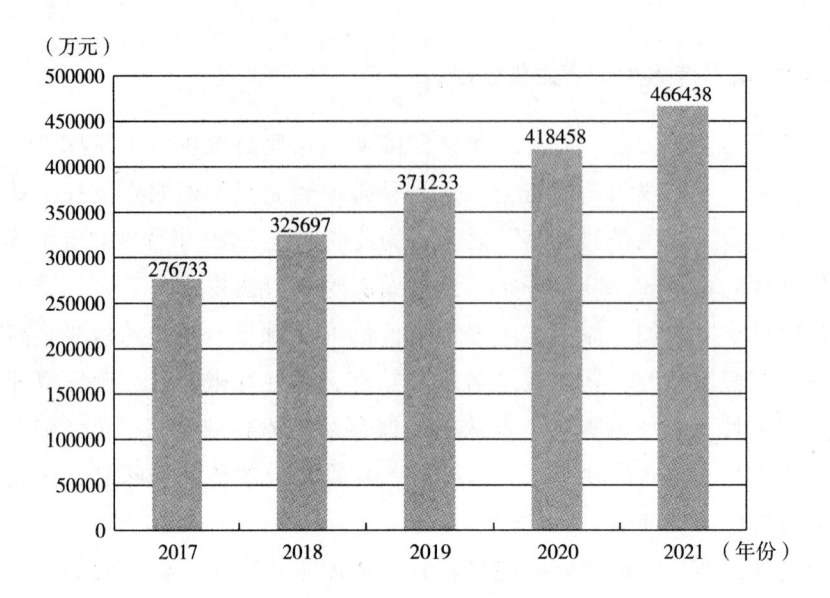

图 6-5　湖南省剁椒加工企业销售收入情况

由图 6-5 可知，近五年湖南剁椒加工企业年销售收入呈逐年上升的趋势，2017~2021 年总体增长 68.55%，逐年的增长率分别为 17.69%、13.98%、12.72% 和 11.47%；五年销售收入累计约 1858559 万元（约 185.86 亿元），年均 37.17 亿元。

湖南省剁椒加工企业 2017~2021 年年利润和缴税额如图 6-6 和图 6-7 所示。

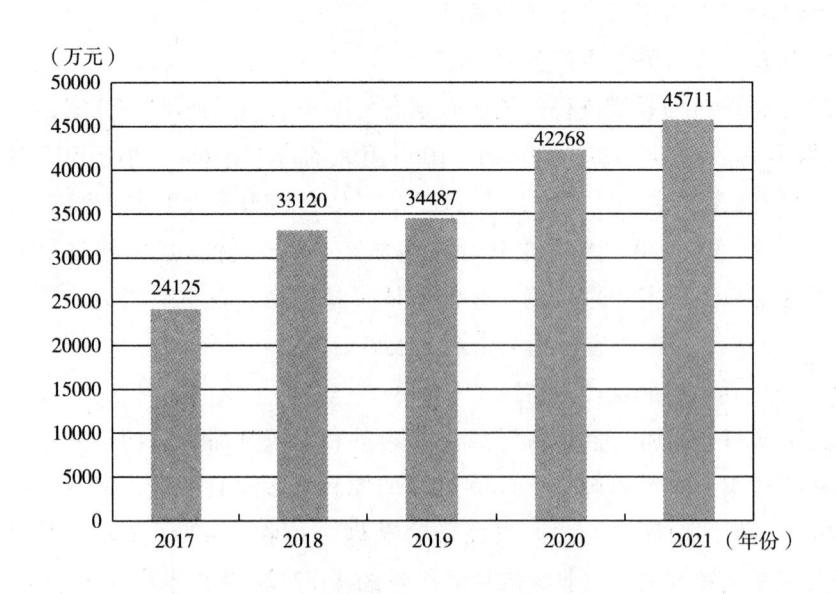

图 6-6　湖南省剁椒加工企业年利润情况

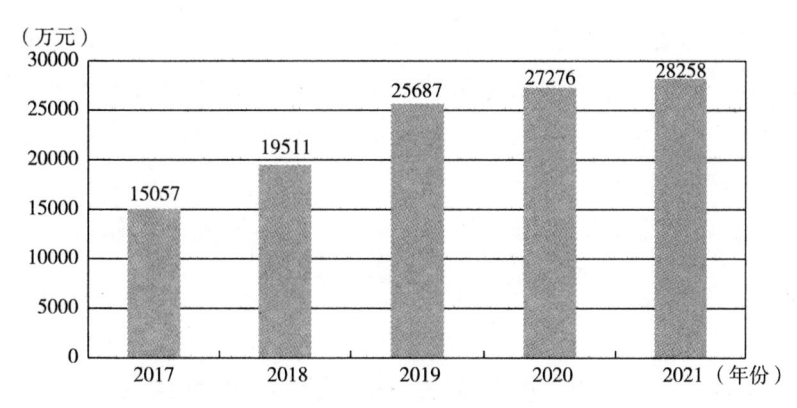

图 6-7 湖南省剁椒加工企业年缴税情况

由图 6-6 和图 6-7 可知，湖南剁椒加工企业近五年利润总体呈增加趋势，利润总额约 18 亿元，年均利润近 3.6 亿元；行业年实际缴税额虽然偏低，但逐年上升，五年实际缴税额约 11 亿元，年均 2.3 亿元。

由于剁椒加工企业利润的持续增长，加之企业对创新驱动的认识进一步提高，近年来，企业年科研经费投入呈增加趋势，特别是一些规模较大的企业，每年科研经费投入均在 100 万元以上，表明企业比较重视技术提升和新产品开发。

（3）带动了辣椒种植农户致富和劳动就业。

2017~2021 年湖南剁椒加工企业收购新鲜辣椒 140 多万吨，促进了辣椒种植业的持续发展，确保了农户种植辣椒的积极性，生产剁辣椒的原料大多来自陕西、河南、山东、云南、湖南等省份的山区，为山区农民带来辣椒种植收入 42 亿多元，年均 8.4 亿元；剁椒加工企业每年接受近 6000 人就业，随着产业规模的进一步扩大，就业人员将不断增加。

（4）引导了剁椒产业的标准化发展。

团队在剁椒加工及其相关领域先后制定了 2 件国家标准、1 件行业标准、4 件地方标准以及若干企业标准；获得授权国家实用新型专利 11 件、发明专利近 10 件；国内期刊发表论文近 30 篇。为剁椒产业发展提供了技术和标准支撑，引导了剁椒产业的标准化发展。

2. 促进湖南省剁椒加工产业持续发展的建议

湖南辣椒加工产业要实现可持续发展，必须坚持需求导向、政策引领、创新驱动、品牌带动、农企联动和规模发展的基本原则，着力推进以下具体工作。一是加强剁椒加工原料专用化，根据剁加工需求，培育辣椒加工专用品种，并建立原料生产基地；二是强化剁椒食品品种多样化，依据市场需求，开发不同类型的辣椒制品和高附加值产品；三是推进辣椒食品生产工业化和标准化，扶植重点企业发展，集成工业化设备对企业进行技术改造，提高工业化生产水平，并逐步实现标准生产；四是加强辣文化宣传和剁椒制品的品牌建设；五是打造多样化辣椒食品营销模式，进一步扩大辣椒产品的销售规模；六是加强人才队伍建设，结合乡村振兴计划，政府出台人才政策，优化和加强校企合作，改善人才待遇，提高企业技术人员数量和水平。

（供稿人：国家特色蔬菜产业技术体系发酵加工团队，湖南农业大学；邓放明、赵玲艳、蒋立文、周辉、王蓉蓉、邓颖蕾）

专栏　湖南省泸溪县玻璃椒产业助力乡村振兴

泸溪县位于湖南省湘西土家族苗族自治州的东南部、武陵山脉中段。泸溪玻璃椒始种于20世纪70年代，是泸溪县优化农业产业结构，增加农民收入的主导产业之一。泸溪县盛产玻璃椒，鲜果呈牛角形、老熟后色泽鲜红光亮、肉厚皮薄、香辣味浓、风味独特、品质优异，干制后色泽鲜艳、光亮透明而得名"泸溪玻璃椒"。其加工开发出的剁辣椒、辣椒酱、泡椒、油炸辣椒、酸辣椒、姜辣椒等产品，因其辣中带香深受消费者的青睐。

规模化发展

泸溪玻璃椒种植面积年稳定在5万亩以上，总产量：鲜椒6.38万吨，干椒0.105万吨，总产值24880万元。已覆盖了全县11个乡镇，134个行政村，2.57万户椒农。全县辣椒种植规模达1万亩以上的乡镇有1个，种植规模达5000亩以上的乡镇有3个，规模达2500~5000亩的乡镇有8个，绿色无公害蔬菜基地2处。"泸溪玻璃椒"已进行了品种登记。"泸溪玻璃椒提纯复壮"在兴隆场及海南等地各建设"泸溪玻璃椒"提纯复壮基地30亩，提高"泸溪玻璃椒"纯度，进一步提升产业竞争力。

提升品牌价值

1990年，把湖南省定为外贸优质辣椒出口生产基地，为进一步增强市场竞争力，拓宽流通渠道，扩大销售市场，近年来，泸溪县坚持以市场为导向，以品牌建设为突破口，提升价值链。2009年，泸溪县申报了"巴斗山牌玻璃椒"商标，改进了玻璃椒包装，使玻璃椒由过去的传统包装变成精品包装。大力开展辣椒深加工，开发了剁椒、辣椒酱、泡椒、油炸辣椒、酸辣椒、姜辣椒等系列加工产品。2014年，在武陵山片区（湘西）首届生态有机富硒农产品博览会上，泸溪兴隆场"辣椒酱"等系列产品获得了银奖，"油炸辣椒"获得2016年中国中部（湖南）农业博览会农产品金奖。

（供稿人：泸溪县农业农村局；陈怀民、罗荣卿）

专栏　湘西玉昆农业股份有限公司联农带农发展辣椒产业

湘西玉昆农业股份有限公司是湘西综合试验站对接企业，通过与该公司合作在助农增收中成效显著。湘西玉昆农业股份有限公司成立于2011年6月，主营生态有机蔬菜种植、加工、配送、种苗培育与销售、松花皮蛋加工等，现有清水坪镇大坪村、阳朝乡溪洲村、阳朝乡龙家村、迁陵镇花井村四个蔬菜生产基地，基地总面积1680亩，其中烟菜轮作基地面积620亩，年产销各类蔬菜9000余吨，年培育工厂化无土秧苗4000余万株。根据企业主营业务，湘西试验站针对辣椒工厂化育苗及种植技术提供了全程技术支持，及时为企业解决在生产过程中遇到的问题。

运作模式

2020年，由湘西玉昆农业股份有限公司牵头组织实施"辣椒+"产业项目和湖南省标准化示范区建设项目，以"公司+基地+合作社+农户"为运作模式，按照"统一品种、统一技术、统一标准、统一服务、统一销售"的模式推进辣椒的标准花生产和产业化发展。公司负责辣椒市场信息调研、工厂化育苗、生产技术指导和辣椒产品回收，公司与种植户签订帮扶协议与产品保底收购合同，指导种植户按照生产标准和技术要求实施生产，种植户仅负责辣椒的生产管理和产品采收。低收入户还可通过土地流转参与公司分红，或是在企业劳务用工获取劳动报酬。

取得的经济效益及社会效益

通过示范、培训，累计推广、带动蔬菜种植面积3万余亩；通过劳动务工、利益分配等利益联结机制，带动周边六个乡镇1200余户农民发展蔬菜种植，累计合作、推广蔬菜种植面积3万余亩。组织实施"辣椒+"项目累计发放辣椒秧苗1800万株，推广辣椒订单种植面积7000亩。

助力乡村振兴，培育扶持阳朝乡溪洲村现代农业示范园、碗米坡镇柳树坪村、迁陵镇踏梯村、迁陵镇那铁村四个规模化辣椒育苗基地，年培育螺丝椒、线椒等各类辣椒秧苗3200万株，其中现代农业示范园年培育工厂化辣椒无土秧苗1400万株，推广种植面积15000亩，辣椒育苗年产值达640万元以上；带动培育辣椒种植合作社及村级集体经济组织17个、种植户720余户。

（供稿人：湘西玉昆农业股份有限公司；彭文）

(三)湘潭示范县湘莲产业助力乡村振兴

1. 湘潭示范县湘莲产业发展基本情况

(1) 湘莲产业发展稳步推进。

湘莲产业是湘潭县"一县一特"的优势产业,先后获得"2017年度全国名特优新农产品目录""湖南省十大现代农业产业集聚区(省级现代农业产业园)""湖南省十大农业区域公用品牌"等荣誉。湘莲种植地域主要分布于湘潭县南部地区,形成了以花石镇为中心,涵盖龙口、白石、排头、锦石、茶恩寺、中路铺等乡镇的集中种植区,近年来有向北拓展的趋势,河口、谭家山、石潭等乡镇均形成了一定面积的种植规模。目前,湘潭县湘莲种植面积已达10万亩,全县湘莲加工企业近百家,规模以上企业47家。从事湘莲交易及加工的散户有300多户。湘潭县花石镇作为全国最大规模的莲子集散中心,湘莲出口贸易额达3亿元。湘潭天易经开区还成功引进广州酒家利口福食品落户园区,让湘莲产品在本地形成深加工产业链。湘潭县花石镇是全省首批农业特色小镇。近年来,在湘潭县委、县政府的正确领导下,全县湘莲产业发展取得了长足进步,突出表现在湘莲的种植面积得到巩固提升,湘莲精深加工能力不断增强,招商引资和项目建设稳步推进,湘莲品牌建设初见成效。

(2) 产业得到政府大力支持。

湖南省人民政府关于深入推进农业"百千万"工程促进产业兴旺的意见(湘政发〔2018〕3号)提出打造特色农产品品牌。按照"一县一特一品牌""一片一品牌"思路,引导发展"高端、小众"特色农业,着力打造地方农业名片,推进品牌共建共享。

中共湖南省委、湖南省人民政府《关于落实农业农村优先发展要求做好"三农"工作的意见》提出大力实施品牌强农战略。重点打造区域公用品牌、特色农产品品牌和企业品牌。以地理标志产品为重点,创造性融入当地农业农村文化,进一步推进区域公用品牌建设。加强县域内特色农产品品牌扶持,打造一批社会知名度高、市场竞争力强的特色片区品牌。对知名农业企业品牌进行奖励扶持。大力宣传推介农业品牌,促进品牌营销和品牌传播,提高品牌影响力和带动力。完善农产品品牌权益保护法规,依法保护品牌,维护品牌质量、信誉和形象。

中共湘潭县委、湘潭县人民政府印发了《关于全面推进乡村振兴战略的实施意见》(潭县发〔2018〕1号)提出初步建立现代化农业产业体系。大力发展规模农业,加快培育湘莲、蔬菜等主导产业全产业链集群,鼓励和引导新型农业经营主体向产业园及结构调整区集聚,依托土地流转,培育多种形式的农业企业,以龙头企业和特色产业为重点,加强农产品加工业上下游紧密协作,推动特色农业产业集群化发展。

政府引导农旅结合、促产业发展。近年来，湘潭县做好"接二连三"文章，将万亩荷花基地与周边十八罗汉山、花石水库、汉城桥、观政桥等景点资源，以及乌石、韶山红色旅游串联起来，形成"赏荷之旅"休闲观光路线，吸引大量游客前来游玩。"莲动潇湘"马拉松越野赛、湘莲地方特色产品展览会、"湘莲文化节"等系列活动纷纷登场。2020年，湘潭县湘莲种植核心区接待游客180余万人次，实现乡村旅游收入达4亿元。2020年，湘潭县还印发了《湘潭县推进湘莲产业发展的意见》，提出了九大措施，从做强示范基地、培育龙头企业和提高湘莲附加值等方面进行奖励，全力支持湘莲产业发展，奋力实现湘莲产业至2025年产值达120亿元的目标。

（3）产业发展存在问题。

在政府支持引导下，湘莲产业发展良好，但湘莲产业种植基地布局不合理，加工园区没有形成，仓储物流能力不足，产业融合度不高，单作经济效益不高等问题仍然存在。虽然机械化操作有效地推动了湘莲加工产业的快速发展，但花石乃至湘潭县的湘莲加工还处于初加工阶段，利润偏低。大都停留在去壳、钻心、洗、磨等初加工阶段，技术含量不高，产品附加值低，最终产品基本上属于食品生产原料，利润率只有8%左右。而湖北、衡阳等地已有部分人通过仿制机械进行莲子加工，并形成了一定的规模，对湘潭县湘莲加工业形成威胁。在花石镇，以个人名义做网络销售的共有100多个，销售额超过1000万元的超过3家，但在最近两年，湘莲的电商模式也越来越不好做，产品单一、恶性竞争等问题凸显。

2. 技术集成创新助力湘莲产业发展和乡村振兴

子莲荷花开放艳丽多彩，非常适合观赏，嫩莲籽又可作为水果食用，很受城乡人民喜爱，是乡村振兴生态环境优美不可多得的一种水生蔬菜。

2021年国家特色蔬菜产业技术体系长沙综合试验站成立后，将湘潭市纳入体系示范县，通过莲藕新品种、新技术引进和集成示范推广，带动了全市湘莲产业发展，促进了乡村振兴。日前，农业农村部、财政部公布了2022年农业产业融合发展项目创建名单，湘潭县湘莲现代农业产业园获准创建国家现代农业产业园，成为今年全省唯一进入"国家队"的现代农业产业园。

（1）引进优良品种示范推广。

2022年引进水生蔬菜岗位专家柯卫东和朱红莲老师的莲藕新品种在湘潭示范县示范推广。在湘潭市雨湖区高坪蔬菜种植合作社和湘潭市海霞专业合作社基地，引进种植的白玉簪1号和鄂莲5号，均表现产量高、容易种植。白玉簪1号藕带粗壮、炒食翠嫩，老藕粉质度高，适合煨汤。鄂莲5号老藕粉质度高，适合煨汤。

(2) 推广种养新技术。

湘潭以子莲种植为主,有少量藕莲种植,子莲品种主要是太空莲36号和湘莲,籽粒大,莲籽产量高。藕莲品种主要是地方品种湖藕和鄂莲5号等。

"莲—鱼"种养与莲藕单作相比,前者效益更高,且有利于土地的综合利用。通过这2年在示范县湘潭市雨湖区长城乡高坪村的种养实践,"莲—鱼"种养效益显著。高坪村有800多亩藕田,发展"莲—鱼"种养200多亩,主要养殖鲫鱼、鲢鱼和少量草鱼,一亩能出商品鱼100多千克。主要采取自然养殖法,不喂鱼饲料,鱼以浮游生物和莲藕的嫩茎叶为食。"莲—鱼"种养养出来的鱼味道好,售价高,鲢鱼16元/千克、草鱼30元/千克,一般两年可收获一次鱼,每年每亩可新增产值1000多元。

(3) 与体系外专家合作防治莲藕病虫害。

近年来,长沙站与省体系岗位专家魏林研究员合作,开展了莲藕腐败病、斜纹夜蛾和蚜虫的绿色综合防治,取得了一定成效。研发了生防木霉菌株制备的微生物菌肥,施于连作莲田中,定点定时采集莲田土样,测定土壤中莲藕腐败病病原菌及土壤中其他主要微生物种群的数量,以确定应用含木霉等拮抗菌的微生物菌肥对湘莲连作土壤的修复和对腐败病的防治效果。土壤微生物种群分析表明,应用木霉生物菌肥可降低土壤中莲腐败病病原菌种群的数量,与对照区相比,连作田中腐败病发生率下降10%~15%,试验结果为应用生防菌生态防控莲腐败病提供了技术支撑。还引进斜纹夜蛾性引诱剂和诱捕器、黄板等诱杀害虫,有效减轻了虫害,减少了化学农药的使用,生态效益明显。

(供稿人:长沙综合试验站;杨建国)

(四) 凤凰小黄姜创建品牌提升产业竞争力

生姜有小种姜、大种姜、山姜等品种,小种姜块茎小,颜色黄,俗称"小黄姜",主要集中在我国北纬27°附近种植。凤凰小黄姜是小黄姜的一种,主要分布于凤凰县吉信镇、阿拉营镇等14个乡镇,种植在海拔200~850米黄壤土区域内。改革开放以来,凤凰生姜产业的市场化和商品化不断深化,凤凰生姜的品牌效应显现,人们把凤凰产的颜色鲜黄的小黄姜统称为"凤凰小黄姜"。

1. 凤凰小黄姜产业基本情况

凤凰县是湘西种姜老区,"凤凰小黄姜"是凤凰县传统种植的农家品种,已有几百年的种植历史。因品质好,知名度高,市场价格较高,凤凰小黄姜的种植面积逐年增多。自2000年以来,年均种植面积2.4万亩,年均总产量4.06万吨。产值最高的年份是2019年,种植面积为2.9万亩,产量8.7万吨,销售价12000元/吨,产值9.4亿元。产品远销上海、贵州、浙江、广东、湖北等地。全县有吉信镇、沱江镇、廖家桥镇、阿拉营镇、新场镇、竿子坪镇、千工坪镇等 14 个乡镇的 60 多个村 9000 多个农户种植凤凰小黄姜，成为了凤凰县农业主导产业之一。

目前，凤凰小黄姜的生产以凤凰县满坪凤凰小黄姜种植专业合作社、凤凰县顺心凤凰小黄姜种植专业合作社、凤凰县香辣凤凰小黄姜种植专业合作社、凤凰县好兄弟凤凰小黄姜种植专业合作社等合作社为主，另有零星农家散户。

2. 主要做法

（1）政府连续性政策支持。

凤凰县人民政府重视凤凰小黄姜产业发展，促进凤凰小黄姜产业的发展，带动更多农民参与到小黄姜产业发展中来。2011 年 3 月 27 日，为姜农搬迁了凤凰小黄姜市场。2015 年 1 月 13 日，凤凰县委、县政府制定了《关于加快推进现代农业产业发展的实施意见》（凤发〔2015〕1 号），对凤凰小黄姜的发展做出了强力政策和资金支持：

1）强力政策。

2014 年按程序报批提前种植新扩区域，新扩集中连片种植面积在 500 亩以上的专业合作社或企业，且每年复种在 2 季以上，签订土地流转合同在 5 年以上的，经验收合格后，按照每年 300 元/亩给予支持，连续扶持三年，县财政每年安排 200 万元支持建设。

2）资金支持。

当年新增注册，成员在 20 户以上，在规划园区内种植规模在 1000 亩以上的凤凰小黄姜、油茶、油菜注册专业合作社，经申报验收后，给予相关乡镇一次性奖励 5 万元，其中 3 万元用于奖励合作社。

（2）开创多元化的销售渠道。

凤凰小黄姜主要通过四个渠道进行销售：一是姜农自主销售。每逢吉信镇农贸市场赶集日，上海、浙江、广东、贵州、重庆、湖北及长沙市等地姜商慕名而来收购姜农的凤凰小黄姜，每赶集日的平均成交量可达 220 吨。二是合作社统一销售。以满坪、香辣、顺心、好兄弟等凤凰小黄姜种植专业合作社为龙头，发挥"集团作战"的优势，采取统一生产、统一标准、统一包装的方式进行统一销售，主要销售一级、二级凤凰小黄姜。三是每年初上海、浙江、广东等省份姜商与吉信镇凤凰小黄姜协会签订购销合同。四是本地居民生活自用姜。五是线上销售一级、二级凤凰小黄姜。六是本地姜糖企业加工采购。凤凰姜糖是享誉全国的特产，其主要原料就是凤凰小黄姜。以凤凰县爱心食品厂、凤凰县贾师傅食品厂等为龙头的加工企业，2005 年来平均每年采购小黄姜 8000 吨。

作为调味品，凤凰小黄姜主要销往浙江、贵州、重庆等省份，并辐射华东、华南、西南等 10 余个省市，在浙江省绍兴市华舍镇蜀阜菜市场，凤凰小黄姜的市场占有率（同类品种）达75%左右。

（3）高质量是创建品牌的基础。

良好的品质为凤凰小黄姜积累了良好的声誉，为打造品牌奠定了基础。凤凰小黄姜颜色黄，辛辣味浓、产量高，而且品质佳、味道鲜、久煮不烂，抗逆力强，含水量少，易加工贮藏的独特风味，在凤凰本地、凤凰周边及外地姜商等相关公众知名度高。每逢收获季节时，上海、浙江、广东、贵州、重庆、湖北等外省的姜商及长沙市、怀化市、常德市等周边地区的姜商便慕名来到吉信镇凤凰小黄姜市场收购凤凰小黄姜，运回姜商本地菜市场批发销售。凤凰小黄姜的平均每赶集日成交量可达220吨。

（供稿人：凤凰县农业农村局；田仁广、田时良）